读懂经典丛书　丛书主编　方立平　杨宏声

曹音经文释疑书系

论语 释疑

曹 音 著

上海三联书店

图书在版编目（CIP）数据

　　论语释疑/曹音著．—2版．—上海：上海三联书店，
2015.9
　　（读懂经典丛书/方立平，杨宏声主编．曹音经文释疑
书系）
　　ISBN 978-7-5426-5276-8

　　Ⅰ.①论… Ⅱ.①曹… Ⅲ.①儒家②《论语》—注释
Ⅳ.① B222.22

　　中国版本图书馆 CIP 数据核字（2015）第 192347 号

论语释疑

著　　者 / 曹　音
丛书主编 / 方立平　杨宏声

责任编辑 / 方　舟
装帧设计 / 方　舟　孙茂盛
监　　制 / 李　敏
责任校对 / 张大伟
校　　对 / 莲　子
策划统筹 / 7312·舟父图书传媒工作室

出版发行 / 上海三联书店
　　　　　 （201199）中国上海市都市路 4855 号 2 座 10 楼
网　　址 / www.sjpc1932.com
邮购电话 / 24175971
印　　刷 / 上海叶大印务发展有限公司

版　　次 / 2015 年 9 月第 2 版
印　　次 / 2015 年 9 月第 1 次印刷
开　　本 / 787×1092　1/16
字　　数 / 250 千字
印　　张 / 14
书　　号 / ISBN 978-7-5426-5276-8/B·429
定　　价 / 38.00 元

"读懂经典"丛书总序

　　我们相信,每位开始阅读眼下这套典籍的朋友必然会有如下期待:通过"读懂"一部部经典,能浴身于古往今来东西方文明长河中的人类不灭的智慧之光。为此,我们郑重地承诺,将百倍努力,上下求索,像推介曹音先生"经文释疑"这一开卷之篇一样,会将更多的文翰精粹、圣贤述作推荐于诸位面前。人生在世,经典是必须读的,因为经典是文明的沉淀、历史的结晶,是文化的"舍利子",会像雅典娜透射出奥林匹斯的神采,会像孔夫子、柏拉图的头颅散发出不灭的思想火焰,会像青铜器上的饕餮纹或帕台农神庙叙述着先祖们的生生不息的传奇。经典又是必须"读懂"的,为此,必须有更多的学者来帮助进行"释疑"、"考疑"和"驱玄"、"去芜"的解读工作,使每一部真正的经典经过解疑解惑如日之光、月之华一般穿越时空、照彻心灵,并辉映生命旅途。确实,由圣者哲人的智慧之光陪伴,这将是一件何其快哉的事啊! 我们会由此而变得比他人更聪慧、更智谋、更高尚,因而也更具力量。

方立平

2011 年 7 月

"曹音经文释疑书系"序

近年来，曹音先生在从事"经文释疑书系"的写作过程中，和我谈得最多、且最重要的话题就是中国历史上的周秦城邦制度问题，其中也讨论到《周易》研究中一些与此相关的问题。自从顾准的《希腊城邦制度》一书出版以后，相继又有一系列的著作发表。有一些结论性的意见对今日易学研究实有根本的启发性，故特别为我们看重。我们极为赞同成中英先生对《周易》所下的基本论断：《周易》乃"先周"历史发展的思想成果，《周易》乃是一本形上学、本体论的书，它是以一个"用"的形式呈现其"体"，无其"体"则无此用。（《易学本体论》序，中国社会科学出版社，2006年）现在可以进一步具体地说，《周易》之"用"，乃家国社稷之大用，是可以纳入周代城邦文明的论域来深入探讨的。具体而论，西周创建封建制，实质上是推行周文中国（实指"周室"）的礼乐制度于"天下"，《周易》根本上确立了封建政治的原理，所以当"韩宣子聘鲁观书于大史氏，见《易象》与《鲁春秋》。曰：'周礼尽在鲁矣。吾乃今知周公之德与周之所以王也。'"（《左传·昭公二年》）这里，"周之所以王"一语尤有提示作用："王"即"王天下"，以何王天下，以封建方式，而封建的基本方式就是"礼"（礼乐）。就"封建"一词的整体意义而言，《周易》一词屡见于《周礼》是可以理解的。如何从西周封建城邦政治，理解《周易》与《周礼》之间的相关性，以及《周易》与《尚书》（特别是"周书"部分）和《诗经》的相关性，仍然是一个新课题。我们之所以首先要端出一些大问题，是因为理解先秦经典，不明其语境，妄加推阐，似乎理解很现代，其实多是无根之说，于学问无补。必于文字、器物、典章、制度的名与实关系有所明了，古书的意义才可以活泼泼地被我们领会。这与时下提倡"国学"而论《周易》者，有同有异。其同者，名也，其所指、其理解则相异。我和曹音先生也乐于采用

"国学"的说法,但强调首先要从语源上领会"国学"一词的原义。"国学"一词始见于《周礼》:"国学"乃"国子"之学,子是男子的美称,即作为未来城邦公民的年轻的贵族,实施邦国子弟的教育。因此,国学乃邦学。四书中的《大学》一篇所论的"大学之道",即"国学"之道:"大学之道,在明明德,在新民,在止于至善。"其进阶和德目,一入一出,即由"外王"而"内圣",复由"内圣"而推"外王":"古之欲明明德于天下者,先治其国;欲治其国者,先齐其家;欲齐其家者,先修其身;欲修其身者,先正其心;欲正其心者,先诚其意;欲诚其意者,先致其知;致知在格物。物格而后知至,知至而后意诚,意诚而后心正,心正而后身修,身修而后家齐,家齐而后国治,国治而后天下平。"这个"古",《大学》引诸《尚书》和《诗经》,归诸孔子,根本依据则是《周礼》封建规划的那一套。此历史性的语境不明,奢谈"国学",但见其流变,莫知其"源"之所出矣。这是读先秦古书的关键之关键,也是曹音先生已完成的"经文释疑书系"七种的学术用意。明乎此,就可以读"曹音经文释疑书系"了。

或可略作几点说明:

一、传统著述中,有一类书以"考疑"或"考信"名之。读古书时许多问题往往在疑与信之间,考释作为去疑取信的方式,思考起了根本的作用。古书中存疑之处何其多,故有学者特重考证、考据,乃思考向专深的方面展开,可谓专题性的研究。曹音先生的"释疑"特重文字和思想含义的考释,恰如哲学诠释学所强调的,致考疑就是"追问"。

二、"曹音经文释疑书系"隐设了一个根本性的历史性的结论散见于各书,即:"六经"乃文、武、周公之书,其中尤以周公的贡献为大。就像《尚书》中的周书以周公的诰文为主体一样,《周易》和《周礼》的主体乃周公的创作,而周公的诗乃《诗经》中最早的具有个体情感抒发的抒情诗——同样有理由认为,孔子所谓"诗可以兴"、"诗可以怨"主要是就诗的抒情性而言——而不同于雅、颂中仪式性的剧诗和史诗性的叙事诗——有理由认为孔子所谓"诗可以群"特别适宜对雅颂进行说明——而"诗可以观"则是总原则。

三、"六经"是周文中国的典籍,孔子赞叹的"郁郁乎文哉,吾从周",正是对着这些洋洋大观的历史典籍而说的。从武王伐纣西周开创到战国末期"周室"败亡的周文中国,乃中国典型的城邦时代。"封建"一词的原义就是封土建邦,以城邦为单位或单元,建立以"周室"为盟主的大城邦联盟,这个大城邦联盟,就是"天下"。"六经"乃封建革命之书,乃周文明奠基之书。

四、因此,今日所谓的"国学",在先秦时代就是"邦学",与希腊城邦制度在政治结构和运作原理上大有可比性,只不过希腊之邦多如老子所形容的"小国寡民"之邦,而春秋、战国之邦多为"大邦",在早期中国,不是没有希腊那样的小邦,而是由于史记不全,仅能在《尚书》中略见"万邦协和"之史影。

五、周公制定《周礼》,对中国城邦政治原理作了详尽完善的规划,《周礼》所确定的推行的礼乐,被设想为应该贯彻到封建制度的任何方面,孔门《大学》所谓的"大学之道",就是对《周礼》的礼仪所作的原理性的哲学说明。

六、《易》为六经之原,"世历三古",归诸圣王哲人之作,乃是中国历史文明创造的见证。具体而言,《周易》相对于传说中的《连山》《归藏》具有创建性,且不同于后来《易传》那样注重原理性的说明。《周易》以事设譬,以物类比,特别以西周"开国承家"的历史经验为基础。卦爻辞中流露的心绪精微入理,其韵致情调则与《诗经》相互发明。

七、历来解释《周易》,多根据《易传》,《周易》反倒成了例证,本末倒置了。《周易释疑》的根本想法就是强调《周易》本身就具有思想文化的重要性,它的历史含义的丰富性仍有待我们从历史语源学、符号学和修辞学,乃至广义诗学的观点进行探讨。《周易》全体用韵,语意隐约微妙。卦爻辞本身自成体系,研究《周易》,从卦爻辞入手是合适的,这是古法。春秋时代,人们以《周易》断事,基本根据卦爻辞求其理由而进行发挥。这一点可以深为留意。

八、《周易》的诚信(天诚人信)世界观,即所谓的"三极之道":"天道、地道、人道"。总而言之,亦即《易传》所谓的"易道":

"易有圣人之道四焉：以言者尚其辞，以动者尚其变，以制器尚其象，以卜筮尚其占。"（《系辞》上）从今天的观点看，则可以归纳为三层意思：（一）天地定位的宇宙观；（二）人文化成的社会和人类制器尚象的文明创造史；（三）个体与社群、物我关系的自觉与个人主体意识的确立、个体意识的觉醒，乃是人类进化的具有永久意义的成果。对生命、对生活进程的领会，归诸既济与未济。

九、"曹音经文释疑书系"已完成七种，最先完成的是《论语释疑》。曹音先生此书用功最多，历时五年，犹勤勤作修订。其次是《周易释疑》《诗经释疑》《尚书释疑》《大学释疑》《中庸释疑》《道德经释疑》。曹音接下来的书是《周礼释疑》。我们有一个基本观点，《周礼》一书虽然经后世的增修订正，其基本内容和思想，归诸仪式、礼节、典章、制度、器物、命名等等，全书的基本架构可以追溯到西周，故其名物德目与《周易》《诗经》《尚书》相映成趣，可睹其灿然周文中国之文明成章之盛貌。这是一种建立在物质创造基础上的精神文明，洋洋乎耳，盈盈乎目，充满了文化创造的喜悦之情。

十、"曹音经文释疑书系"之作，"先立其大体"。历来的经典考释，多是概括性的研究，在落实到经文的理会和解释时，大多研究者则多"步步为营"，不敢越雷池半步，所谓"大胆假设，小心求证"也。因此，具体的研究与设想之间总是保持着一定的距离，形成张力。

十一、"曹音经文释疑书系"在经文阐释时，采用直解方式。历来注解疏证，详尽有加，疏朗澄明的解说则不多。读史亦如读诗，有兴味才好，读出情趣才好。现代读者，直面古典，直面古典所面对的事情；那是历史性的智慧，要用我们自己的聪明去领会的，就受用了。

2011 年 5 月 5 日，杨宏声写于
上海社会科学院哲学研究所

目 录

前　言

　　《论语》是孔门弟子记录的孔子及其弟子的语录。一部《论语》洋洋洒洒一万五千多字，它究竟说了些什么？很多人读完之后仍然不得其要领。我读《论语》的体会是：孔子教授弟子读书习礼，培育他们成为君子，让他们当官从政，辅佐君王治国理民，这便是《论语》一书的主线条。

　　一、读书习礼

　　孔子的弟子分为两类人，孔子说"先进于礼乐，野人也；后进于礼乐，君子也"。他早期的弟子多出身平民或破落贵族，这些人没有一官半职，靠在孔门学成之后去谋取俸禄；晚期的弟子不少出身贵族，这些人有官职俸禄，他们来孔门学习只是为了完善自身的礼乐教化。《论语》中所涉及的基本是孔子早期的弟子。

　　孔子教授弟子们什么课程呢？按《周礼·保氏》记载，古代贵族子弟必修六艺，六艺指"礼、乐、射、御、书、数"。"礼"包含政治、道德、爱国主义、行为习惯等教学内容，"乐"包含音乐、舞蹈、诗歌等教学内容，"射"是训练射箭技术，"御"是培训驾驭战车的技术，"书"是识字写字教育，"数"包含算数等技术的传授。六艺发源于夏代，经商代至周初而逐步完善。"六艺"教育的特点是文、武并重，兼顾技能。六艺中"礼、乐、射、御"称为"大艺"，是贵族从政必具之术；"书、数"称为"小艺"，是民生日用之所需。在孔子之前，唯有贵族子弟才能接受"六艺"的完整教育，平民子弟只给予"小艺"的培训。孔子首创，以"六艺"教授平民子弟，将他们培养成有用的君子。

　　二、育成君子

　　什么是君子？君子的本义是"君王之子"，原本指贵族子弟。虞夏商三代以及周初的君子，有身份，有道德学问，是名实相符的大丈夫。到了孔子所处的春秋时代，很多君子徒有贵族身份，但道德学问缺失，是十足的伪君子。所以《论语》中的君子有两种含义：其一是身份上的君子，即指贵族，与野人、鄙人相对；另一是道德上的君子，有修养有学问，与小人相对。《论语》中孔子主要论述道德上的君子，他教授弟子是要将他们培养成道德君子。那么道德君子的标准是什么？孔子认为君子必须具备"仁义、孝悌、忠恕、恭敬、宽、信、敏、惠"等美德：

仁，"樊迟问仁，子曰爱人"，爱人就是善待人。孔子认为这是君子所必备的美德。

义，"义"的本义是宜，即应该，它是一种道德自律。"君子喻于义，小人喻于利"，孔子认为君子行事一切以"义"为准则，符合"义"则行，不符合"义"则不行。

孝悌，"孝悌也者，其为仁之本与"。"孝"是孝敬父母，孔子认为父母生则孝敬，父母死则为其服丧三年，这才是完全的孝。"悌"是和顺长上，主要是顺从家族中的长子。孔子弟子有子认为，孝悌是为仁的基础。

忠恕，"夫子之道，忠恕而已矣"。"忠"是真心实意为人谋事；"恕"是将心比心待人，孔子解释为"己所不欲，勿施于人"。"忠恕"是君子从政所必须的美德。值得注意的是，"恕"体现了一种对等原则，孔子不认可"以德报怨"，如果你以怨待我，对不起，我必以怨抱怨，这就是孔子主张的"以直报怨"。

恭敬，"恭"是恭谦、待人有礼貌，"恭近于礼，远耻辱也"。孔子认为，君子待人应该恭谦，但恭谦也必须以"礼"来节制，一味恭谦不以"礼"节制，反而招致耻辱。"敬"，孔子说"其事上也敬"，即尊重一切高于自己的，如天地鬼神、国君上级、父母都高于自己，所以必须敬重。除此之外，孔子还提倡"敬事"，"敬事"即"敬业"。因为君子仕于君王，所以敬事就等同于敬君王。

宽，即宽容，孔子说"宽则得众"。孔子主张宽以待人，严以律己，这是君子尤其是居上位者不可或缺的美德。

信，即有诚信，说话算数。孔子说"人而无信，不知其可也"。孔子认为，君子交友不可失信于友，为政不可失信于民。但是"信"

必须符合"义",不符合"义"的"信"是小人之信,君子可以不守。

敏,就是办事勤快,孔子说"君子敏于事而慎于言"。孔子认为君子做事当出效率,"敏于事"即出效率。

惠,就是施恩与人,孔子说"惠而不费"。"惠"也是君子的美德之一。

当然君子所必须的美德还不仅如此,这在《论语》中都一一有所论述。

三、当官从政

孔子培养他的弟子成为君子,目的是为了让他们当官从政。孔子所处的春秋时代是一个农耕社会,人们主要靠种地为生。孔子的弟子尤其是早期的弟子基本出身平民,没有世袭的采邑,而孔子认为种地无法实现自己的政治抱负,所以孔门弟子最佳出路就是"学而优则仕"。对于入仕,孔子有自己的准则,世道清明就做官,世道黑暗则"卷而怀之"躲起来。孔子说的很明确,世道黑暗,你也做官拿俸禄,是可耻的。

四、治国理民

孔子所处的春秋时代是个"礼坏乐崩"的社会。孔子说"天下有道,则礼乐征伐自天子出;天下无道,则礼乐征伐自诸侯出。自诸侯出,盖十世希不失矣;自大夫出,五世希不失矣;陪臣执国命,三世希不失矣。天下有道,则政不在大夫。天下有道,则庶人不议"。孔子培养他的弟子入仕做官,就是希望能贯彻自己的政治理念,以改变这个"礼坏乐崩"的社会。孔子的政治理念是什么?概括说就是"克己复礼为仁",回复到西周初期的礼制社会。孔子认为,西周初期,有礼乐制度节制,既有秩序,人与人之间又能和睦相处,是最理想的社会形态。所以孔子说"周之德,其可谓至德也已矣","郁郁乎文哉,吾从周"。可惜社会形态的转移自有它内在的原因,孔子终其一生也未能完成"克己复礼为仁",难怪有人说孔子是"知不可为而为之"。

以上归纳是笔者总结出的《论语》的一条主线条,顺着这一主线条,读者或许能比较深入地把握《论语》一书。

五、关于鲁国三大家族

关于鲁国的三大家族,即《论语》中多次提到的"三家"或"三桓",需要解释一下:

鲁国为周公的封地,但周公一直担任周王室的太师,所以由其长子伯禽任鲁国开国国君。自伯禽至十四代国君为鲁桓公,他有四子,太子名同,继国君位称鲁庄公,二子曰庆父,三子曰叔牙,四子曰季友。周朝宗法制规定,长子继承家族并沿用家族的姓,其余的儿子另立门户,不可沿用家族的姓,只能根据各自的身份用氏。庆父在鲁桓公的四个儿子中排行老二,老二称仲,故其子孙叫仲孙,以仲孙为氏。但庆父在庶子中排行老大故称孟,其子孙也叫孟孙,也以孟孙为氏,称孟孙氏,仲孙氏与孟孙氏实为同一家族。叔牙排行老三故称叔,其后代叫叔孙,以叔孙为氏,称叔孙氏。季友排行老四故称季,其后代叫季孙,以季孙为氏,称季孙氏。这三大家族拥有自己的封邑,嫡长子继承父亲的爵位,世代为鲁国大夫,而鲁国国相即执政大夫也由他们轮流担任。到孔子所处的春秋时代,鲁国实际上一分为四,鲁国国君只拥有一份,其余由三大家族掌控。了解这段历史,有助于对《论语》的理解。

最后,《论语释疑》一书我在三年前就已完成初稿,但一直未敢付诸印刷出版。其原因是,我认为要真正读懂《论语》,至少必须精读《周易》《尚书》《诗经》《左传》四部古代经典。近年来,承蒙上海三联书店出版社的厚爱,我陆续出版了《周易释疑》《诗经释疑》《尚书·周书释疑》三书(还已出版《道德经释疑》),借助于对这三部经典的研究,我对《论语》有了较为自信的理解,故而现在我敢将此《论语释疑》一书奉献给读者。但愿我没有误导读者,也希望读者在阅读《论语释疑》一书时能获得愉悦。

2011 年 11 月于上海

《论语释疑》一书的写作和出版曾得到张益堂先生的鼎力相助,在此容我向他致以由衷的感谢和敬意。

作者于 2011 年 11 月谨记

学而第一

《论语》的每篇都以篇首语作篇名,篇首语即每篇开头的两个字,本篇开头有"学而时习之"句,就用"学而"作篇名,篇名不反映本篇内容,《论语》共二十篇,此为第一篇。本篇主要记述孔子论学习,以及同学习有关的话题。

1.

子曰:学而时习之,不亦说乎? 有朋自远方来,不亦乐乎? 人不知而不愠,不亦君子乎?

子曰(子,古代对男子的尊称,论语中的"子曰"均表示"孔子说"):**学而时习之**(时,时常。习,温习),**不亦说乎**(说,通假"悦",喜悦)? **有朋自远方来**(有朋,通假"友朋",同志为友,同师为朋,此指从各地来孔子门下学习的弟子),**不亦乐乎? 人不知而不愠**(人不知,别人不理解自己。愠,怨),**不亦君子乎?**

提示:孔子时代主要学习"礼乐射御书数","礼"指仪礼,"乐"指演奏乐器,"射"指射箭,"御"指驾驭战车,"书"指写字,"数"指算数,这些都是需要反复操练的,所以"学而时习之"的"习"当训为反复操练,如果仅仅是复习典籍,古人的说法叫温故。

孔子的"君子小人"有二种含义:一种是身份地位,有贵族身份的是君子,平民是小人;一种是道德分野,道德高尚的是君子,道德卑劣的是小人。

此章孔子向弟子提出三种学习境界:通过反复练习而获得学习的快感,与同学共同学习获得乐趣,君子能容忍别人对自己的不理解。

译文:孔子说:反复练习学到的东西,不也很愉快吗? 同学远道而来共同学习,不也很快乐吗? 人家不理解自己而不怨,这不就是君子吗?

2.

有子曰：其为人也孝弟，而好犯上者，鲜矣；不好犯上而好作乱者，未之有也。君子务本，本立而道生。孝弟也者，其为仁之本与。

有子曰（有子，姓有名若，孔子弟子）：**其为人也孝弟**（孝弟，即"孝悌"，敬父母为孝，顺兄长为悌），**而好犯上者**（犯上，冒犯长上），**鲜矣**（鲜，少）；**不好犯上而好作乱者，未之有也**（未之有，通假"莫之有"，从未有过）。**君子务本**（务本，致力于根本），**本立而道生**（道，指儒家推崇的仁道）。**孝弟也者，其为仁之本与**（与，语助词）。

提示：儒家最推崇"仁道"，孔子的弟子有子认为，行"仁道"必先从孝悌做起。

译文：有子说：为人敬父母顺兄长却喜欢冒犯长上，这种情况极少；不喜冒犯长上而喜欢动乱国家的，从未有过。君子致力于根本，确立了根本，就能行"仁道"，孝悌就是行"仁道"的根本。

3.

子曰：巧言令色，鲜矣仁。

子曰：巧言令色（巧言，取悦于人的花言巧语；令色，逢迎讨好的伪善脸色），**鲜矣仁**（鲜，少）。

提示：孔子曾经说过"刚毅木讷近仁"，木则不令色，讷则不巧言。孔子认为巧言令色的人必缺少"仁德"。

译文：孔子说：花言巧语、装出一副逢迎讨好的伪善面孔，这种人很少有仁德。

4.

曾子曰：吾日三省吾身：为人谋而不忠乎？与朋友交而不信乎？传不习乎？

曾子曰（曾子，姓曾名参，字子舆，孔子弟子）：**吾日三省吾身**（三省，指对下述三点进行反省）：**为人谋而不忠乎**（谋，谋划）？**与朋友交而不信乎**（信，诚信）？**传不习乎**（传，传授，此指学到的东西）？

提示：曾子要求自己必须做到对人忠诚，交友守信，每日练习学到的东西。

译文：曾子说：我每天要反省三件事：为别人谋划是否尽心

尽职？与朋友交往是否诚信？学到的东西是否每天练习？

5.

子曰：道千乘之国，敬事而信，节用而爱人，使民以时。

子曰：**道千乘之国**（道，通假"导"，领导治理。千乘之国，指诸侯国，天子曰邦，有万乘车马，诸侯曰国，有千乘车马；四马驾一车谓乘），**敬事而信**（敬业而有信用），**节用而爱人**（节约而爱人），**使民以时**（让百姓服劳役要避开农忙时节）。

提示：西周春秋时代，人与民是不同的两个阶层，人指贵族士大夫，民指下层平民及奴隶。此章是孔子论述如何治理国家。

译文：孔子说：治理一个诸侯国，为君王的必须敬业而有信用，节约而爱人，让百姓服劳役要避开农忙时节。

6.

子曰：弟子入则孝、出则弟，谨而信，汎爱众而亲人。行有余力，则以学文。

子曰：**弟子入则孝**（入，在家或家族内；孝，孝顺父母）、**出则弟**（出，在外；弟，通假"悌"，和顺长上），**谨而信**（谨慎诚信），**汎爱众而亲仁**（亲仁，亲近有仁德的人）。**行有余力，则以学文**（文，礼乐文化）。

提示：孔子认为德行重于知识，故要求弟子，首先学会做人，然后才是学礼乐文化。

译文：孔子说：你们弟子在家应当孝顺父母，在外应当和顺长上，谨慎诚信，博爱众人，亲近有仁德的人，做完这些尚有多余时间和精力，则学习礼乐文化。

7.

子夏曰：贤贤易色，事父母能竭其力，事君能致其身，与朋友交言而有信，虽曰未学，吾必谓之学矣。

子夏曰（子夏，姓卜名商，字子夏，孔子弟子）：**贤贤易色**（前一个"贤"为动词"尊重"，后一个"贤"为名词"贤者"，"易"是"替代"，"色"指人的面容表情，引申为外表穿着。贤贤易色可理解为"以贤贤易换贤色"，即以尊重贤者来替代以貌取人。朱熹解"易色"为轻女色，显然望

文生义),**事父母能竭其力**(事,侍奉;竭其力,竭尽全力),**事君能致其身**("致其身","致"的本义是送达,"致其身"即可牺牲生命),**与朋友交言而有信,虽曰未学**(未学,没学),**吾必谓之学矣。**

提示:子夏认为,能做到上述几点就是德行,有德行比有学问更重要。

译文:子夏说:尊重贤者而不以貌取人,侍奉父母能竭尽全力,侍奉君主必要时能付出生命,与朋友交言而有信,这样的人虽说他没学习过,但我认为他已学有所成了。

8.

子曰:君子不重则不威,学则不固。主忠信,无友不如己者,过则勿惮改。

子曰:君子不重则不威(重,言行端重),**学则不固**(固,牢固)。**主忠信**(行事以忠信为主),**无友不如己者**(不交比自己差的朋友),**过则勿惮改**(过,过错;勿惮改,别忌讳改正)。

提示:不端重则浮,做人浮则无威严,学习浮则不扎实。朋友有胜过自己的,有不如自己的,前者有益于自己长进,可交;后者无益于自己长进,不交。

孔子认为,君子必须厚重,忠信,交益友,有错必改。

译文:孔子说:君子做人不厚重则无威严,学问不厚重则不扎实。君子行事以忠信为主,交有益的朋友,有过错要有勇气改正。

9.

曾子曰:慎终,追远,民德归厚矣。

曾子曰(曾子,姓曾名参,字子舆,孔子弟子):**慎终**(慎终,以虔诚之心为父母行丧事),**追远**(追远,追思祖先创业艰难),**民德归厚矣**(民心归向敦厚耿直)。

提示:慎终追远体现的是不忘先祖。春秋时期的一个国家往往是由一个家族发展而成的,不忘先祖,国家就有凝聚力,民心自然敦厚耿直。

译文:曾子说:在上位者如能以虔诚之心为父母办丧事,不忘祖先创业艰难,为民做出表率,则民心自然归向敦厚耿直。

10.

　　子禽问于子贡曰：夫子至于是邦也，必闻其政，求之与，抑与之与？子贡曰：夫子温、良、恭、俭、让以得之。夫子之求之也，其诸异乎人之求之与。

　　子禽问于子贡曰（子禽，姓陈名亢，字子禽，孔子弟子。子贡，姓端木名赐，字子贡，孔子弟子）：**夫子至于是邦也**（夫子，指孔子；至于是邦，到一个国家，是，此），**必闻其政，求之与，抑与之与**（是他求人们告诉他的，还是人们主动告诉他的；抑，或）？**子贡曰：夫子温、良、恭、俭、让以得之**（温、良、恭、俭、让，敦柔润泽谓之温，行不犯物谓之良，和从不逆谓之恭，去奢从约谓之俭，先人后己谓之让）。**夫子之求之也，其诸异乎人之求之与**（其诸，或许。与，语助词）。

　　提示：子贡评价老师孔子具有温、良、恭、俭、让五德，故而不求自得。

　　译文：子禽问子贡：老师每到一个国家必能听到该国的政务，是他求人们告诉他的，还是人们主动告诉他的？子贡说：老师修成温、良、恭、俭、让五德，所以人们主动向他请教政务。老师的这种求或许有异于他人的求吧。

11.

　　子曰：父在观其志，父没观其行，三年无改于父之道，可谓孝矣。

　　子曰：父在观其志（志，志向），**父没观其行，三年无改于父之道**（三年，指为父守孝三年），**可谓孝矣。**

　　提示：中国古代通行子承父业，所以三年不改父之道，可称得上孝。

　　译文：孔子说：一个人当父亲健在时看他的志向，父亲死后看他的作为，如果三年守孝期满仍延用父亲的遗训，这可称得上孝。

12.

　　有子曰：礼之用，和为贵，先王之道斯为美。小大由之，有所不行；知和而和，不以礼节之，亦不可行也。

　　有子曰（有子，姓有名若，孔子弟子）：**礼之用，和为贵**（礼的应用应体现以和为贵），**先王之道斯为美**（先王，历代先王，当然特指周文王和制定礼乐制度的周公。斯，指"礼之用和为贵"）。**小大由之**（大小

事均以和为目的),**有所不行;知和而和**(为和而和),**不以礼节之**(节,节制),**亦不可行也。**

提示:"礼"也叫周礼,相传是由周公制定的。周礼是周朝的一部等级森严的官职制度,设立了从上至下各级官职以及各级官员的权利义务。由于周朝的各级官职都由周王室的兄弟亲属担任,"礼"必然导致亲属们的疏远,所以周公同时又制定了"乐"。"乐"是在祭祀或节假日以音乐舞蹈酒食招待亲属,以达到亲属和睦之目的。"礼"看似冷冰冰的毫无亲情,但有子认为,"礼"的应用贵在和睦。同时他也指出,一切为和而和,不以"礼"来加以节制,也是不可行的。

译文:有子说:"礼"的应用贵在和睦,历代先王之道,其善美之处正在此。但大小事均以和为目的,在有些地方是行不通的,为和而和,不以"礼"来加以节制,也是不可行的。

13.
有子曰:信近于义,言可复也。恭近于礼,远耻辱也。因不失其亲,亦可宗也。

有子曰(有子,姓有名若,孔子弟子):**信近于义,言可复也**(信约符合义则可履约)。**恭近于礼,远耻辱也**(恭谦近于"礼"则可避免受辱)。**因不失其亲**(因,亲,此指兄弟亲属;亲,亲善),**亦可宗也**(宗,宗主,按古代宗法制,嫡长子为宗主)。

提示:有子谈及的三件事在当时均为大事:以义衡量是否履约,以礼决定恭谦的程度,宗主必须亲善自己的亲属。

译文:有子说:信约符合义则可履约,恭谦近于礼则能避免耻辱,亲善自己的兄弟亲属方可为宗主。

14.
子曰:君子食无求饱,居无求安,敏于事而慎于言,就有道而正焉,可谓好学也已。子贡曰:《诗》云"如切如磋,如琢如磨",其斯之谓与。子曰:赐也,始可与言《诗》已矣。告诸往而知来者。

子曰:君子食无求饱,居无求安,敏于事而慎于言(做事敏捷,出言谨慎),**就有道而正焉**(接近有道者来改正自己的错误;正,纠正),**可谓好学也已。子贡曰**(子贡,姓端木名赐,字子贡,孔子弟子):**《诗》云:"如切如磋,如琢如磨"**(此二句出自于《诗经·卫风·淇奥》,喻比君子修身养性,追求学问;切,磨骨;磋,磨象牙;琢,磨玉;磨,磨石),**其斯之谓**

与（它说的就是这道理吧；斯，此）。**子曰：赐也**（赐，子贡），**始可与言《诗》已矣。告诸往而知来者**（告之于过去你就能知道未来；诸，之于）。

提示："子贡曰：《诗》"云如切如磋，如琢如磨"，其斯之谓与。子曰：赐也，始可与言《诗》已矣，告诸往而知来者"，这几句原本错简在本篇 15 章，现将之移补在此。

译文：孔子说：君子食不求饱，居不求安逸，行事敏捷言语谨慎，接近有道者来纠正自己的缺点，这就可称得上好学。子贡说：《诗经》的"如切如磋，如琢如磨"说的就是这道理吧。孔子说：赐啊，现在可以与你谈《诗经》了，因为你能举一而反三。

15.

子贡曰：贫而无谄，富而无骄，何如？子曰：可也，未若贫而乐，富而好礼者也。子贡曰：诗云："如切如磋，如琢如磨"，其斯之谓与。
子曰：赐也，始可与言《诗》已矣。告诸往而知来者。

子贡曰：贫而无谄（贫穷但不逢迎有财有势者），**富而无骄**（富裕而不骄横），**何如？子曰：可也。未若贫而乐**（未若，不如），**富而好礼者也。**（此后原尚有下文："子贡曰：《诗》云：'如切如磋，如琢如磨'，其斯之谓与。子曰：赐也，始可与言诗已矣。告诸往而知来者"，因本书作者考疑后认为是"错简"，故已"移位"于本篇之 14 章中）。

提示：无谄无骄这只是人的本质之美，但贫而乐需要意志，富而好礼是要有牺牲的，所以是更高境界的美。

译文：子贡问：一个人贫穷但不逢迎有财有势者，富裕而不骄横，你看这人如何？孔子说：这当然可以，但不如虽贫穷而乐观，富裕而好礼的人。

16.

子曰：不患人之不己知，患不知人也。

子曰：不患人之不己知（患，担忧），**患不知人也。**

提示：不被人了解顶多不被任用，不了解他人则无法为人处世。

译文：孔子说：不要担忧自己不被人了解，该担忧的是自己不了解他人。

为政第二

此篇主要记述孔子论以德为政和孝道。

1.
子曰：为政以德，譬如北辰居其所而众星共之。

子曰：**为政以德，譬如北辰居其所而众星共之**（北辰，北斗星；共，通"拱"）。

提示：以德为政，方能得到众人拥戴。

译文：孔子说：君王以德为政，就像北斗星处在它所在的位置，周围有众星拱拥。

2.
子曰：《诗》三百，一言以蔽之，曰"思无邪"。

子曰：**《诗》三百**（指《诗经》三百首），**一言以蔽之，曰"思无邪"**（思无邪，出自《诗·鲁颂·駉》，意思是无邪念）。

提示：谈情说爱的诗占到《诗经·国风》的一半以上，孔子整理出三百零五首，作为弟子学习了解社会的教材，孔子并不认为它们有什么非分邪念之想，可见孔子不迂腐。

译文：孔子说：《诗经》三百多篇，用一句话概括就是无非分邪念之想。

3.
子曰：道之以政，齐之以刑，民免而无耻；道之以德，齐之以礼，有耻且格。

子曰：**道之以政**（道，通假"导"，引导），**齐之以刑**（齐，约束），**民免而无耻**（民众规避法律，无羞耻之心）；**道之以德，齐之以礼，有耻且格**（格，通"革"，改正）。

提示：据《礼记·缁衣》，"子曰：夫民教之以德，齐之以礼，则民有格心；教之以政，齐之以刑，则民有遁心"。以法治国，民众必有侥幸心理以规避法律制裁，以德治国，民众才会自觉规范自己的行为。

译文：孔子说：用政治作引导，以刑法来约束，民众会规避法律而无羞耻之心；如果用德作引导，以礼来约束，民众不仅知耻而且会改过向善。

4.

　　子曰：吾十有五而志于学，三十而立，四十而不惑，五十而知天命，六十而耳顺，七十而从心所欲不逾矩。

子曰：吾十有五而志于学（十有五，十五岁），**三十而立**（立，立身处世，进入社会），**四十而不惑**（不惑，对天下事少有疑惑），**五十而知天命**（知天命，知何事可为，何事不可为。故孔子说"不知命无以为君子也"），**六十而耳顺**（此句"耳"字疑为衍文，《敦煌论语教读记·敦煌论语集解》残卷作"六十如顺"，汉石经《论语》为"六十而耳顺"。古代"而"与"耳"相通，如汉贾谊《治安策》"则为人臣者，主耳忘身，国耳忘家，公耳忘私"，故疑汉代以前可能存在"六十而顺"和"六十耳顺"二种抄本，后来才误抄成"六十而耳顺"），**七十而从心所欲不逾矩**（不违反法度）。

提示：此章是孔子自述其一生的学习成长过程。

译文：孔子说：我十五岁有志于学习，三十岁立身入世，四十岁对天下事少有疑惑，五十岁懂得天命不可违，六十岁行事顺畅，七十岁随心所欲但不逾越法度。

5.

　　孟懿子问孝，子曰：无违。樊迟御，子告之曰：孟孙问孝于我，我对曰：无违。樊迟曰：何谓也？子曰：生，事之以礼；死，葬之以礼，祭之以礼。

孟懿子问孝（孟懿子，姓仲孙名何忌，鲁国执政大夫，孟懿子是他死后的谥号），**子曰：无违**（不违礼）。**樊迟御**（樊迟，姓樊名须，字子迟，孔子弟子，齐国人。御，驾马车），**子告之曰：孟孙问孝于我，我对曰：无违。樊迟曰：何谓也？子曰：生，事之以礼，死，葬之以礼；祭之以礼。**

提示：据《史记·孔子世家》记载，鲁国大夫孟釐子临终前对其子孟懿子说，孔丘年少而好礼，将来必有成就，我死以后，你要向他学礼。孟釐子死后，孟懿子与南宫敬叔二人拜孔子为师学礼。所以孟懿子也是孔子的弟子。

孔子认为，对待父母的生与死均能按礼行事，不违礼，这便是孝。

译文：孟懿子问什么是孝，孔子说：不违礼。樊迟为孔子驾马车，孔子对他说：孟懿子问我什么是孝，我说不违礼就是孝。樊迟问什么意思，孔子说：父母活着时以礼侍奉；去世后以礼埋葬，以礼祭祀。

6.

孟武伯问孝，子曰：父母唯其疾之忧。

孟武伯问孝（孟武伯，姓仲孙名彘，鲁国大夫孟懿子的儿子），**子曰：父母唯其疾之忧**（父母只是担心他生病，其他没什么可让父母担心的）。

提示："父母唯其疾之忧"句，有的注释将之释为"子女唯恐父母生病"，如果这样理解，此句当为"唯父母其疾之忧"。正确的理解是"父母只需为他的疾病担忧，此外没什么别的事可让父母为他担忧的"。孔子认为，一切都按礼行事，除生病外父母无需为他担忧，这便是孝。

译文：孟武伯问什么是孝，孔子说：唯独他的疾病可让父母担忧，这便是孝。

7.

子游问孝，子曰：今之孝者是谓能养，至于犬马皆能有养，不敬，何以别乎？

子游问孝（子游，姓言名偃，字子游，孔子弟子），**子曰：今之孝者是谓能养**（说的是能赡养父母），**至于犬马皆能有养，不敬，何以别乎**（别，区别）？

提示：孝，不仅要赡养父母，还必须敬重父母。

译文：子游问什么是孝，孔子说：现在所谓的孝，说的是能赡养父母，但犬马一样有人养，不敬，那养父母和养犬马有何区别呢？

8.

子夏问孝,子曰:色难。有事弟子服其劳,有酒食先生馔,曾是以为孝乎?

子夏问孝(子夏,姓卜名商,字子夏,孔子弟子),**子曰:色难**(面部表情是最难的,指侍奉父母须恭敬礼貌)。**有事弟子服其劳**(服其劳,效劳),**有酒食先生馔**(馔[zhuàn],食用),**曾是以为孝乎**(曾,怎)?

提示:尽孝最难的是脸色要表现出对父母的恭敬礼貌。

译文:子夏问什么是孝,孔子说:孝敬父母难在面部表情。如果只是像学生对待老师那样,有事时学生效劳,有酒食让老师先尝用,这样对待父母怎能算是孝呢?

9.

子曰:吾与回言终日,不违如愚;退而省其私,亦足以发,回也不愚。

子曰:吾与回言终日(回,姓颜名回,字子渊,孔子弟子,鲁国人),**不违如愚**(对老师的话百依百从,看似愚钝);**退而省其私**(他退下后我观察他的言行),**亦足以发**(他对我的学说有所发挥),**回也不愚**。

提示:颜回是孔子最喜欢的学生,他大智若愚,可惜早死。

译文:孔子说:我和颜回终日交谈,他唯唯称诺貌似愚钝;但观察他退下后的言行,发现他对我的学说有所发挥,颜回其实不愚钝。

10.

子曰:视其所以,观其所由,察其所安。人焉廋哉?人焉廋哉?

子曰:视其所以(视,看;以,为),**观其所由**(观,纵观;由,遵从),**察其所安**(察,察看;安,喜欢)。**人焉廋哉**(焉,怎么。廋[sōu],隐)?**人焉廋哉**?

提示:孔子教导弟子,了解一个人,必须看他现在的所为,追溯他遵从什么,察看他喜欢什么。

译文:孔子说:看一个人在做什么,追溯他遵从什么,了解他喜好什么,就能了解他。人的品性怎么能瞒得住呢?

11. 子曰：温故而知新，可以为师矣。

　　子曰：**温故而知新，可以为师矣**（通过温故得到新知，无师而自通，所以温故就是师，并非可为人师表之义）。

　　提示：王允《论衡·谢短》所言极当，"知古不知今，谓之陆沉；知今不知古，谓之盲瞽；温故知新，可以为师；古今不知，称师如何？"。

　　译文：孔子说：温习学过的知识可以得到新知，所以温习学过的知识也是老师，可以让自己无师自通。

12. 子曰：君子不器。

　　子曰：**君子不器**（不器，非限于一物一器之用）。

　　提示：形而上者谓之道，形而下者谓之器。《礼记·学记》曰"君子大道不器"，意思是掌握大道理的君子不偏于一器之用。君子以治国平天下为己任，故不应该仅仅是限于一物一器之用的专才。

　　译文：孔子说：君子是通才而非专才。

13. 子贡问君子，子曰：先行，其言而后从之。

　　子贡问君子（子贡，姓端木名赐，字子贡，孔子弟子），**子曰：先行，其言而后从之。**

　　提示：先行动，后语言，才是君子。

　　译文：子贡问怎样才是君子，孔子说：先实践，语言跟在实践后面。

14. 子曰：君子周而不比，小人比而不周。

　　子曰：**君子周而不比**（以义合者谓之周，以利合者谓之比），**小人比而不周。**

　　提示："周"与"比"同为与人亲密，君子小人有所区别。

　　译文：孔子说：君子能与人团结但不结党营私，小人结党营私却不能与人团结。

15.

子曰:学而不思则罔,思而不学则殆。

子曰:**学而不思则罔**(罔,通"亡",即白费力气、无有所获),**思而不学则殆**(殆,疑惑)。

提示:学习与思考相辅相成。

译文:孔子说:学而不思则白费力气,思而不学则疑惑不解。

16.

子曰:攻乎异端,斯害也已。

子曰:**攻乎异端**(异端,持不同意见者),**斯害也已**(斯,此。已,表确定语气)。

提示:《论语·子罕第九》曰"我叩其两端而竭焉",《礼记·中庸》曰"舜执其两端,用其中于民",说明异端乃两端中的某一端,对左端而言右端即异端,对右端而言则左端为异端,所以异端就是持不同意见者。不同意见者各持一理,以对方为异己而攻击之,不是孔子的主张。孔子认为,偏执者必不能平心论理,是有大害的。

译文:孔子说:各持一理,攻击不同意见,危害极深。

17.

子曰:由,诲女。知之乎?知之为知之,不知为不知,是知也。

子曰:**由**(由,姓仲名由,字子路,又叫季路,孔子弟子),**诲女**(诲,教诲;女,通假"汝",你)。**知之乎?知之为知之**(知就是知),**不知为不知**(不知就是不知),**是知也。**

提示:子路盛服见孔子,孔子说:你盛服而来,天下谁敢规劝你呢。子路赶紧换了衣服再入。孔子对子路说:奋于言者华,奋于行者伐,色知而有能者小人也。故君子知之曰知之,不知曰不知,言之要也。能之曰能之,不能曰不能,行之至也。以上引自《荀子·子道》,可为此处备注。

孔子认为,知道自己不懂什么,比知道自己懂什么更重要。

译文:孔子说:由,我来教你。你知道吗?知就是知,不知就是不知,这才是真知。

18.

子张学干禄,子曰:多闻阙疑,慎言其余,则寡尤;多见阙殆,慎
行其余,则寡悔。言寡尤、行寡悔,禄在其中矣。

子张学干禄(子张,姓颛孙名师,字子张,孔子弟子,他是弟子中唯
一问干禄者。学干禄,学求仕做官,有人认为应作"问干禄"),**子曰:多
闻阙疑**(阙疑,搁置疑问),**慎言其余,则寡尤**(寡尤,少过失);**多见
阙殆**(阙殆,搁置困惑之事),**慎行其余,则寡悔。言寡尤、行寡悔,禄
在其中矣**(禄,俸禄,引申为做官)。

提示:孔子认为,为官之道在于多听而搁置疑问,多看而搁置
困惑,这并非投机,而是为了少犯错误。

译文:子张想学如何求仕做官,孔子说:多听,遇疑问搁置起
来,非必须的话不说,这样可以少过失;多看,遇困惑之事搁置起
来,非必须的事不做,这样可以少悔改。言语少过失、行事少悔改,
官禄就在其中了。

19.

哀公问曰:何为则民服? 孔子对曰:举直错诸枉,则民服;举
枉错诸直,则民不服。

哀公问曰(哀公,鲁哀公,鲁国国君):**何为则民服? 孔子对曰:
举直错诸枉**(安排正直的人到邪曲小人之上;直,正直的人;错,通假
"措",放置;诸,"之于"的连读;枉,邪曲小人),**则民服;举枉错诸直,
则民不服。**

提示:孔子认为,治民在于使用正直的人为官。《孟子·尽心
上》云"举直错诸枉,能使枉者直"。

译文:鲁哀公问:怎么做人民才会服? 孔子答道:安排正直
的人到邪曲小人之上,人民就会服;安排邪曲小人到正直的人之
上,人民就不服。

20.

季康子问:使民敬忠以劝,如之何? 子曰:临之以庄则敬,孝慈
则忠,举善而教不能则劝。

季康子问(季康子,鲁哀公时的执政大夫):**使民敬忠以劝**(以,
而;劝,勤勉),**如之何**(如何办)? **子曰:临之以庄则敬**(临,居高临
下;庄,庄重),**孝慈则忠**("孝慈则忠"前应有"示之以",文理才通),**举**

善而教不能则劝（举善，褒扬善者；不能，不善者）。

提示：孔子教诲鲁国贵族，如何获得民众的敬与忠，如何使民众勤勉。

译文：季康子问：如何才能让人民敬忠而且勤勉？孔子说：你对人民庄重，人民就敬重你；你对父母家人孝慈，人民就忠于你；你表扬善行以教化不善者，人民就会勤勉。

21.

或谓孔子曰：子奚不为政？子曰：《书》云"孝乎惟孝，友于兄弟，施于有政"。是亦为政，奚其为为政？

或谓孔子曰（或，有人；谓，评说）：**子奚不为政**（奚，为什么）？
子曰：《书》云"孝乎惟孝，友于兄弟，施于有政"（此三句见于《尚书·君陈》，原文为"孝恭惟孝，友于兄弟，克施有政"，说的是君陈能孝敬父母，友爱兄弟，能将孝道推行到从政。孔子引用此三句与原文有出入）。
是亦为政，奚其为为政（奚，为什么；其为为政，"其"指做官）？

提示：孔子不为官，实为君王不用他，但他不便明言，故以此为托词而已。

译文：有人评论孔子，说他为什么不从政？孔子说：《尚书》不是说么，"孝敬父母，友爱兄弟，将孝道推行到从政"。这就是从政，为什么一定做官才是从政呢？

22.

子曰：人而无信，不知其可也？大车无輗，小车无軏，其何以行之哉。

子曰：人而无信，不知其可也（不知他有什么价值；可，值）？
大车无輗（大车，载重的车；輗[ní]，辕端横木），**小车无軏**（小车，狩猎打仗的兵车；軏[yuè]，曲钩），**其何以行之哉。**

提示：人无信用，不可处世。

译文：孔子说：人如无信用，还有什么价值？这就象大车无輗，小车无軏，将靠什么行走呢。

23.

子张问：十世可知（也）？子曰：殷因于夏礼所损益，可知也；周因于殷礼所损益，可知也；其或继周者，虽百世可知也。

子张问：**十世可知**（也）（古代三十年为一代或一世。此问句应无"也"字，否则文理不通，疑为"与"之误）？**子曰：殷因于夏礼所损益**（因，沿袭），**可知也；周因于殷礼所损益，可知也；其或继周者，虽百世可知也。**

提示：中华文明的确沿袭了周朝的礼仪制度，持续了几千年，虽有损益但无大变化。

译文：子张问能否预知十代后的社会演变？孔子说：殷沿袭夏礼而有所增减，所以是可知的；周沿袭殷礼而有所增减，所以是可知的；以后或许有继承周的，即使百代后的演变也是可推知的。

24.

子曰：非其鬼而祭之，谄也。见义不为，无勇也。

子曰：非其鬼而祭之，谄也（非其祖先之鬼而祭之，是为求福于鬼神）。**见义不，为无勇也**（见不义而不敢止之，皆无勇也）。

提示：《礼记·曲礼》云"非其所祭而祭之，名之曰淫祀，淫祀无福"。孔子时代诸侯祭非其鬼之事已盛行，孔子谓其谄媚而欲制止。据《左传·僖公三十年》记载，卫成公梦见其先祖卫康叔对他说"夏后帝的孙子相夺走了我的祭品"，卫成公于是命令祭祀相，宁武子不同意，说"不是该族的鬼神，就不享用该族后人的祭祀"。可见中国古代只祭祀本部族的先祖神灵。

译文：孔子说：非其祖先之鬼而祭之，这是谄媚。当做之事不敢做，这是无勇。

八佾第三

本篇主要记述孔子批判礼坏乐崩。

1.

孔子谓：季氏八佾舞于庭，是可忍也，孰不可忍也？

孔子谓：季氏八佾舞于庭（季氏，鲁大夫季孙氏。八佾[yì]，据《穀梁》隐公五年传"舞夏，天子八佾，诸公六佾，诸侯四佾"。八佾即每排八人，共八排六十四人群舞，这是天子的规格），**是可忍也**（是，这个），**孰不可忍也**（孰，哪个）？

提示：《礼记·明堂位》记载，"成王以周公为有勋劳于天下，是以封周公于曲阜，地方七百里，革车千乘，命鲁公世世祀周公以天子之礼乐"，故鲁国国君一直沿用天子规格行祭祀。季氏虽也是周公后代，但并非鲁开国君主伯禽的嫡长子嫡长孙，按周礼称为别子，别子当另开新宗，不能祭祀周公，也无权用此等祭祀规格，因此是僭越礼制。孔子见季氏僭越而义愤，谓若对季氏此僭越行为都可容忍，天下何事不可容忍？

译文：孔子说：季氏家竟然用八佾的礼仪,这种事都可容忍,天下还有什么事不可容忍的?

2.

三家者以《雍》彻，子曰："相维辟公，天子穆穆"，奚取于三家之堂？

三家者以《雍》彻（三家，鲁国大夫孟孙氏、叔孙氏、季孙氏三家，掌握鲁国大权。《雍》，《诗经·周颂》中的一篇，周天子祭祀完毕歌《雍》而撤，这也是天子的规格。彻，同"撤"，即撤除祭品退下祭祀者），**子曰："相维辟公，天子穆穆"**（此二句系《雍》的歌词，意思是"诸侯在旁助祭，天子庄严肃穆地居于中央"。相维，助。辟公，诸侯。穆穆，庄严肃穆，形容天子之容），**奚取于三家之堂**（奚，为何。堂，供奉祖先牌位的庙堂）？

提示："相维辟公,天子穆穆"是《雍》里的歌词,意思是诸侯在旁助祭,天子庄严肃穆地居于中央,三家祭祀时既没有天子也没有助祭的诸侯,故孔子不仅斥责三家僭越礼制,也讥讽他们的无知。

译文:孟孙氏、叔孙氏、季孙氏三家祭祀结束时僭用《雍》以撤。孔子说:《雍》里有"相维辟公,天子穆穆"的歌词,他们三家的庙堂怎么能用《雍》呢?

3. 子曰:人而不仁,如礼何? 人而不仁,如乐何?

子曰:人而不仁,如礼何? 人而不仁,如乐何(礼,周礼,相传是由周公制定的一部等级森严的官职制度,设立了从上至下各级官职以及每级官员的权利和义务。由于周朝的各级官职都由周王室的兄弟亲属担任,"礼"的制定必然导致亲属们的生分,所以周公同时又制定了"乐"。"乐[yuè]"是在祭祀或节假日以音乐舞蹈酒食招待亲属,以达到和睦亲属的目的)?

提示:孟孙氏、叔孙氏、季孙氏三大家族专权鲁国由来已久。鲁定公元年孔子出任鲁国司寇,提出张公室堕三桓(增强国君权势削弱三家大夫势力)的政治主张。鲁定公十二年,在孔子弟子子路帮助下,鲁定公曾撤除了叔孙氏、季孙氏二家的军事力量,孟孙氏的家臣游说鲁定公,说如果再撤除孟孙氏家的军事力量,齐国必会打到鲁国的北门,于是鲁定公终止了堕三桓,致使后来三家联合,鲁国国君长时期处于弱势地位。此章延续前二章,是孔子对三大家族的批判。

译文:孔子说:为人不仁,要礼有何用? 为人不仁,要乐有何用?

4. 林放问礼之本,子曰:大哉问。礼,与其奢也宁俭;丧,与其易也宁戚。

林放问礼之本(林放,鲁人,字子邱,当时非孔子弟子。本,根本),**子曰:大哉问**(大问题)。**礼,与其奢也宁俭;丧,与其易也宁戚**(易,简慢轻率。戚,悲伤)。

提示：按《礼记·檀弓》，子路曰：吾闻诸夫子，丧礼与其哀不足而礼有余，不若礼不足而哀有余也。祭祀与其敬不足而礼有余也，不若礼不足而敬有余也。孔子对"奢"与"俭"也有说明，《述而第七》曰"奢则不逊俭则固，与其不逊也宁固"。说明孔子主张要实质不要形式。

译文：林放问礼的实质。孔子说：你提的是个大问题。"礼"宁可节俭也不要奢侈的形式，丧事与其求形式草率操办，不如内心真正的悲哀。

5.

子曰：夷狄之有君，不如诸夏之亡也。

子曰：夷狄之有君（夷狄，春秋时期称东部少数民族部落为"夷"，称北方少数民族部落为"狄"，此泛指野蛮落后的少数民族部落），**不如诸夏之亡也**（诸夏，中原先进的诸侯国）。

提示：此章文字颇难理解，主要解释有二：其一，华夏即便没君王，也胜于夷狄有君王，此乃重中国贱蛮夷之说。此说有历史根据。周厉王实行暴政，民众武装暴动，周厉王出逃。当时周无国君，诸侯推举共伯和代行周王职权，史称"共和时代"。"共和"经历十四个年头，至周厉王死，其太子静即周宣王继位而告结束。其二，夷狄尚且尊君王，不像华夏诸侯目无天子君王，此乃痛心周室衰微，诸侯放恣，礼坏乐崩之说。联系"季氏八佾舞于庭"，"人而不仁如礼何"等章节，孔子感叹季氏等大夫目无国君，僭用天子礼仪，故笔者取第二种说法。

译文：孔子说：华夏诸侯国还不如夷狄之邦，夷狄之邦尚且尊崇国君，而华夏诸侯国却目无国君。

6.

季氏旅于泰山，子谓冉有曰：女弗能救与？对曰：不能。子曰：呜呼，曾谓泰山不如林放乎？

季氏旅于泰山（旅于泰山，祭泰山，此应是鲁国国君分内事，季氏祭泰山实为僭越），**子谓冉有曰**（冉有，孔子弟子，姓冉名求，字子有，亦称冉有，曾任季氏家臣）：**女弗能救与**（女，通假"汝"，你）**？对曰：不能。子曰：呜呼，曾谓泰山不如林放乎**（难道说泰山还不如林放懂礼,会接受季氏的祭祀吗?曾谓,难道说)?

提示:身为孔子的学生,又是季氏家的家臣,却不能阻止季氏祭泰山这样的违礼僭越行为,孔子深表遗憾。

译文:季氏要祭祀泰山,孔子对冉有说:你不能阻止他吗?冉有说:我不能。孔子叹道:可悲啊,难道说泰山还不如林放懂礼,会接受季氏的祭祀吗?

7.

子曰:君子无所争,必也射乎。揖让而升,下而饮,其争也君子。

子曰:君子无所争,必也射乎(必须争时只有在射箭礼上)。**揖让而升**(比赛射箭时先向对手作揖然后射箭),**下而饮**("下而饮"有二种解释,一说胜者下来后饮酒,另一说败者罚酒,总之这些都是射手尊敬对手,显示了君子的品格),**其争也君子**。

提示:古时候"射礼"有四种:天子诸侯卿大夫都参加,用以选拔属下技艺高强的射手,这称为大射;贵族相互间进行射箭比赛,这称为宾射;贵族平时的娱乐活动,这称为燕射;平民练习射技,这称为乡射。此章说的当是大射礼或宾射礼。

译文:孔子说:君子不同人争,争只有在比赛射箭时。射箭前先向对手作揖,下来后饮酒,这种争是君子之争。

8.

子夏问曰:巧笑倩兮,美目盼兮,素以为绚兮,何谓也?子曰:绘事后素。曰:礼后乎?子曰:起予者商也!始可与言《诗》已矣。

子夏问曰(子夏,孔子弟子,姓卜名商,字子夏):**巧笑倩兮**(巧,美;倩,有酒窝),**美目盼兮**(盼,眼珠黑白分明),**素以为绚兮**(人的天生才质决定了她的美丽;素,指人的天生才质;绚,绚丽),**何谓也**(什么意思)? **子曰:绘事后素**(此句当理解为"绘事后于素",即着色化妆的重要性次于人的天生才质。绘事,着色化妆;素,天生才质)。**曰:礼后乎**(礼是否也后于人的天生才质呢)? **子曰:起予者商也**(起,启发。商,卜商,即子夏)! **始可与言《诗》已矣**(诗,诗经)。

提示:"巧笑倩兮,美目盼兮,素以为绚兮"三句出自《诗经·卫风·硕人》,现存的《诗经》版本中没有"素以为绚兮"句,或许子夏读的是当时不同的抄本。该诗说的是齐庄公女儿庄姜嫁于卫庄公为妻。初至卫，卫人以此诗对庄姜的美丽华贵加以赞颂。"素"指人的天生才质，"绚"是绚丽，此句正是说庄姜的天生才质决定了庄姜的美丽，而非后天的修饰化妆。子夏是问人的天生才质与后天修饰的关系，孔子告诉他"绘事后素"，意思是起决定作用的是人的天生才质，而非修饰化妆。子夏马上联想到"礼"与人的天生才质的关系，问"礼是否也后于人的天生才质"？也就是说，君子的育成，礼起的是次要作用，人的天生才质起决定作用。子夏的问给了孔子很大的启发，所以孔子说"现在可以开始同你谈《诗经》了"。

译文：子夏问：《诗经》里说的"美丽的笑容有酒窝，黑白分明的眼珠，以天生丽质为美"，这是什么意思？孔子说：这是说天生才质比后天修饰重要。子夏再问：天生才质是否也比"礼"重要？孔子说：启发我的是你卜商啊！现在可以开始同你谈《诗经》了。

9.

子曰：夏礼吾能言之，杞不足征也；殷礼吾能言之，宋不足征也。文献不足故也。足则吾能征之矣。

子曰：夏礼吾能言之，杞不足征也（杞，杞国，夏的后代。征，研究证明）**；殷礼吾能言之，宋不足征也**（宋，宋国，殷商的后代）。**文献不足故也。足则吾能征之矣。**

提示：据《史记·孔子世家》记载，"孔子之时，周室微而礼乐废，《诗》《书》缺。追迹三代之礼，序《书传》，上纪唐虞之际，下至秦缪，编次其事。曰夏礼吾能言之，杞不足征也，殷礼吾能言之，宋不足征也，足则吾能征之矣。"司马迁认为此章是孔子编纂《尚书》《诗经》时所言。

《礼记·乐记》云："武王克殷反商，未及下车而封黄帝之后于蓟，封帝尧之后于祝，封帝舜之后于陈，下车而封夏后氏之后于杞，投殷之后于宋。"所以杞国是夏的后代，宋国是殷商的后代。孔子认为他能谈夏礼，但夏后代杞国的文献不够；能谈殷礼，但殷后代宋国的文献也不够；如果文献足够他可研究得更深。孔子是以夏商周三代的"礼"来教育弟子，前二代的文献不够，故孔子曰"吾学周礼，今用之，吾从周"。此章疑为错简，

应为《为政》篇第 23 章"子张问十世可知也"之续。

译文：孔子说：夏的礼仪我能谈，但夏后代杞国的文献不够；殷的礼仪我能谈，但殷后代宋国的文献也不够；谈不透是因为文献不够的缘故，如果文献足够我可研究得更深。

10.

子曰：禘自既灌而往者，吾不欲观之矣。

子曰：禘自既灌而往者（禘［dì］，《礼记·王制》曰"天子诸侯宗庙之祭，春曰礿、夏曰禘、秋曰尝、冬曰烝"。灌，用酒灌地以降神），**吾不欲观之矣。**

提示：禘祭是祭祀本族的始祖，如姬姓祭黄帝，姜姓祭炎帝，嬴姓祭少昊，等等。"灌"是禘祭诸多仪式中的一个，用郁鬯酒洒地请祖先神灵降临，"灌"以后的仪式不外表彰鲁君之功德，故孔子不欲看。孔子认为"鲁之郊禘非礼也"。

但据戚文先生的研究，禘祭先向太祖献酒，然后"列尊卑，序昭穆"，即按周礼太祖居中，二世、四世、六世位于左方，称"昭"，三世、五世、七世位于右方，称"穆"。鲁庄公死，其子闵公立，不到两年因内乱被杀，其弟僖公立，僖公死，其子文公立。按规定，桓公为昭，庄公为穆，闵公为昭，僖公为穆。但文公二年却把僖公的牌位升到闵公的之前而为昭。这是违背周礼的，所以孔子不愿看。此二种说法都有理。

译文：禘祭自灌礼以后的仪式我不想看。

11.

或问禘之说，子曰：不知也。知其说者之于天下也，其如示诸斯乎？指其掌。

或问禘之说（或问，有人问。禘［dì］，祀天祭宗庙均称为禘），**子曰：不知也。知其说者之于天下也，其如示诸斯乎**（他就像把手掌中的东西给人看一样容易。示，给人看；诸，之于；斯，此，即自己的手掌）**？指其掌。**

提示：禘祭是祭祀本族的始祖，意义在于"报本追远"，非仁孝诚敬之至，不足以行此祭典。鲁君或三家都非仁孝诚敬之徒，不足以明禘祀之义。孔子实际是懂得禘祀的意义何在的，但他因看不上鲁君及三家,故意说我不懂。但他同时又说,如有哪位明君能真正懂得禘祀,那他就能继文王武王周公之德行,掌握天下。

《礼记·仲尼燕居》记载,"子曰:明乎郊社之义,尝禘之礼,治国其如指诸掌而已乎"。"治国其如指诸掌而已乎"意思是治国就像把手掌中的东西给人看一般容易。

译文:有人问禘的本意,孔子说:我不懂。能真正懂禘的本意的人,掌握天下不就像把手掌中的东西给人看一样容易?说的同时孔子指指自己的手掌。

12.

祭如在,祭神如神在。子曰:吾不与,祭如不祭。

祭如在(祭祀就仿佛被祭祀者在场),**祭神如神在。子曰:吾不与**(我不全身心投入;与,参与,引申为投入),**祭如不祭**(祭就等于没祭)。

提示:孔子主张祭祀必须出于至诚,不可身在其中而心不在焉。

译文:祭就仿佛被祭者在场,祭神就如同神在。孔子说:心不在焉不能全身心投入,祭等于没祭。

13.

王孙贾问曰:与其媚于奥,宁媚于灶,何谓也?子曰:不然,获罪于天,无所祷也。

王孙贾问曰(王孙贾,卫国大夫):**与其媚于奥**(媚,讨好。奥,室内西南隅主人居处,最尊),**宁媚于灶**(灶,做饭的地方。此乃当时民间谚语,与其讨好最高领导,不如讨好直接管事的),**何谓也?子曰:不然,获罪于天,无所祷也**(祷,祈求)。

提示:王孙贾引民间谚语"与其讨好最高领导,不如讨好直接管事的"问孔子,但孔子不认同,他认为祭祀乃律己向善明于神前,若不行此,恐将获罪于天。

译文:王孙贾问:民间流传"与其讨好最高领导,不如讨好直接管事的",这是什么意思?孔子说:这不对,如果获罪于天,你再祈求也没用的。

14. 子曰：周监于二代，郁郁乎文哉，吾从周。

子曰：**周监于二代**（周的礼乐制度借鉴于夏商二代，而有所损益。监，通"鉴"），**郁郁乎文哉**（郁郁，文采盛貌。文，有文采），**吾从周**（我遵从周代的礼乐制度）。

提示：孔子历来推崇周朝的礼乐制度，所以他提倡克己复礼。

译文：孔子说：周的礼乐制度借鉴于夏商二代而有所损益，富于文彩，我遵从周的礼乐制度。

15. 子入太庙，每事问。或曰：孰谓鄹人之子知礼乎？入太庙，每事问。子闻之曰：是礼也。

子入太庙（子，孔子。太庙，鲁国祖先的庙，此指周公庙），**每事问**（遇事必问）。**或曰**（或，某人）：**孰谓鄹人之子知礼乎**（鄹人之子，孔子之父叔梁纥做过鄹的大夫，有人看不起孔子，故称他为鄹人之子。鄹[zōu]，鲁邑名，今山东曲阜）？**入太庙，每事问。子闻之曰：是礼也**。

提示：遇事必问体现一种慎重的态度，故孔子说"这正是礼"。

译文：孔子入周公庙，因不明祭祀细节而遇事必问。有人说：谁说鄹人之子懂得礼，他进周公庙每事必问。孔子听说后说：这正是礼。

16. 子曰：射不主皮，为力不同科，古之道也。

子曰：射不主皮（射箭不以射穿靶子为主。主，通假"注"，注入。"皮"指箭靶），**为力不同科**（科，类别、程度），**古之道也**（自古就有的道）。

提示：射箭比赛体现"仁之道"，若射箭而以穿透靶子为胜，乃赛力而非赛射，不是射之本意。儒家重礼乐轻武力，可见一斑也。

译文：孔子说：射箭不射穿皮革的靶，是因为人的力气有大小，只求命中不求射穿，是古代就有的"道"。

17.
子贡欲去告朔之饩羊,子曰:赐也,尔爱其羊,我爱其礼。

子贡欲去告朔之饩羊(告朔之饩[xī]羊,每年秋冬之际,周天子将来年的历书颁发给诸侯,这叫"颁告朔",诸侯接受历书后藏于祖庙,每月初一行告朔礼,杀一只活羊供奉。自鲁文公始不行告朔礼而有司仍供此羊,故子贡欲去之。朔,每月初一。饩羊,活羊),**子曰:赐也**(赐,子贡名)**,尔爱其羊,我爱其礼。**

提示:子贡认为反正鲁文公不行告朔礼,就没必要每月再供奉羊了,孔子认为尽管鲁文公不行告朔礼,但礼不能因此而废除。

译文:因自鲁文公始已不再举行告朔礼,所以子贡拟停止每月供奉活羊的做法,孔子说:赐啊,不能停,你是爱这羊,我爱的是这个礼。

18.
子曰:事君尽礼,人以为谄也。

子曰:事君尽礼(事,侍奉)**,人以为谄也**(谄[chǎn],谄媚)。

提示:孔子认为,凡以礼侍奉君主,人们就不应当以为谄也。参照下章"臣事君以忠"句,耐人寻味。

译文:孔子说:完全按礼来侍奉君主,却被世人误解为谄媚。

19.
定公问:君使臣、臣事君,如之何?孔子对曰:君使臣以礼,臣事君以忠。

定公问(定公,鲁定公,名宋。孔子曾帮助鲁定公以削弱三桓,即三家大夫的势力,但功败垂成,于是孔子离开鲁国)**:君使臣**(君主用臣子)**、臣事君**(臣子侍奉君主)**,如之何?孔子对曰:君使臣以礼,臣事君以忠。**

提示:孔子对鲁定公先告以"君使臣以礼",而后"臣事君以忠",与前章"臣事君以礼"句相比,说明孔子认为:其一,先有君的礼方才有臣的忠;其二,臣对君的忠也必须以"礼"节制,并非无限的忠。

译文:鲁定公问:君如何使用臣、臣如何侍奉君。孔子回答说:君使用臣以礼,臣侍奉君以忠。

20.

子曰：《关雎》乐而不淫，哀而不伤。

子曰：《关雎》（《诗经》的第一首，说的是男子如何思念他的意中女子）**乐而不淫，哀而不伤**。

提示：孔子曰："诗三百，一言以蔽之，曰思无邪"。"思无邪"三字可概括"乐而不淫，哀而不伤"。

译文：孔子说：《关雎》显示出欢乐但不放荡，哀思但不悲伤。

21.

哀公问社于宰我，宰我对曰：夏后氏以松，殷人以柏，周人以栗。曰使民战栗。子闻之曰：成事不说，遂事不谏，既往不咎。

哀公问社于宰我（哀公，鲁哀公，鲁国国君。社，指鲁国的亳社，古人建国必立社，用以祭祀土地神，立社必种植当地适宜的树。宰我，姓宰名予，字子我，孔子弟子），**宰我对曰：夏后氏以松，殷人以柏，周人以栗。曰使民战栗**（宰我说周人立社用栗树，取音"战栗"，为使民怕）。**子闻之曰：成事不说，遂事不谏**（谏，劝谏），**既往不咎**（咎，追究）。

提示：据《左传·哀公四年》记载，"六月辛丑，亳社灾"，证明鲁哀公四年六月鲁国的亳社曾经发生过火灾。此章恐与此事有关。

哀公问社，是问亳社应当怎么种树。宰我回答：夏朝种松树，殷朝种柏树，周朝种栗树，他还说周朝种栗树是为了使人民战栗恐惧。宰我的回答是有根据的。《尚书·甘誓》曰"不用命，戮于社"，《礼记·大司寇》曰"大军旅莅戮于社"，证明社也用作刑场。但孔子认为宰我回答，尤其是"使民战栗"之语有辱西周形象，故申斥以"成事不说，遂事不谏，既往不咎"。从孔子的申斥看，他也认可周朝立社种植栗树有失仁道。

译文：鲁哀公问宰我如何立社。宰我回答：夏朝种松树，殷朝种柏树，周朝种栗树。他还说周朝种栗树是为了使人民战栗恐惧。孔子听到后说：已成的事不要再说了，已过去的事无法再纠正了，对前人前事不要怪罪责备。

22.

子曰：管仲之器小哉。或曰：管仲俭乎？曰：管氏有三归，官事不摄，焉得俭？然则管仲知礼乎？曰：邦君树塞门，管氏亦树塞门；邦君为两君之好有反坫，管氏亦有反坫，管氏而知礼，孰不知礼？

子曰：**管仲之器小哉**（管仲，齐国大夫，辅佐齐桓公霸诸侯，一匡天下。孔子认为管仲虽有功劳，但不是能治天下的大才）。**或曰：管仲俭乎**（俭，俭朴）？**曰：管氏有三归**（三归，见提示），**官事不摄**（管仲家臣不兼理齐国政事），**焉得俭？然则管仲知礼乎？曰：邦君树塞门**（塞门，疑为台门，按甲骨文二字相似，设于大门内正中央，使外人看不到门内景物的屏障。这是诸侯的规格，管仲以大夫身份设台门为僭越），**管氏亦树塞门；邦君为两君之好有反坫**（反坫［diàn］，土台，诸侯饮酒时放置爵杯之用，非大夫阶级可享用），**管氏亦有反坫，管氏而知礼，孰不知礼？**

提示：管氏有三归，官事不摄：孔子在此用"管氏"而不用管仲，说明孔子所指的是管氏家族而非管仲本人；"官事不摄"意思是不兼管齐国国事，"官"训为"公"，与"私"相对；"官事不摄"的主语是"管氏"，由此推论，"三归"应当指管氏家族的三处采邑和管理这三地的家臣。管仲身为国相，他采邑的家臣却不兼管齐国的国事，故孔子批评他不俭朴。

孔子认为管仲不是成大事的大器，不俭朴，有违礼行为，所以齐桓公用管仲，只能成霸业而不能成王业。

译文：孔子说：管仲非大器者，做不出大事业。有人问：管仲为人算不算俭朴？孔子说：管氏家族有三处采邑，这三处采邑的家臣却不兼理齐国政事，怎么能算俭朴？那人再问：那么管仲懂不懂礼？孔子说：国君家有台门，管家也有台门；国君为同他国诸侯通好在宴会上设立放置酒爵的反坫，管家也用反坫，管仲懂礼的话还有谁不懂礼？

23.

子语鲁大师乐曰：乐其可知也。始作，翕如也；从之，纯如也，皦如也，绎如也，以成。

子语鲁大师乐曰（鲁大师，鲁国宫廷乐师）：**乐其可知也。始作，翕如也**（翕［xī］如，收敛态）；**从之**（从［zòng］之，展开），**纯如也**（纯如，和谐），**皦如也**（皦［jiǎo］如，光明），**绎如也**（绎［yì］如，续而不断），**以成**（进行到结束）。

提示：孔子十分赞同鲁国的音乐，认为它继承了周初正统的音乐，也因为它体现的是文王的"德"。

译文：孔子谈到鲁国宫廷乐师演奏的乐说：乐是可以理解的。开始是较收敛的，然后展开，和谐而光明，这样连绵不断，直到曲终。

24.

仪封人请见，曰：君子之至于斯也，吾未尝不得见也。从者见之。
出曰：二三子何患于丧乎？天下之无道久矣，天将以夫子为木铎。

仪封人请见（仪封人，封于卫国西南边境仪邑的边防军官。请见，要求见孔子），**曰：君子之至于斯也**（此句文理略有不通，据敦煌唐抄本作"君子之至于斯者"。斯，此地；者，人），**吾未尝不得见也。从者见之**（孔子的随从弟子让他见）。**出曰：二三子**（你们几位）**何患于丧乎**（何必为孔子丢官而忧虑）？**天下之无道久矣，天将以夫子为木铎**（夫子，指孔子。木铎，金铃木舌的大铃，宣布政教法令时召集众人所用）。

提示："仪"，卫国的一个邑，《释地续》曰"仪邑城乃卫西南境，距其国五百余里"，在今河南兰封县北。据《史记·孔子世家》记载，孔子辞去鲁国大司寇后赴卫国，卫灵公给他俸禄六万石，后因人谗毁孔子，孔子怕获罪，离卫国赴陈国。陈国在卫国南面，仪邑在卫国的西南边境，是去陈国的必经之路。所以此章当与孔子离卫赴陈有关。

"何患于丧乎"的"丧"，历来认为指孔子病或将死，但按《史记》的这段记载，"丧"应该指孔子失去卫国官位。

译文：仪地的边防官要求见孔子，他说：凡是君子到这里我没有不拜见的。孔子的随从弟子就让他见了。出来后他说：你们几位何必为孔子失去官位而忧虑呢？天下大乱已很久了，上天将让孔夫子制定法度教化天下。

25.

子谓《韶》，尽美矣，又尽善也；谓《武》，尽美也，未尽善也。

子谓《韶》（韶，赞美舜的音乐舞蹈），**尽美矣，又尽善也；谓《武》**（武，歌颂周武王以武力伐纣的音乐舞蹈），**尽美也，未尽善也。**

提示：舜靠禅让得天下，周武王靠武力得天下，孔子赞扬文德而不那么赞同武功，所以他说《武》虽尽美但不尽善。

译文：孔子认为《韶》是尽善尽美，《武》是尽美但不尽善。

26.

子曰：居上不宽，为礼不敬，临丧不哀，吾何以观之哉？

子曰：**居上不宽**（居上位者不宽容），**为礼不敬**（行祭祀大典不恭敬），**临丧不哀**（丧事不哀），**吾何以观之哉？**

提示：孔子认为君主贵族当有诚信，方可为人民表率。

译文：孔子说：居上位者对下不宽容，行祭祀大典不恭敬，行丧礼不哀，这种情形我怎么能看得下去？

里仁第四

本篇主要记述孔子论道德。

1. 子曰：里仁为美,择不处仁,焉得知？

子曰：**里仁为美**（里仁,居住在仁者集中之处）,**择不处仁**（择不处仁,《论语》古本为"宅不处仁",不选择行仁之地居住）,**焉得知**（怎么称得上智）？

提示：所谓近朱者赤,近墨者黑,就是这个道理。孔子周游列国而不定居,其中一个原因就是这些国家的君主不仁。

译文：孔子说：居住在仁者集中的地方是最好的,不选择仁者集中的地方居住,怎能为智？

2. 子曰：不仁者不可以久处约,不可以长处乐。仁者安仁,知者利仁。

子曰：**不仁者不可以久处约**（约,穷）,**不可以长处乐。仁者安仁**（仁者自愿行仁不计功利）,**知者利仁**（智者懂得行仁利己利人,故行仁）。

提示：不仁之人守不得久居穷困,穷困久则铤而走险；享不得久乐,享乐久则骄奢淫逸。

译文：孔子说：不仁之人守不得久居穷困,享不得久乐。仁者自愿行仁,智者懂得行仁利己利人,故努力行之。

3. 子曰：唯仁者能好人、能恶人。

子曰：**唯仁者能好人**（好人,喜欢一个人）、**能恶人**（恶人,厌恶一个人）。

提示:《礼记·缁衣》曰"唯君子能好其正,小人毒其正,故君子之朋友有乡,其恶有方",意思是君子喜欢能指正自己的人,小人记恨指正自己的人,故君子交友有方,厌恶人也有方。此章言仁者喜好厌恶一个人自有自己的标准。

译文:孔子说:唯有仁者才能懂得爱人和恨人。

4.

子曰:苟志于仁矣,无恶也。

子曰:**苟志于仁矣**(苟,假如。志于仁,有志于仁),**无恶也**(不认定其为恶)。

提示:儒家伦理看一个人的动机,动机善即便违法也可免罪,动机恶即便合法也可定罪。桓宽《盐铁论·刑德》云"故春秋之治狱,论心定罪,志善而违于法者免,志恶而合于法者诛"。所以孔子认为,有志于善,即便有过失,也不可认定其为恶,只是善心做错事而已。

译文:孔子说:如果有志于行仁,他可能会有过失,但无恶的动机。

5.

子曰:富与贵,是人之所欲也,不以其道得之,不处也;贫与贱,是人之所恶也,不以其道得之,不去也。君子去仁恶乎成名。君子无终食之间违仁,造次必于是,颠沛必于是。

子曰:**富与贵,是人之所欲也**(是人,任何人)**,不以其道得之,不处也**(处,具有,享用)。**贫与贱,是人之所恶也,不以其道得之**(疑应为"不以其道去之")**,不去也。君子去仁恶乎成名**(去仁,离开仁;恶乎成名,不能称之为君子,成名非"有名声")。**君子无终食之间违仁**(终食之间,一顿饭的工夫)**,造次必于是**(哪怕匆忙间也必定不会失去仁。造次,匆忙;是,这样)**,颠沛必于是。**

提示:君子片刻都不离仁,不以道得富贵为不仁,故君子不受用,不以道去贫贱为不仁,故君子甘愿受之。

译文:孔子说:富贵任何人都向往,如不以"道"得之,君子不受用。贫贱任何人都厌恶,如不以"道"摆脱,君子甘愿受之。君子离开仁就不成其为君子。君子哪怕是一顿饭的工夫也不违仁,匆忙间也好,流离颠沛也好,无片刻违仁。

6.

子曰：我未见好仁者，恶不仁者。好仁者，无以尚之；恶不仁者，其为仁矣，不使不仁者加乎其身。有能一日用其力于仁矣乎？我未见力不足者。盖有之矣，我未之见也。

子曰：我未见好仁者，恶不仁者（此句是古文中常见的省略句，应理解为"我未见好仁者，我只见恶不仁者"。《礼记·表记》云"无欲而好仁者，无畏而恶不仁者"，可见这是两种人。好仁者，行仁之人；恶不仁者，厌恶不仁行为之人）。**好仁者，无以尚之**（无以尚之，当然没有比他再高尚的了；尚，上）；**恶不仁者，其为仁矣，不使不仁者加乎其身**（此三句言，恶不仁者的为仁，就是避免不仁者影响自己）。**有能一日用其力于仁矣乎**（有没有哪怕用一天的时间来努力行仁的人）？**我未见力不足者**（我没见过行仁却心有余力不足的）。**盖有之矣**（盖，大概），**我未之见也。**

提示：仁者当然高尚，但对不仁深恶痛绝也属于为仁。"为仁"不是能不能的问题，是为不为的问题，那些说自己心有余而力不足的，只是一种推脱。

译文：孔子说：仁者是很少见到的，我见到的只是那些对不仁深恶痛绝的人。仁者当然品格崇高无与伦比，但对不仁深恶痛绝的人，他们的行仁就是避免不仁者影响自己。有没有哪怕用一天时间来努力行仁的人？我没见过行仁却心有余而力不足的。也许有这样的人，但我没见过。

7.

子曰：人之过也，各于其党。观过，斯知仁矣。

子曰：人之过也（过，过度，偏重于），**各于其党**（党，类别）。**观过，斯知仁矣**（斯，则）。

提示：《礼记·表记》云"厚于仁者薄于义，亲而不尊；厚于义者薄于仁，尊而不亲"，意思是偏重于仁者轻于义，爱人却缺乏尊敬；偏重于义者轻于仁，尊敬但缺乏爱心。人做事虽力求允中，但往往不是不及就是过度，过度就是偏重，有偏重必厚此薄彼。孔子认为，看一个人偏重什么，就能判断他是否仁。通常解释"过"为过失，误，因为有过失则不能称之为仁。

译文：孔子说：人的偏重各有不同类型。观察他偏重什么，就能知道他是否仁。

8.

子曰：朝闻道，夕死可矣。

子曰：**朝闻道，夕死可矣**（道，宇宙万物的基本规律）。

提示：老子的"道"是宇宙万物的基本规律，儒家不研究，但儒家也推崇"道"。

译文：孔子说：早上得闻"道"，即便晚上即死也无憾。

9.

子曰：士志于道而耻恶衣恶食者，未足与议也。

子曰：**士志于道而耻恶衣恶食者**（耻恶衣恶食，以简朴的衣食为耻辱），**未足与议也**（议，议道）。

提示：求道者须耐得贫寒。

译文：孔子说：有志于求道而又以简朴的衣食为耻辱的士人，是不值得同他们谈论"道"的。

10.

子曰：君子之于天下也，无适也，无莫也，义之与比。

子曰：**君子之于天下也，无适也**（适，厚，可），**无莫也**（莫，薄，不可），**义之与比**（"比"与"从"二字在甲骨金文中完全一样，故当为"义之与从"，意思是由义而定）。

提示：君子行事完全看是否符合"义"，合义则作，不合则罢。

译文：孔子说：君子于天下事天下人，无必可必不可，无偏颇厚薄，完全由义而定。

11.

子曰：君子怀德，小人怀土；君子怀刑，小人怀惠。

子曰：**君子怀德**（怀，安于，思念），**小人怀土**（小人，农夫）；**君子怀刑**（刑，典型，毛伯班簋有"文王子孙亡不怀刑"，此言子孙无不念取法于文王），**小人怀惠**（惠，获得好处，《尚书·皋陶谟》"安民则惠，黎民怀之"）。

提示：君子考虑的是精神层面，农夫只考虑物质层面。

译文：孔子说：君子想的是德性，农夫想的是田地；君子想的是取法于前圣前贤，农夫想的是财物。

12.

子曰：放于利而行，多怨。

子曰：**放于利而行**（放，依），**多怨**。

提示：《大学》曰"国不以利为利，以义为利也"，行事不可唯利是图。

译文：孔子说：一切依利而行，必招诸多怨恨。

13.

子曰：能以礼让为国，（于从政）乎何有？不能以礼让为国，如礼何？

子曰：**能以礼让为国**（礼让，守礼谦让），**（于从政）乎何有**（此句缺"于从政"三字，当为漏抄。何有，不难）？**不能以礼让为国，如礼何**（礼有何用）？

提示：《后汉书·刘恺传》记为"能以礼让为国，于从政乎何有"；《子路第十三》曰"苟正其身矣，于从政乎何有；不能正其身，如正人何"；故"乎何有"句当为"于从政乎何有"？

译文：孔子说：能以礼让治理国家，从政有何难？不能以礼让治理国家，礼又有何用？

14.

子曰：不患无位，患所以立。不患莫己知，求为可知也。

子曰：**不患无位，患所以立**（别担忧自己没官做，应担忧的是自己凭什么做官。患，担忧。立，通假"位"，做官）。**不患莫己知**（莫己知，别人不了解自己），**求为可知也**（"求"当是"患"字之误。为可知，自我显扬）。

提示：此章当是孔子对弟子的教诲。此章以"不患XX，患XX"对比排列，故最后二句当是"不患莫己知，患为可知也"，如此对比，文理则通顺。

译文：孔子说：别担忧自己没官做，应担忧的是自己凭什么做官；别担忧别人不了解自己，应担忧的是一味自我显扬。

15.

子曰：参乎，吾道一以贯之。曾子曰：唯。子出，门人问曰：何谓也？曾子曰：夫子之道，忠恕而已矣。

子曰：参乎（参，曾参，孔子弟子，字子舆，后人尊称其为曾子），**吾道一以贯之**（我的道从头至尾贯穿一个基本原则）。**曾子曰：唯**（唯，是，应答声）。**子出，门人问曰**（门人，弟子，门生）：**何谓也？曾子曰：夫子之道，忠恕而已矣**（忠，尽心为人；恕，推己及人）。

提示：《礼记·中庸》解释"恕"最为贴切，"施诸己而不愿，亦勿施诸人"，意思就是"己所不欲，勿施于人"。

译文：孔子说：我的道从头至尾贯穿一个基本原则。曾子说：是的。孔子离开后，弟子问：什么意思？曾子说：孔夫子的道就是"尽心为人推己及人"而已。

16.

子曰：君子喻于义，小人喻于利。

子曰：君子喻于义（喻，明白），**小人喻于利。**

译文：孔子说：君子明白大义，小人明白的只是利益。

17.

子曰：见贤思齐焉，见不贤而内自省也。

子曰：见贤思齐焉（齐，与他看齐），**见不贤而内自省也。**

译文：孔子说：见贤人要以其为榜样以思进取，见不贤要以其为借鉴，内心自省改过迁善。

18.

子曰：事父母几谏，见志不从，又敬不违，劳而不怨。

子曰：事父母几谏（几谏，背人之处劝谏。"几"训为"微"，即"隐"），**见志不从**（父母有自己的志愿，不听从儿女劝谏），**又敬不违**（又敬，有敬，古文"又"与"有"相通；不违，不违逆），**劳而不怨**（劳，忧）。

提示：《晋书·孝友传·刘殷》曰"殷恒戒子孙曰，事君之法，当务几谏，凡人尚不可面斥其过，而况万乘乎"。对君王要在背人之处劝谏，对父母也当如此。

译文：孔子说：侍奉父母，如父母有所不当应在背人之处劝谏，父母不听从时仍应恭敬不可违逆，虽忧愁但不怨。

19. 子曰：父母在，不远游，游必有方。

子曰：**父母在，不远游，游必有方**（如远游也必有确切方位地址）。

提示：不远游是须服侍父母，不得已必远游也要让父母知道其所在地，以便有意外可及时通知到。

译文：孔子说：父母健在子女不远游，如远游也必有确切方位地址。

20. 子曰：三年无改于父之道，可谓孝矣。

此章已见于"学而第一"篇之第11章，疑是重出。

21. 子曰：父母之年不可不知也，一则以喜，一则以惧。

子曰：**父母之年不可不知也，一则以喜，一则以惧**（喜，喜其健在；惧，惧其衰老将死）。

提示：时刻关注父母的年龄，也是尽孝。

译文：孔子说：父母的年龄不可不记住，一方面为他们健康长寿而喜，一方面为他们日益衰老而惧。

22. 子曰：古者言之不出，耻躬之不逮也。

子曰：**古者言之不出，耻躬之不逮也**（以话说出来却做不到为耻辱；躬，身体；逮，达到）。

提示：言必有信，言行相符。

译文：孔子说：古人不轻言，以自己的行动与言语不相符为耻辱。

23. 子曰：以约失之者鲜矣。

子曰：**以约失之者鲜矣**（约，节俭。失，失去，这是个笼统的说法，如君王失国、臣子失官位俸禄、民众失财物等，并非过失）。

提示：孔子认为,事事从俭可免来日困惑,奢侈则招致祸患。

译文：孔子说：由于俭约而招致失去,这种情形很少见。

24.

子曰：君子欲讷于言而敏于行。

子曰：君子欲讷于言而敏于行（讷[nè],言语迟钝）。

提示：孔子对哀公谈到取人之术曰：毋取口锐之人,口锐者多诞而寡信。

译文：孔子说：君子要言语谨慎而行动敏捷。

25.

子曰：德不孤,必有邻。

子曰：德不孤,必有邻（邻,亲近）。

提示：孔子认为,凡有德者其言行必有人赏识,故不孤单而有伴。

译文：有德之人不孤单,必有志同道合者。

26.

子游曰：事君数,斯辱矣；朋友数,斯疏矣。

子游曰（子游,孔子弟子,姓言名偃,字子游）**：事君数**（数,频繁、过于亲密）**,斯辱矣；朋友数,斯疏矣**（疏,疏远）。

提示：君子之交淡如水,小人之交甜如蜜。

译文：子游说：与国君关系过于亲密反而会招致受辱；与朋友相处过于亲密反而会疏远。

公冶长第五

本篇记述孔子对其弟子以及其他人物的评价。

1. 子谓公冶长：可妻也,虽在缧绁之中,非其罪也。以其子妻之。

子谓公冶长（谓,评价。公冶长,姓公冶名苌,字子长,孔子弟子,齐人,据传其善鸟语）：**可妻也**（可把女儿嫁给他。妻,将女儿嫁给他）,**虽在缧绁之中**（缧绁[léi xiè],捆绑犯人的绳子,引申为关监狱）,**非其罪也。以其子妻之**（子,女儿）。

提示："子谓公冶长"："谓"是孔子评价某人；孔子称弟子都直呼其名,这里称其字,因为是后人的记述,对公冶长表尊敬。下同。

将女儿嫁给一个服过刑的人,说明孔子不以世俗观念看人,以德取人。

译文：孔子评价公冶长说：可把女儿嫁给他。他虽然服过刑,但他没罪。所以孔子把女儿嫁给了他。

2. 子谓南容：邦有道不废,邦无道免于刑戮。以其兄之子妻之。

子谓南容（南容,姓南宫名绦[tāo],字子容,孔子弟子,鲁人）：**邦有道不废**（国有道他能被国君所用）,**邦无道免于刑戮**（国无道他能归隐免于刑罚杀戮。刑戮,刑罚杀戮）。**以其兄之子妻之**（其兄之子,哥哥的女儿）。

提示："先进第十一"篇中的之"南容三复白圭",说的就是南宫绦。《史记》误以南容为南宫适。南容在《论语》中出现二次,而南宫适出现一次,所言二人之事有别,可见司马迁未细读《论语》。孔子教导弟子"天下有道则见,无道则隐",可作此章解。

译文：孔子评价南宫绦说：国有道他能被国君所用,国无道他能归隐免于刑罚杀戮。孔子把侄女嫁给了他。

3.

子谓子贱：君子哉若人！鲁无君子者，斯焉取斯？

子谓子贱（子贱，姓宓[fú]名不齐，孔子弟子，鲁人）：**君子哉若人**（若人，这个人）**！鲁无君子者，斯焉取斯**（斯，连词，则；焉，怎么；取斯，取得这样的政绩，"斯"作"如此"解）？

提示：子贱治理鲁国东部单父邑颇有政绩，《说苑·政论》曰"子贱治单父善用人"。

译文：孔子评价子贱说：这人君子啊！要说鲁国没君子，子贱怎么取得如此政绩呢？

4.

子贡问曰：赐也何如？子曰：女器也。曰：何器也？曰：瑚琏也。

子贡问曰（子贡，姓端木名赐，字子贡，孔子弟子）：**赐也何如**（赐，即子贡）？**子曰：女器也**（女，通假"汝"，你。器，礼器）。**曰：何器也？曰：瑚琏也**（瑚琏，夏代称琏，商代称瑚，均是盛放黍稷以供祭祀的礼器）。

提示：按《礼记·明堂位》"有虞氏之两敦，夏后氏之四连，殷之六瑚，周之八簋"，说明"瑚琏"乃祭祀礼器。许慎《说文解字》言，"琏"本作"槤"，是一种木制礼器，至孔子春秋时代写作"瑚琏"，从玉字旁，说明当时瑚琏已成为玉制礼器。礼器本贵重，玉制礼器更珍稀贵重，说明孔子认为子贡可成大器。

译文：子贡问孔子：你对我怎么看？孔子说：你是器。子贡问：是什么器？孔子说：是瑚琏，贵重之器也。

5.

或曰：雍也，仁而不佞。子曰：焉用佞？御人以口给，屡憎于人。不知其仁，焉用佞？

或曰：雍也（雍，姓冉名雍，字仲弓，亦作子弓，孔子弟子），**仁而不佞**（佞，有口才）。**子曰：焉用佞？御人以口给**（御人，对付他人；口给，能言善辩），**屡憎于人**（往往被人憎恶）。**不知其仁，焉用佞？**

提示："不知其仁焉用佞"句,多被误读成"我不知冉雍是否有仁德,但何须口才"。但从此章文理逻辑看,问者认可冉雍有仁,只是认为他口才不行,而孔子对冉雍的仁不置可否,只是认为口才无用,反招人憎恶。所以"不知其仁焉用佞"应理解为"不懂得仁,光有口才有何用","其"字并非指冉雍,是用于特指仁。

译文:某人说:冉雍有仁德,但无口才。孔子说:口才有何用?用伶牙俐齿对付人,往往招致憎恨。不懂得仁,光有口才有何用?

6.

子使漆雕开仕,对曰:吾斯之未能信。子说。

子使漆雕开仕(子,指孔子。漆雕开,姓漆雕名开,字子开。古人无名与字相同者,有人认为漆雕开原名应是漆雕启,汉人因避讳所改。仕,做官),**对曰:吾斯之未能信**(古人答师无自称"吾",故"吾斯之未能信"应为"启斯之未能信",意思是启未有自信能胜任。斯,代词,指"仕"即做官;信,自信)。**子说**(孔子高兴,"说"通假"悦")。

提示:孔子是对漆雕开的自谦高兴。

译文:孔子让漆雕开当官,漆雕开回答说:我未有自信能胜任。孔子对他的谦虚大悦。

7.

子曰:道不行,乘桴浮于海,从我者其由与?子路闻之喜。子曰:由也,好勇过我,无所取材。

子曰:道不行(道不得实行),**乘桴浮于海**(乘木排漂向海外去传道;桴,竹排木排),**从我者其由与**(由,姓仲名由,字子路,又叫季路,孔子弟子。与,表问句)?**子路闻之喜。子曰:由也,好勇过我,无所取材**(可惜没地方任用他)。

提示:"无所取材"如何理解?"子罕第九"篇有"无所成名",意思是无可成名之处;"阳货第十七"篇有"无所用心",意思是无可用心之处;同样,"无所取材"当理解为没有可任用他的地方,"取材"当释为被人任用。子路为人果敢,孔子认为要漂洋过海去传道,只有子路敢跟随,只可惜至今没人任用他。后来子路被季氏任用管理军队。

译文：孔子说：道不得实行，我只能乘木排漂向海外去传道，随我去的怕只有仲由吧？仲由听后很高兴。孔子说：仲由这个人，他好勇胜过我，只可惜至今没人任用他。

8.

孟武伯问：子路仁乎？子曰：不知也。又问。子曰：由也，千乘之国，可使治其赋也，不知其仁也。求也何如？子曰：求也，千室之邑、百乘之家，可使为之宰也，不知其仁也。赤也何如？子曰：赤也，束带立于朝，可使与宾客言也，不知其仁也。

孟武伯问（孟武伯，鲁国大夫仲孙彘）**：子路仁乎？子曰：不知也。又问。子曰：由也**（由，姓仲名由，字子路，又叫季路，孔子弟子），**千乘之国**（拥有千辆战车的诸侯国），**可使治其赋也**（赋，兵赋，军事事务），**不知其仁也。求也何如**（求，姓冉名求，字子有，亦称冉有，即冉子有，孔子弟子）**？子曰：求也，千室之邑**（大夫的封地，相当于县）、**百乘之家**（大夫的家族），**可使为之宰也**（宰，长官，大管家），**不知其仁也。赤也何如**（赤，姓公西名赤，字子华，孔子弟子）**？子曰：赤也，束带立于朝**（朝，官府），**可使与宾客言也，不知其仁也。**

提示：孔子评价人很客观，虽然这三位弟子孔子都不认为他们具备仁，但他知道子路特点是能管理军需，冉求可当县的长官或大夫的管家，公西赤善于外交。

译文：孟武伯问：子路仁吗？孔子说：不知道。孟武伯再问，孔子说：仲由啊，可以让他管理诸侯国的军事事务，但不知他是否仁。孟武伯问：冉求如何？孔子说：冉求啊，可以让他当一个县邑的长官或大夫的管家，但不知他是否仁。孟武伯问：公西赤如何？孔子说：公西赤啊，可以让他穿礼服在朝上接待宾客，但不知他是否仁。

9.

子谓子贡曰：女与回也孰愈？对曰：赐也何敢望回？回也闻一以知十，赐也闻一以知二。子曰：弗如也，吾与女弗如也。

子谓子贡曰（子，孔子。子贡，姓端木名赐，字子贡，孔子弟子）**：女与回也孰愈**（回，姓颜名回，字子渊，孔子弟子，鲁国人。孰，谁。愈，强）**？对曰：赐也何敢望回**（赐，即子贡。望，相比）**？回也闻一以知十，赐也闻一以知二。子曰：弗如也，吾与女弗如也**（我和你都不

如他。女,通假"汝",你)。

提示:能对学生说自己不如某个学生,可见孔子胸襟之大。

译文:孔子问子贡:你和颜回比哪个更强?子贡说:我怎敢与颜回比?颜回能闻一而知十,我只能闻一知二。孔子说:你不如他,我和你都不如他。

10.

宰予昼寝。子曰:朽木不可雕也,粪土之墙不可圬也,于予与何诛?子曰:始吾于人也,听其言而信其行;今吾于人也,听其言而观其行。于予与改是。

宰予昼寝(宰予,姓宰名予,字子我,孔子弟子。昼寝,白天睡懒觉)。**子曰:朽木不可雕也,粪土之墙不可圬也**(圬[wū],泥瓦刀,引申为粉刷墙壁),**于予与何诛**(对于宰予给什么责备好呢?言下之意给什么责备都没用。于,对于;予,宰予;与,给予;何诛,什么责备)?**子曰:始吾于人也,听其言而信其行;今吾于人也,听其言而观其行。于予与改是**(改是,改正此昼寝的毛病;是,此,指昼寝)。

提示:"于予与改是"句,历来解为"对宰予我改变了以往的作法,由"信其行"改为"观其行",误。前句"于予与何诛","与"是动词,"何诛"是宾语,那么此句"改是"同样是"与"的宾语。"改是"当解为改正,"是"释为"此",指昼寝。此句译成白话就是"对于宰予,我给他改正的机会"。这也同"听其言而观其行"相符。从中可见孔子的宽宏大量。

译文:宰予白天睡懒觉。孔子说:朽木不可雕,粪土之墙不可粉刷,对于宰予我给什么责备好呢?孔子说:先前我看一个人,是听其言就信其能做到,现在我看一个人,是听其言而观察其行动。对于宰予,我给他改正的机会。

11.

子曰:吾未见刚者。或对曰:申枨。子曰:枨也欲,焉得刚?

子曰:吾未见刚者。或对曰:申枨(申枨[chéng],鲁人,恐非孔子弟子)。**子曰:枨也欲**(欲,欲望),**焉得刚**?

提示:刚与欲相对,孔子主张无欲则刚。

译文:孔子说:我没见刚毅者。有人说:申枨呢?孔子说:申枨多欲,怎么能刚毅?

12.

子贡曰：我不欲人之加诸我也，吾亦欲无加诸人。子曰：赐也，非尔所及也。

子贡曰（子贡，姓端木名赐，字子贡，孔子弟子）**：我不欲人之加诸我也**（加诸我，强迫我，加诸，"加之于"的连读），**吾亦欲无加诸人。子曰：赐也，非尔所及也。**

提示：此章与"己所不欲，勿施于人"同理。

译文：子贡说：我不愿别人强迫于我，我也希望不强迫于人。孔子说：赐啊，这不是你想达到就能达到的。

13.

子贡曰：夫子之文章可得而闻也，夫子之言性与天道不可得而闻也。

子贡曰：夫子之文章可得而闻也，夫子之言性与天道不可得而闻也（性，人的本性；天道，上天运作规律）。

提示：孔子在《阳货》中答子贡曰：天何言哉，四时行焉，百物生焉，天何言哉。孔子曰：未知生，焉知死。说明子贡此言确实。读遍《论语》未见孔子有论及人之本性与上天运作规律的。

译文：子贡说：孔夫子的文章我们可以得闻，但孔夫子论及人之本性与上天运作规律之说我们不得而闻。

14.

子路有闻，未之能行，惟恐有闻。

子路有闻，未之能行，惟恐有闻（"有"通"又"）。

提示：《礼记·杂记下》：君子有三患，未之闻患弗得闻也，既闻之患弗得学也，既学之患弗得行也。此解释本章最贴切。古代贤者得一善言，无不视若珍宝，唯恐不能实践。

译文：子路听到一个道理，还没来得及实践，又怕再听到新的道理。

15.

子贡问曰：孔文子何以谓之文也？子曰：敏而好学，不耻下问，是以谓之文也。

子贡问曰：孔文子何以谓之文也（孔文子，卫国大夫，姓孔名圉 [yǔ]，死后谥"文"。谥乃古人对其人一生之品德优劣所下的盖棺论定）？

子曰：敏而好学，不耻下问，是以谓之文也。

提示：《左传》记载孔文子的德行有污点，所以子贡问他凭什么死后谥号"文"。孔子主张瑕不掩瑜，认为他"敏而好学，不耻下问"，就配得上"文"这个谥号。

译文：子贡问：孔文子凭什么死后谥"文"。孔子说：他聪敏而好学，不耻下问，所以死后谥"文"。

16.

子谓子产有君子之道四焉：其行己也恭，其事上也敬，其养民也惠，其使民也义。

子谓子产有君子之道四焉（子产，姓公孙名侨，字子产，郑国大夫，郑穆公之孙，故称公孙，孔子弟子）：其行己也恭（行己，约束自己的行为），其事上也敬（事上，侍奉国君），其养民也惠，其使民也义（让百姓服劳役选择适宜的时间，尽量避开农时。义，适时宜）。

提示：行己恭则能修身，事上敬则能尽礼，养民惠则富民强国，使民义则无怨。

译文：孔子评论子产，说他具有君子的四种美德：自己行为庄肃，侍奉国君恭敬，养蓄民众以恩惠，使役百姓避开农时。

17.

子曰：晏平仲善与人交，久而敬之。

子曰：晏平仲善与人交（晏平仲，齐国大夫，姓晏名婴，字仲，死后谥"平"），久而敬之。

译文：孔子说：晏平仲善与人交往，朋友不仅能交的久远而且互相敬重。

18.

子曰：臧文仲居蔡，山节藻棁，何如其知也？

子曰：臧文仲居蔡（臧文仲，臧孙辰，鲁国大夫，死后谥"文"。居蔡，给蔡龟盖房子。蔡乃出产在蔡地的大乌龟，长一尺二寸，据《太平御览》，蔡龟与"和氏璧""随侯珠"并称诸侯良宝，非常珍贵。按礼制规定，天子的守护神龟长一尺二寸,诸侯的长一尺,大夫八寸,士六寸,所以臧文仲不该收藏这样的大龟),**山节藻棁**(山节藻棁[zhuō],刻山岳的斗拱和画有水藻的短柱,此二项为天子之庙饰),**何如其知也**(他的智慧为什么竟是如此低下,讽刺其无知)?

　　提示:此章关于"臧文仲居蔡,山节藻棁"有二种说法:其一说臧文仲家养蔡龟,臧文仲家装饰有山节藻棁,按周礼这是僭越。其二说臧文仲是为国君养蔡龟,他为蔡龟盖的房子装饰了山节藻棁,这是铺张浪费,媚神以求福。《左传·文公二年》记载,孔子责臧文仲"作虚器","作虚器"指的就是养蔡龟并为龟房装饰了山节藻棁。孔子将"作虚器"归于"不知",连"不仁"都够不上,更谈不上"违礼"。历史上臧文仲这个人不是权臣,他让自己的妻妾编织草席出售,说明他俭朴,且死后谥号"文",推测他不会有僭越行为。所以笔者取第二种说法。

　　译文:孔子说:臧文仲养大蔡龟,还给龟房装饰了山节藻棁,他为什么竟是如此无知?

19.

　　子张问曰:令尹子文,三仕为令尹,无喜色,三已之,无愠色。旧令尹之政必以告新令尹。何如?子曰:忠矣。曰:仁矣乎?曰:未知,焉得仁?崔子弑齐君,陈文子有马十乘,弃而违之。至于他邦,则曰:犹吾大夫崔子也。违之。之一邦,则又曰:犹吾大夫崔子也。违之。何如?子曰:清矣。曰:仁矣乎?曰:未知,焉得仁?

子张问曰(子张,姓颛[zhuān]孙名师,字子张,孔子弟子):**令尹子文,三仕为令尹**(令尹,楚国上卿。子文,姓斗名谷,字子文,楚国大夫。三仕,三次当官),**无喜色,三已之**(已,罢官),**无愠色。旧令尹之政必以告新令尹。何如?子曰:忠矣。曰:仁矣乎?曰:未知,焉得仁?崔子弑齐君**(崔子,崔杼[zhū],齐国大夫,曾弑齐君。弑,以下杀上谓弑),**陈文子有马十乘**(陈文子,姓陈名须无,齐国大夫。有马十乘,一乘四匹马,十乘四十匹马,当是下大夫的待遇俸禄),**弃而违之**(违,离去)。**至于他邦,则曰:犹吾大夫崔子也**(这里的大夫同齐国的崔杼一样)。**违之。之一邦,则又曰:犹吾大夫崔子也。违之。何如?子曰:清矣**(清白)。**曰:仁矣乎?曰:未知,焉得仁?**

　　提示:孔子认为,楚国令尹子文三次罢官无怨言只能称为忠,但接替他的新令尹都不如他,这就说明他不智,不智则谈不上仁。

陈文子不与奸臣同流合污,可称得上清白,但他洁身而不济世,也属不智,也称不上仁。可见不智者不能称仁。

译文:子张问:楚国的令尹子文三度为上卿,不见他高兴,三次被罢官,不见他怨怒。每次卸任必将政事告诉接任者。这人怎么样?孔子说:忠诚。子张问:可算仁?孔子说:他不智,怎么称得上仁。子张又问:崔杼弑齐君,陈文子虽有马十乘的大夫待遇,但他弃而去他国。到了一个国家,他说这里的大夫同齐国的崔杼一样,于是他离开这个国家。到了另一个国家,他说这里的大夫同齐国的崔杼一样,于是他又离开了这个国家。这人怎么样?孔子说:清白。子张问:可算仁?孔子说:他不智,怎么称得上仁。

20.
季文子三思而后行。子闻之曰:再斯可矣。

季文子三思而后行(季文子,姓季孙名行父,死后谥"文"。季文子行事过于谨慎)。**子闻之曰:再**(再,二次)**斯可矣。**

提示:季文子之子为季武子,季武子之子为季悼子,季悼子之子为季平子,季平子之子为季桓子,季桓子之子为季康子,故季文子先于孔子。

季文子处事过于谨慎,三思而后行,往往误事。故孔子认为这种人无须三思,有二思即可。

译文:季文子处事往往三思而后行。孔子听说后说:季文子处事过于谨慎,无须三思,有二思即可。

21.
子曰:宁武子,邦有道则知,邦无道则愚,其知可及也,其愚不可及也。

子曰:宁武子(宁武子,姓宁名俞,卫国大夫,死后谥"武"),**邦有道则知,邦无道则愚,其知可及也,其愚不可及也。**

提示:国家政治黑暗时,智者装傻,明哲保身,不与昏君奸臣同流合污,这是孔子赞许的。

译文:孔子说:宁武子在国家政治清明时表现得聪明,在政治黑暗时就装傻。他的聪明别人做得到,他的装傻别人学不会。

22.
子在陈曰：归与，归与，吾党之小子狂简，斐然成章，不知所以裁之。

子在陈曰：（陈，陈国，今河南淮宁县）**归与**（你回去吧）**，归与，吾党之小子狂简**（吾党之小子，我同乡的年轻人，这里当特指弟子冉求，因为他是鲁国人，且同孔子是同乡。党，五百户为一党。狂简，狂妄而鲁莽），**斐然成章**（此句喻义冉求已成熟可入仕了；斐然，有文才的样子），**不知所以裁之**（我不知今后该用什么来节制你；《史记·孔子世家》为"吾不知所以裁之"，所以，表疑问，何以；裁，节制）。

提示：《史记·孔子世家》记载，鲁哀公三年，季桓公卒，康子代立，招冉求仕。冉求将行，孔子曰"鲁人召求非小用之，将大用之也"。当日，孔子又说"归与，归与，吾党之小子狂简，斐然成章，吾不知所以裁之"。孔子弟子冉求是鲁国人，又是孔子同乡，故"吾党之小子"应指冉求。孔子一喜一忧，喜的是冉求入仕，忧的是他狂妄鲁莽，所以孔子说"今后我不知用什么来节制你"。此章显然是孔子针对冉求要去季氏家赴任而言。

译文：孔子在陈国说：回去吧，你回去吧，我这个年轻同乡虽狂妄鲁莽，但已成熟了，今后我不知再用什么来节制你了。

23.
子曰：伯夷、叔齐不念旧恶，怨是用希。

子曰：伯夷、叔齐（两人为殷代孤竹国国君之子，国君欲立叔齐为储君，国君卒，两人因互让继位而逃离孤竹国）**不念旧恶**（对商纣王不念旧恶），**怨是用希**（是用，因此。希，少）。

提示：据《韩诗外传》《吕氏春秋》，伯夷叔、齐两人为殷代孤竹国国君之子，国君欲立叔齐为储君，国君卒，两人因互让继位而逃离孤竹国。武王伐纣，两人曾叩马而谏，讥讽武王不孝不仁。殷灭，两人耻于食周粟，饿死于首阳山中。如此看来，"不念旧恶"，当理解为对商纣王不念旧恶，而并非他两人之间为继君位有什么怨恨。孔子的赞许也应该是针对他们的宽宏大量。

译文：孔子说：伯夷、叔齐不念旧恶，怨因此就少。

24.

子曰：孰谓微生高直？或乞醯焉，乞诸其邻而与之。

子曰：**孰谓微生高直**（孰，谁。微生高，鲁国人，以直而名）？**或乞醯焉**（或，有人；醯［xī］，醋），**乞诸其邻而与之**（乞诸其邻，向邻居要来，诸，"之于"的连读；与，给）。

提示：孔子认为微生高虽憨直，但有一定的灵活性。

译文：孔子说：谁说微生高憨直？有人向他借醋，他向邻居借来给他。

25.

子曰：巧言、令色、足恭，左丘明耻之，丘亦耻之；匿怨而友其人，左丘明耻之，丘亦耻之。

子曰：**巧言**（巧言，说好听话）、**令色**（令色，装出好脸色）、**足恭**（足恭，站则屈膝，行则弯腰低头趋步，一副谄媚逢迎态，谓之足恭），**左丘明耻之**（左丘明，鲁国人，与孔子同时代，相传乃《左传》的作者），**丘亦耻之**（丘，孔子自称，孔子姓孔名丘）。**匿怨而友其人**（心怀怨恨表面假装友好。匿，藏匿；友，友好），**左丘明耻之，丘亦耻之**。

提示：《礼记·表记》云"子曰，君子不失足于人，不失色于人，不失口于人。是故君子貌足威也，色足惮也，言足信也"，证明"足恭"是一种卑躬屈膝谄媚逢迎的小人姿态。

译文：孔子说：说好听话，装出好脸色，卑躬屈膝谄媚逢迎，这三点左丘明以为可耻，我也以为可耻；心怀怨恨表面假装友好，左丘明以为可耻，我也以为可耻。

26.

颜渊、季路侍，子曰：盍各言尔志。子路曰：愿车马、衣（轻）裘与朋友共，敝之而无憾。颜渊曰：愿无伐善、无施劳。子路曰：愿闻子之志。子曰：老者安之，朋友信之，少者怀之。

颜渊、季路侍（颜渊，姓颜名回，字子渊，鲁国人，孔子弟子。季路，姓仲名由，字子路，又叫季路，孔子弟子。侍，在边上侍奉孔子），**子曰：盍各言尔志**（盍［hé］，何不。志，志向）。**子路曰：愿车马、衣（轻）裘与朋友共**（我愿把车马衣服与朋友共享；"轻"字疑为衍字，"车马衣裘"见《管子·小匡》），**敝之而无憾**（敝，坏）。**颜渊曰：愿无伐善**（伐，自称其能）、**无施劳**（施，张扬。劳，功劳）。**子路曰：愿闻**

48

子之志（子，对孔子的尊称）。**子曰：老者安之，朋友信之，少者怀之**（怀，关怀）。

提示：子路的志向只在物质层面，颜渊涉及个人品德修养，胜于子路。孔子则心怀大志，向往一个大同世界。所谓"老者安之，朋友信之，少者怀之"就是仁的境界。

译文：颜渊、季路在边上，孔子说：你们何不各自讲讲志向。季路说：我愿把车马衣服与朋友共享，用坏了也无憾。颜渊说：我愿做到不夸耀自己的善，不张扬自己的功劳。季路说：愿听先生的志向。孔子说：愿老者都安乐，朋友都互相信任，少者都得到关怀。

27.

子曰：已矣乎！吾未见能见其过而内自讼者也。

子曰：已矣乎（已，完了）**！吾未见能见其过而内自讼者也**（自讼，自我责备）。

提示：孔子感叹世风日下，能在内心自责自己过失的人，现在看不到了。

译文：孔子说：完了！能在内心自责自己过失的人，现在看不到了。

28.

子曰：十室之邑，必有忠信如丘者焉，不如丘之好学也。

子曰：十室之邑（十室之邑，十户人家的小村落；邑，村落），**必有忠信如丘者焉**（丘，孔子自称。焉，语气词，表停顿），**不如丘之好学也**。

提示：好学是孔子的自我评价。

译文：在十户人家的小村落里，必有像我一样忠信的人，但他们不像我这样好学。

雍也第六

本篇记述孔子对其弟子和其他人的评价,以及对道德品格的论述。

1.　子曰:雍也,可使南面。

子曰:雍也(雍,姓冉名雍,字仲弓,亦作子弓,孔子弟子),**可使南面**(可使南面,天子诸侯坐北朝南治理国家,古以坐北面南为尊位)。

提示:通常坐北朝南指天子诸侯执掌政权,此章的"可使南面"并非说冉雍可当诸侯国君,而是孔子认为他品德才能足以为官治理民众。

译文:孔子说:冉雍可以让他治国治民。

2.　仲弓问子桑伯子。子曰:可也,简。仲弓曰:居敬而行简,以临其民,不亦可乎? 居简而行简,无乃大简乎? 子曰:雍之言然。

仲弓问子桑伯子(仲弓,姓冉名雍,字仲弓,亦作子弓,孔子弟子。子桑伯子,隐士,可能是子桑户。据《庄子·大宗师》云"子桑户死,未葬,孔子闻之,使子贡往待事焉"。可见孔子与子桑户至少是有来往的)。**子曰:可也**(有人认为"可也"应为"户也",因为篆字"可"与"户"相近;户,子桑户。此可备一说),**简**(简,不拘小节,行事简约)。**仲弓曰:居敬而行简**(抱谨慎恭敬的态度而行事简约),**以临其民**(治理民众。临,上对下),**不亦可乎? 居简而行简,无乃大简乎**(无乃,难道不。大简,太简慢)? **子曰:雍之言然**(雍,冉雍。然,对)。

提示:按《说苑·修文》,孔子见子桑伯子,子桑伯子不穿衣戴冠而见客。弟子问孔子为何见此人,孔子说"其质美而无文,吾欲说而文之",意思是这个人本质好但缺少后天修养,我想让他有修养。孔子离去,子桑伯子门人问子桑伯子为何见孔子,子桑伯子说

"其质美而文繁,吾欲说而去其文",意思是这个人本质好但过于修养,我想让他去掉点修养。这恐怕是孔子说子桑伯子"简"的出典。

译文:冉雍问子桑伯子这人怎样。孔子说:他呀,为人简慢。冉雍说:如果抱谨慎恭敬的态度而行事简约,以此治理民众,不也可以么? 如果态度行事都简慢,那不就太简慢了吗? 孔子说:你的话是对的。

3.

哀公问:弟子孰为好学。孔子对曰:有颜回者好学。不迁怒,不贰过,不幸短命死矣。今也则(亡)未闻好学者也。

哀公问(哀公,鲁哀公):**弟子孰为好学。孔子对曰:有颜回者好学。不迁怒**(不迁怒于人),**不贰过**(不犯以前犯过的错误),**不幸短命死矣。今也则(亡)未闻好学者也。**

提示:"今也则亡,未闻好学者也"句中的"亡"字疑为衍文,因为"亡"与下文"未闻好学者也"意思相同。

译文:鲁哀公问孔子:你弟子中谁最好学。孔子回答说:颜回最好学,他能控制自己的怒,不重犯错误,不幸短命死了。现在没听说有好学的了。

4.

子华使于齐,冉子为其母请粟。子曰:与之釜。请益,曰:与之庾。冉子与之粟五秉。子曰:赤之适齐也,乘肥马,衣轻裘。吾闻之也,君子周急不继富。

子华使于齐(子华,姓公西名赤,字子华,孔子弟子。使于齐,孔子让他出差齐国),**冉子为其母请粟**(冉子,指冉雍而非冉有,冉雍,字仲弓,亦作子弓,亦称冉子,孔子弟子。请粟,请求给予粮食)。**子曰:与之釜**(釜[fǔ],六斗四升曰釜)。**请益**(益,增加),**曰:与之庾**(庾[yú],十六斗曰庾)。**冉子与之粟五秉**(秉[bǐng],十六斛曰秉。秉大于庾,庾大于釜)。**子曰:赤之适齐也**(适,去),**乘肥马,衣轻裘。吾闻之也,君子周急不继富**(周急不继富,济穷不济富)。

提示:孔子当时在鲁国任司寇,公西赤去齐国是孔子派他去的,国家当负担公西赤母亲的粮食。但公西赤家不穷,冉雍给的太多了。所以孔子批评冉雍,君子当济穷不济富。此中可见孔子的秉公办事,和冉雍的心底善良。

译文：公西赤出差齐国，冉雍请求给其母发放粮食。孔子说：给一釜。冉雍请求增加些，孔子说：给一庾。冉雍最终给了五秉。孔子说：公西赤去齐国办事，乘肥马，穿轻裘，说明他家不穷。我听说君子是济穷不济富。

5. 原思为之宰，与之粟九百，辞。子曰：毋以与尔邻里乡党乎？

原思为之宰（原思，姓原名宪，字子思，孔子弟子，为人廉洁。为之宰，孔子任鲁国司寇，原思当他家的总管），**与之粟九百**（孔子给他俸禄年九百石粮食），**辞。子曰：毋以与尔邻里乡党乎**（你要是嫌多，不会收下送给家乡的乡亲吗）？

提示：此章说明原思的为人廉洁。

译文：原思当孔子家的总管，孔子给他俸禄粟九百石，他辞而不受。孔子说：你不会收下送给家乡的乡亲吗？

6. 子谓仲弓曰：犁牛之子骍且角，虽欲勿用，山川其舍诸？

子谓仲弓曰（仲弓，姓冉名雍，字仲弓，亦作子弓，孔子弟子）：**犁牛之子骍且角**（骍［xīng］且角，赤色而有角），**虽欲勿用**（他虽自认不可用），**山川其舍诸**（但山川怎会舍弃他呢。诸，"之乎"的连读）？

提示：《礼记·檀弓上》"周人尚赤，牲用骍"。祭祀山川鬼神必用赤色有角的纯色牛。冉雍父冉耕乃贱人，但冉雍有德行，孔子以普通犁牛生出纯色的祭祀用牛，比喻贱人却生出高尚者。冉雍曾以出生卑微而辞让出仕，最终为季氏宰。

译文：孔子评价冉雍说：他是普通犁牛生出来的赤色有角纯牛，虽然他自认出身低贱不可用，但山川怎会舍弃他呢。

7. 子曰：回也，其心三月不违仁，其余则日月至焉而已矣。

子曰：回也（回，姓颜名回，字子渊，鲁国人，孔子弟子），**其心三月不违仁，其余则日月至焉而已矣**（其余的人仅仅一天一月而已。至，仅仅。焉而已，"焉尔矣"之误；焉尔，而已；矣，语气词；《孟子·梁惠王上》曰"寡人之于国也，尽心焉尔矣"）。

提示：此章颜回的"三月"与其余的"日月"仅是举例对比，非仅颜回只能三月不违仁。

译文：孔子说：颜回啊，他的心若能三月不违仁，那其余的人仅仅一天一月而已。

8.
　　季康子问：仲由可使从政也与？子曰：由也果，于从政乎何有？曰：赐也可使从政也与？曰：赐也达，于从政乎何有？曰：求也可使从政也与？曰：求也艺，于从政乎何有？

季康子问（季康子，鲁国执政大夫，季孙氏名肥）：**仲由可使从政也与**（仲由，姓仲名由，字子路，又叫季路，孔子弟子。与，表问句）？**子曰：由也果**（果，果敢），**于从政乎何有**（何有，有何难）？**曰：赐也可使从政也与**（赐，姓端木名赐，字子贡，孔子弟子）？**曰：赐也达**（达，通达事理），**于从政乎何有**？**曰：求也可使从政也与**（求，姓冉名求，字子有，亦称冉有，即冉子有，孔子弟子）？**曰：求也艺**（艺，多才艺），**于从政乎何有**？

提示：孔子对其弟子评价客观，不褒不贬。

译文：鲁大夫季康子问：仲由可以让他从政吗？孔子说：他性格果敢，于从政有何难？季康子问：端木赐可以让他从政吗？孔子说：他通达事理，于从政有何难？季康子问：冉求可以让他从政吗？孔子说：他多才艺，于从政有何难？

9.
　　季氏使闵子骞为费宰。闵子骞曰：善为我辞焉，如有复我者，则吾必在汶上矣。

季氏使闵子骞为费宰（季氏，掌鲁国大权的三家大夫之一。闵子骞，姓闵名损，字子骞，孔子弟子，有孝名有德行。费〔bì〕，鲁国的邑，也是季氏的家邑，在今山东费县西北。宰，长官）。**闵子骞曰：善为我辞焉**（辞，推辞），**如有复我者**（复，再来召我做官），**则吾必在汶上矣**（汶，汶水，齐国与鲁国间之分隔。齐国在北为上，鲁国在南为下。此句言我必离鲁国北去齐国）。

提示：闵子骞不愿当费邑的长官，有三种说法：一说因季氏僭越而不愿为季氏家臣；一说孔子欲冉庸为官，闵子骞尊孔子意而拒绝当费宰；一说费邑曾被叛臣窃据，费宰不好当。

译文：季氏让闵子骞为费邑的地方长官，闵子骞说：请为我婉言谢绝，如再来召我，我必离鲁国而去齐国。

10. 伯牛有疾，子问之，自牖执其手。曰：亡之，命矣夫！斯人也而有斯疾也？斯人也而有斯疾也？

伯牛有疾（伯牛，姓冉名耕，字伯牛，孔子弟子。后人认为他患麻风病而死），**子问之**（问，探望病人），**自牖执其手**（从窗户伸进去拉手。牖［yǒu］，窗户。孔子不入室问病，而自牖执其手，恐伯牛之疾不愿示于人）。**曰：亡之，命矣夫**（天要让他死，那是命啊）**！斯人也而有斯疾也**（这么好的人怎么会得这种病）？**斯人也而有斯疾也？**

提示：《论语》乃孔子弟子记录的孔子语录。"斯人也而有斯疾也"这句话，弟子记录反复了二遍，应不是当面对伯牛而讲，而是孔子自言自语或离开后对其他弟子而言。此章可见孔子对弟子的一往深情。

译文：伯牛病重，孔子去探视，从窗户伸手进去拉伯牛的手与他诀别。出来后孔子说：天要让他死，那是命啊！这么好的人怎么会得这样的病呢？这么好的人怎么会得这样的病呢？

11. 子曰：贤哉回也！一箪食、一瓢饮，在陋巷，人不堪其忧，回也不改其乐。贤哉回也！

子曰：贤哉回也（贤，有德性有才能。回，孔子弟子颜回）**！一箪食**（箪［dān］，古代竹编圆形盛饭器皿）**、一瓢饮，在陋巷，人不堪其忧**（别人不堪忍受那种清贫），**回也不改其乐。贤哉回也！**

提示：孔子弟子中颜回是孔子最器重的一个，可惜早死。

译文：孔子说：颜回贤啊！一竹筐饭、一瓢水，住在狭小简陋的房子里，别人不堪忍受那种清贫，颜回却不改其乐。颜回贤啊！

12. 冉求曰：非不说子之道，力不足也。子曰：力不足者中道而废，今女画。

冉求曰（冉求，姓冉名求，字子有，亦称冉有，即冉子有）：**非不说子之道**（不是我不向季氏解说先生你的道），**力不足也。子曰：力不**

足者中道而废（者，通假"则"。此句解释详见提示），**今女画**（女，通假"汝"，你。画，通假"化"，不守礼法）。

提示：据《史记·孔子世家》记载，"冉有为季氏将师，与齐战于郎，克之。季康子曰：子之于军旅，学之乎，性之乎？冉有曰：学之于孔子。季康子曰：孔子何如人哉？对曰：用之有名，播之百姓，质诸鬼神而无憾。求之至于此道，虽累千社，夫子不利也"。此段大意是：冉有率季氏的军队战胜齐军于郎。季康子问冉有，你的用兵是学来的还是天生的？冉有说是向孔子学的。季康子问，孔子是怎样的一个人？冉有说，孔子用兵必定是师出有名，百姓鬼神都会拥护，我的用兵，虽掠得几万家人口，但孔子是不赞成的。冉有知道孔子不赞成他的用兵，但为何不赞成？因为他为季氏同齐国争地盘掠民众，有违礼法。此章恐与此有关。

"中道而废"历来释为半途而废，恐不确。《礼记·表记》曰"乡道而行，中道而废，忘身之老也，不知年数之不足也，勉焉日有孳孳，毙而后已"，意思是"向道而行，行中正之道，忘记自己已衰老，勤勉而每日孜孜不倦，死而后已"。古文"废"通假"发"，此中的"废"当训为"行，实施"。《礼记·中庸》曰"君子遵道而行，半途而废，吾弗能已矣"，证明古代形容中途停止有其讲法，乃"半途而废"，非"中道而废"。所以此章的"中道而废"当理解为行中正之道。

孔子评说"求也退"，言冉求为人过于谨慎畏缩。冉求为自己辩解，说自己之所以没向季氏宣传孔子的道，是因为力量有限。孔子批评他，力量有限就更应该行中正之道，你的作法不是力量有限，而是不守礼法。

译文：冉求说：不是我不向季氏宣扬先生的仁道，是我力量有限。孔子说：力量有限则应该行中正之道，今天你的做法是不守礼法。

13.

子谓子夏曰：女为君子儒，无为小人儒。

子谓子夏曰（子夏，姓卜名商，字子夏，孔子弟子）：**女为君子儒，无为小人儒。**

提示："儒"在孔子的时代是一种职业，以协助祭祀礼仪、教书为生。但孔子提倡"仁"的学说，主张"儒"应以天下为己任，且任重而道远。这就是"君子儒"与"小人儒"的区分。卜商拘于小道末节，无君子任重道远之宏志，所以孔子提醒他要当君子儒，不要做小人儒。荀子在《非十二子》里谓卜商为"贱儒"。

译文：孔子对卜商说：你要当君子儒，不要做小人儒。

14.

子游为武城宰，子曰：女得人焉耳乎？曰：有澹台灭明者，行不由径，非公事未尝至于偃之室也。

子游为武城宰（子游，姓言名偃，字子游，孔子弟子。武城，鲁国的一个小邑），**子曰：女得人焉耳乎**（你在那里发现什么人才吗？女，通假"汝"，你；焉，于；耳，彼，那里；乎，表问句）**？曰：有澹台灭明者**（澹台灭明，姓澹台名灭明，字子羽，孔子弟子），**行不由径**（处事行正道，不通过后门小道；径，小道），**非公事未尝至于偃之室也**（偃，言偃）。

提示：澹台灭明相貌长得很丑，孔子以为他没什么才能，后来才发现他为人正直，处事行正道，非公事不到卿大夫家串门。孔子听说后说：我以言取人，失之宰予，以貌取人，失之子羽。

译文：言偃当武城的长官，孔子说：你在那里发现什么人才吗？言偃说：有一个叫澹台灭明的，此人处事行正道，没公事从不来我家。

15.

子曰：孟之反不伐，奔而殿，将入门，策其马曰：非敢后也，马不进也。

子曰：孟之反不伐（孟之反，鲁国大夫，姓孟名之侧，字之反。伐，自我夸耀），**奔而殿**（军队撤退时殿后），**将入门，策其马**（快进城门时他鞭打自己的战车之马）**曰：非敢后也，马不进也**（不是我敢走在最后，是我的马跑不快）。

提示：孟之反为人谦虚，鲁国同齐国作战，鲁军大败而撤，孟之反走在最后掩护，但他不说自己是掩护撤退，反而说走在最后是马跑不快。孔子赞同他这种不自我夸耀的品德。

译文：孔子说：孟之反不自我夸耀，军队撤退时殿后，快进城门时，他鞭打自己的战车之马说：不是我敢走在最后，是我的马跑不快。

16.

子曰：不有祝鮀之佞，而有宋朝之美，难乎免于今之世矣。

子曰：不有祝鮀之佞（不有，"有"通"友"，亲爱；见《书·秦誓》"番番良士，旅力既愆，我尚有之"。祝鮀，卫国祭祀官，姓祝名鮀，字子鱼，善于辞令。佞，口才），**而有宋朝之美**（宋朝，宋国公子，任卫国大夫，美男子），**难乎免于今之世矣**（很难不沦落到今日的局面）。

提示：据《左传·定公四年》记载，鲁定公四年三月，鲁、刘、晋、宋、蔡、卫、齐等十九国会盟于召陵。蔡国始祖蔡叔和卫国始祖卫康叔虽都是武王的弟弟，因蔡叔长于卫康叔，所以原定蔡国排位在卫国之前。但祝鮀认为，排位当以功德而非长幼，蔡叔在周初参与武庚叛乱被周公流放，卫康叔则对周王室忠心耿耿，为巩固周王室政权尽心尽力。由于祝鮀的据理力争，使卫国排位居蔡国前，为卫国立一大功。

据《左传·定公十四年》记载，宋朝与卫灵公夫人南子私通，太子蒯聩欲杀南子未遂而逃宋国，卫灵公死，卫国立蒯聩之子辄为君，蒯聩回国与儿子争夺君位，卫国内乱不已，世道日下。

此章孔子批判卫灵公不重用祝鮀那样的有才能者，却信任宋朝这样的美男子，导致卫国沦落到如今这样的衰败局面。

译文：孔子说：不爱祝鮀那样有才能的人，却爱美男子宋朝，卫国走上今天的衰败是难免的了。

17.

子曰：谁能出不由户？何莫由斯道也？

子曰：谁能出不由户（户，半门曰户）？ **何莫由斯道也**（斯，此）？

提示：孔子将"道"比喻为日常进出的门户，人终身由此进出但不知"道"就在身边。孔子所谓的"道"应当就是仁道。

译文：孔子说：谁能不经门户进出？为什么没人顺从这个"道"呢？

18. 子曰：质胜文则野，文胜质则史。文质彬彬，然后君子。

子曰：**质胜文则野**（质，人的先天本质。文，后天政教礼乐），**文胜质则史**（史，伪，浮华）。**文质彬彬**（彬彬，搭配适当），**然后君子**。

提示：孔子认为，先天本质好，加上后天的礼乐教化，才能成为君子。

译文：孔子说：人先天的本质盖过后天的礼乐教化就会显得粗野，人后天的礼乐教化盖过先天的本质就会显得虚伪浮华。只有先天的本质和后天的礼乐教化配合适当，这才是君子。

19. 子曰：人之生也直，罔之生也幸而免。

子曰：**人之生也直**（人之生，仁的产生，《论语》中"人"和"仁"相通假），**罔之生也幸而免**（罔，虚罔，欺骗。幸，求侥幸；免，规避刑罚）。

提示：孔子认为，正直是产生仁的根源，而求侥幸以规避刑罚，是产生欺诈的根源。

译文：孔子说：正直的心理产生仁，求侥幸以规避刑罚之心理产生欺诈。

20. 子曰：知之者不如好之者，好之者不如乐之者。

子曰：**知之者不如好之者**（知，知道；好，喜欢），**好之者不如乐之者**（乐，享受）。

提示：此章或许是论述道和学问。"知之"仅是知道而不入门，"好之"是入门而喜欢，"乐之"不仅是喜欢且从中获得精神享受。

译文：孔子说：求道求学问，知道的不如喜欢它的，喜欢它的不如能从中获得精神享受的。

21. 子曰：中人以上，可以语上也，中人以下，不可以语上也。

子曰：**中人以上**（中等悟性以上者），**可以语上也**（语，谈论；上，高深的道），**中人以下，不可以语上也**。

提示:《春秋谷梁传》有谓"中知以上",即中等智慧或中等悟性以上者。人有"生而知之、学而知之、困而知之",这三种均属中人以上,而"困而不学"则为中人以下,这便是孔子的"上智下愚"。

译文:孔子说:对中等智慧悟性以上者可以谈论高深的道,对中等智慧悟性以下者则不可以谈论高深的道。

22.

樊迟问知,子曰:务民之义,敬鬼神而远之,可谓知矣。问仁,曰:仁者先难而后获,可谓仁矣。

樊迟问知(樊迟,姓樊名须,字子迟,孔子弟子。知,智慧),**子曰:务民之义**(民之义,宜民之事,《礼记·中庸》云:义者宜也),**敬鬼神而远之**(敬鬼神,在祭祀鬼神的礼仪上合礼即可,不必过分追求排场),**可谓知矣。问仁,曰:仁者先难而后获**(遇艰难冲在前面,遇获取退在后面),**可谓仁矣。**

提示:孔子曾说过:夏道尊命,事鬼神而远之,近人而忠焉;殷人尊神,率民以事神,先鬼而后礼;周人尊礼尚施,事鬼敬神而远之,近人而忠焉。夏周相同,事鬼神而远之,忠于人道,必务民之义。

译文:樊迟问什么是智,孔子说:致力于宜民之事,敬鬼神但在祭祀上不过分追求排场,可以叫智。樊迟问什么是仁,孔子说:仁者遇艰难冲在前,见获取退在后,这可以叫仁。

23.

子曰:知者乐水,仁者乐山;知者动,仁者静;知者乐,仁者寿。

子曰:知者乐水(知者,智者),**仁者乐山;知者动,仁者静;知者乐,仁者寿。**

提示:孔子此说仅是泛泛而言,其实并非都如此。弟子颜回孔子许以仁却早逝,弟子卜商孔子仅许以文学,但以百岁而寿。

译文:孔子说:智者喜欢水,仁者喜欢山;智者活跃,仁者安静;智者快乐,仁者长寿。

24.

子曰:齐一变至于鲁,鲁一变至于道。

子曰:齐一变至于鲁(齐,齐国;变,变革;鲁,鲁国),**鲁一变至**

于道。

提示：刘向《说渊·政理》记载，齐国姜太公来朝，周公问其如何治国。姜太公答：敬重贤才，万事先顾及别人后顾及自己的亲属，先行义而后行仁。周公说：姜太公的恩泽可达到五代。鲁国国君伯禽来朝，周公问他如何治国。伯禽答：亲近自己的亲属，先内而后外，先仁后义也。周公说：鲁国的恩泽可达到十代。齐鲁之别在于齐行霸道而鲁行王道。所以孔子认为，鲁国保持着西周的立国之道，齐国不如鲁国。

译文：孔子说：齐国一变革可达到鲁国的程度，鲁国一变革可达到"道"的程度。

25.

子曰：觚不觚，觚哉，觚哉。

子曰：觚不觚（觚［gū］，一种盛酒的青铜礼器），觚哉，觚哉。

提示：此章有多种不同解释，但有一种比较有意思。一升为爵，二升为觚，古人制器命名都有内涵意义，觚取义"孤寡"，意思是少饮酒要节制。孔子所处的春秋时代，人饮酒无节制，违反礼制，所以孔子深感痛心。"觚不觚"喻义，你们一觚一觚地喝酒，却不知道"觚"的本意是节制饮酒。联系本篇的其他章节看，孔子不仅感叹人们饮酒无节制，更感叹世风日下，道已非道。

译文：孔子说：觚已非觚，觚啊，觚啊。（道已非道，道啊，你在哪里？）。

26.

宰我问曰：仁者，虽告之曰：井有仁焉，其从之也。子曰：何为其然也？君子可逝也，不可陷也；可欺也，不可罔也。

宰我问曰（宰我，姓宰名予，字子我，孔子弟子）：仁者，虽告之曰：井有仁焉（虽，假设。井有仁，有人落井，"仁"通"人"），其从之也（他会下去救人吗）？子曰：何为其然也（他为什么这样呢）？君子可逝也（君子可以赴死；逝，死），不可陷也（但他不会明知死地而陷进去；陷，陷入）；可欺也（你可以骗他；欺，欺骗），不可罔也（但他不会自投罗网；罔，本义为捕鱼捕鸟的网）。

提示：宰我是个善言辞爱巧辩的人。他虚构一个情节刁难孔

60

子，说有人落井仁者下不下去救？下去救自己也死，不下去则不仁。孔子告诉他，君子不会明知死地而陷入，也不会自投罗网。救人是"仁"，明知死地而陷入或自投罗网是"愚"。所以孔子说"仁者必有知，知者不必有仁"。

译文：宰我问：假设告诉仁者，有人掉到井里去了，他会下井救人吗？孔子说：他为什么这样呢？君子可以赴死，但他不会明知死地而陷入；你可以蒙骗他，但他不会自投罗网。

27.

子曰：君子博学于文，约之于礼，亦可以弗畔矣夫。

子曰：**君子博学于文，约之于礼**（约，约束），**亦可以弗畔矣夫**（弗畔，通假"弗叛"，不叛道）。

译文：孔子说：君子广学文化，以礼约束自己，就可以不至于叛离正道。

28.

夫子见南子，子路不说。夫子矢之曰：予所否者，天厌之，天厌之。

夫子见南子（南子，卫灵公夫人，淫乱，卫灵公为其招美男子宋朝），**子路不说**（说，通假"悦"）。**夫子矢之曰**（矢，发誓）：**予所否者**（予，我；否者，违礼之举），**天厌之**（天会厌弃我的），**天厌之**。

提示：孔子在卫国，卫灵公夫人南子派人对孔子说，各国的君子如欲同我国君王结好，必先见我。孔子不得已而见南子。孔子此举，后儒多为其维护，其实大可不必。孔子是名人，被国君夫人召见，实属平常之事。子路因孔子见淫妇而不悦，也属正常。

译文：孔夫子去见淫乱的南子，子路不悦。孔子发誓说：我的行为如有违道违礼的，天会厌弃我的。

29.

子曰：中庸之为德也，其至矣乎，民鲜（能）久矣。

子曰：**中庸之为德也**（中庸作为德），**其至矣乎**（至，顶点），**民鲜（能）久矣**（《礼记·中庸》作"民鲜能久矣"；鲜，少）。

提示：过犹不及，处事不过也无不及，即是中庸。

译文：孔子说：中庸作为德，可算是最高的德了，民少有能长久实行的。

30.

子贡曰：如有博施于民，而能济众，何如？可谓仁乎？子曰：何事于仁，必也圣乎，尧、舜其犹病诸？夫仁者，己欲立而立人，己欲达而达人。能近取譬，可谓仁之方也矣。

子贡曰（子贡，姓端木名赐，字子贡，孔子弟子）：**如有博施于民**（博施于民，广施恩于民），**而能济众**（济众，接济民众），**何如？可谓仁乎？子曰：何事于仁**（何止于仁），**必也圣乎**（简直就是圣）！**尧、舜其犹病诸**（虽尧舜也行之不易。犹，也；病，难；诸，"之乎"的连读）？**夫仁者，己欲立而立人，己欲达而达人。能近取譬**（能推己及人），**可谓仁之方也矣**（仁之方，行仁的方法）。

提示：己所不欲，勿施于人，这就是"能近取譬"，看起来没什么高尚，却是行仁的最好方法。

译文：子贡问：如果能广泛地给人民以好处和救济，这人如何？能称得上仁吗？孔子说：何止于仁，简直就是圣！虽尧、舜怕也难做到吧？仁者，自己想要树立的才要求他人树立，自己想要达到的才要求他人达到。推己及人，可称之为行仁的方法。

述而第七

本篇记述孔子的自我评价,以及弟子对孔子的评价。

1.
　　子曰:述而不作,信而好古,窃比于我老彭。

子曰:述而不作,信而好古,窃比于我老彭(窃,私下)。

提示:老彭为何人有三说:其一,殷贤大夫彭祖;其二,老子和彭祖;其三,老子。老子与孔子同时代人,主张"无为"思想,与孔子积极有为思想不合,且老子据传有《道德经》一书存世,不能称之为"述而不作",所以老彭不可能是老子,因而也不可能是老子与彭祖。因此老彭只可能是殷贤大夫彭祖。据说彭祖长寿,喜好论古,与孔子的"信而好古"相符。但笔者认为,不深究"老彭"为何人,无碍于理解此章。

译文:孔子说:只传述前人的思想自己不建立新思想,相信并爱好古人的文化,我私下把自己比作老彭。

2.
　　子曰:默而识之,学而不厌,诲人不倦,何有于我哉?

子曰:默而识之(识,记住)**,学而不厌,诲人不倦,何有于我哉**(何有,不难)?

译文:孔子说:知识默默记在心里,学而不厌烦,教别人不倦怠,这些对我来说有什么难的呢?

3.
　　子曰:德之不修,学之不讲,闻义不能徙,不善不能改,是吾忧也。

子曰:德之不修,学之不讲(讲,习)**,闻义不能徙**(闻,知道,懂得。徙,迁移,改变)**,不善不能改,是吾忧也。**

提示：孔子以此自勉亦鼓励弟子。

译文：孔子说：不修德性，不习学问，知道义不能遵从，发现不善不能改正，这些是我担忧的。

4.

子之燕居，申申如也，夭夭如也。

子之燕居（燕居，闲居），**申申如也**（申申，容貌舒展），**夭夭如也**（夭夭，神情愉悦）。

译文：孔子闲居时，容貌舒展，神情愉悦。

5.

子曰：甚矣，吾衰也。久矣，吾不复梦见周公。

子曰：甚矣（甚，严重），**吾衰也。久矣，吾不复梦见周公。**

提示：周公辅佐成王之事为孔子所心仪，孔子自卫返鲁后便终日教授弟子，不再出仕，故周公不复入梦。此章乃孔子自叹。

译文：孔子说：我衰老的很严重了，也很久不再梦见周公了。

6.

子曰：志于道，据于德，依于仁，游于艺。

子曰：志于道，据于德，依于仁，游于艺（游，行走，引申为为人处事；艺，疑为"义"之误）。

提示："道、德、仁"三者均是人的品性，唯独"艺"不是品性而是技能，与"道、德、仁"三者并列似乎于理不通，故怀疑"艺"可能是"义"字之误，当是"道、德、仁、义"四种品性的排列。

译文：孔子说：要以道为志向，以德为执守，以仁为依靠，以义为处事准则。

7.

子曰：自行束修以上，吾未尝无诲焉。

子曰：自行束修以上（束修，十五岁），**吾未尝无诲焉**（诲，教诲）。

提示："束修"一词，有人释为十条肉脯，谓行拜师礼的礼品，有人释为年十五可束带修饰。如果以十条肉脯解，则"以上"二字不免牵强。按《礼记·内则》,"十有三年,学乐诵诗,舞《勺》;成童,舞《象》,学射、御;二十而冠,始学礼"。"成童"在十三岁与二十岁之间,当正是指十五岁;且孔子自己也说"吾十五有志於学,三十而立",证明"束修"即十五岁可开始学习作君子的年龄。古文"束脩"与"束修"不可混淆,"束脩"应为带十条肉脯,而"束修"则是年满十五可束带修饰。"脩"与"修"古文通假,故造成后人误解。

译文:孔子说:凡满十五岁的,我从未有不加以教诲的。

8.

　　子曰:不愤不启,不悱不发,举一隅不以三隅反则不复也。

子曰:**不愤不启**(不愤,指学习时百思不得其解。启,启发),**不悱不发**(不悱,指学习有所得但表达不出。发,启发),**举一隅不以三隅反**(不能举一反三;隅,屋子内四边的一条边)**则不复也。**

提示:据高丽足利本《论语》为"举一隅而示之不以三隅反";据皇侃《论语义疏》为"则吾不复也",文理如此则顺。

译文:孔子说:弟子不到百思不得其解时我不去开导他,弟子不到心里想说而说不出时我不会去启发他,弟子不能举一反三则我不重复说教。

9.

　　子食于有丧者之侧,未尝饱也。

子食于有丧者之侧(有丧者,丧家),**未尝饱也**(未尝,从未)。

提示:同情之心人皆有之。

译文:孔子在丧家边上吃饭从不吃饱。

10.

　　子于是日,哭则不歌。

子于是日哭,则不歌(哭,指参加丧事)。

提示:按古仪士大夫每日必鼓琴瑟,但《礼记·曲礼》云:哭日不歌,意思是参加丧事当日他不再唱歌。

译文:孔子参加丧事哭泣过,当日他不再唱歌。

论语释疑

11.
子谓颜渊曰：用之则行，舍之则藏，惟我与尔有是夫。

子谓颜渊曰（颜渊，姓颜名回，字子渊，孔子弟子，鲁国人）：**用之则行，舍之则藏**（不被用则藏身修道），**惟我与尔有是夫**（是，这，指这种心态）。

提示：孔子表明自己的心志，被任用则实行自己的主张，不被用则"独善其身"。

译文：孔子对颜渊说：用我，就实行自己的主张；不用我，就藏身修道，惟我和你能这样。

12.
子路曰：子行三军，则谁与？子曰：暴虎冯河，死而无悔者，吾不与也。必也临事而惧，好谋而成者也。

子路曰（子路，姓仲名由，字子路。又叫季路，孔子弟子）：**子行三军，则谁与**（行三军，指挥三军。与，一同）？**子曰：暴虎冯河**（暴虎，徒手与虎搏斗。冯〔pín〕河，无舟而渡河），**死而无悔者，吾不与也。必也临事而惧，好谋而成者也。**

提示：子路好勇，孔子告诫他，暴虎冯河乃匹夫之勇，不足为三军之将。

译文：子路问：先生如指挥三军作战，你会带谁去？孔子说：徒手与虎搏斗，徒步涉渡黄河，这样死而无悔的人，我是不会带的。我要带的必定是临事能恐惧戒备，善于谋划而能成事的人。

13.
子曰：富而可求也，虽执鞭之士，吾亦为之。如不可求，从吾所好。

子曰：富而可求也（可求，指取之有道），**虽执鞭之士**（执鞭之士，为贵族出行而执鞭驱赶行人者，贱职），**吾亦为之。如不可求，从吾所好。**

提示：君子爱财，取之有道，职业不分高贵低贱。

译文：孔子说：财富假如取之有道，即便当个执鞭驱赶行人的贱职我也干；假如取之无道，那就做我所爱做的事。

66

14.

子之所慎：齐、战、疾。

子之所慎：齐（齐［zāi］，通"斋"，祭祀前的戒斋，以清净身心）、**战、疾。**

提示：《礼记·祭统》云"齐，虔诚；战，凶事；疾，危事，故必慎之"。

译文：孔子所谨慎对待的三件事是：斋戒、战争、疾病。

15.

子在齐闻《韶》，三月不知肉味。曰：不图为乐之至于斯也。

子在齐闻《韶》（齐，齐国。韶，赞美舜的歌舞，孔子赞其"尽善矣，又尽美也"），**三月不知肉味。曰：不图为乐之至于斯也**（不图，没想到。为乐，演奏。至于斯，达到这样的水平）。

提示：《史记·孔子世家》为"学之，三月不知肉味"，或许司马迁所见抄本有此二字，或许他感文理不通而加以修正，不得而知。

译文：孔子在齐国听了《韶》乐后，三个月吃不出肉味。他说：没想到音乐演奏能达到这么高的水平。

16.

冉有曰：夫子为卫君乎？子贡曰：诺，吾将问之。入曰：伯夷、叔齐何人也？曰：古之贤人也。曰：怨乎？曰：求仁而得仁，又何怨？出曰：夫子不为也。

冉有曰（冉有，姓冉名求，字子有，亦称冉有，即冉子有，孔子弟子）：**夫子为卫君乎**（为，帮助。卫君，卫国国君蒯辄）？**子贡曰：诺**（应答辞），**吾将问之。入曰：伯夷、叔齐何人也**（见提示）？**曰：古之贤人也。曰：怨乎？曰：求仁而得仁，又何怨？出曰：夫子不为也**（不为，不会帮助卫国国君蒯辄）。

提示：据《左传·定公十四年》记载，宋朝与卫灵公夫人南子私通，太子蒯聩［kuí］欲杀南子未遂而逃宋国。卫灵公死，卫国立蒯聩之子蒯辄［zhé］为国君，蒯聩在晋国支持下回国与蒯辄争夺君位。这与伯夷、叔齐互让君位正好相反。

据《韩诗外传》《吕氏春秋》，伯夷、叔齐两人为殷代孤竹国国君之子，国君欲立叔齐为储君，国君卒，两人因互让继位而逃离孤竹国。武王伐纣,两人曾叩马而谏,讥讽武王不孝不仁。殷灭,两人耻于食周粟,饿死于首阳山中。如此看来,"不念旧恶",当理解为对商纣王不念旧恶。但孔子的理解却是,他们两人之间互让君位没有怨恨。

子贡通过孔子对伯夷、叔齐的赞许,领悟到孔子一定不赞成蒯聩蒯辄父子两人争夺君位,认为他们不仁,所以他得出结论孔子不会帮助卫国国君蒯辄。

译文:冉有问:孔夫子会帮助卫国国君蒯辄吗?子贡说:好的,我去问问他。子贡进去问孔子说:伯夷、叔齐是怎样的人呢?孔子说:他们是古代的贤人。子贡又问:他们心里有怨恨吗?孔子说:他们求仁而得仁,又有什么怨恨呢?子贡出来说:夫子不会帮卫国国君蒯辄。

17.

子曰:饭蔬食,饮水,曲肱而枕之,乐亦在其中矣。不义而富且贵,于我如浮云。

子曰:**饭蔬食**(蔬食,粗粮),**饮水,曲肱而枕之**(曲,弯。肱[gōng],胳膊),**乐亦在其中矣。不义而富且贵,于我如浮云。**

提示:君子安于贫穷,不取不义之财。

译文:孔子说:吃粗粮、喝凉水,枕胳膊而睡,乐亦在其中。不以义而获得富贵,对我来说就像天上的浮云一样。

18.

子曰:加我数年,五十以学《易》,可以无大过矣。

子曰:**加我数年**(老天能让我再年轻几年;加,借),**五十以学《易》**(易,周易),**可以无大过矣。**

提示:此章深究者颇多,有人认为"五十以学易"乃错简,有人认为"五十"乃"用"或"卒"之误等等。其实孔子的意思很简单,说此话时孔子恐已年迈,他感叹假如老天能让自己年轻回去,在五十岁时就认真研学《周易》,那么自己晚年的几十年行事就会无大错。

译文:孔子说:假如能让我年轻回去若干年,在五十岁时就学《周易》,那之后的几十年可以避免大的过错。

19.

子所雅言，《诗》《书》、执、《礼》，皆雅言也。

子所雅言（雅言，普通话），**《诗》**（《诗经》）、**《书》**（《尚书》）、**执**（"艺"之误，详见提示）、**《礼》**（《周礼》），**皆雅言也。**

提示：周朝为便于统治天下，在周成王时将国都从陕西的镐京迁至河南的洛邑，故综合了陕西和中原两地的词汇和发音的语言为雅言。《诗经》中的《风》、《雅》便是如此，王都之音为《雅》，各国之音为《风》。

执，"藝"之误，"藝"字在古代写作"埶"，故导致后人误读，"藝"的简体字即"艺"。"艺"通常指礼、乐、射、御、书、数六种技艺，但《述而》篇有"游于艺"句，而《周礼》和《尚书》二部书是不能"游"的，故六艺中的"礼"是典礼的操练，"乐"是练习乐器，"射"是射箭，"御"是驾马车，"书"是写字，"数"是算术。《庸也》篇有"求也艺"，《子罕》篇孔子说"吾不试故艺"，可见"艺"同《诗》、《书》、《礼》一样在当时是儒家必修科目，所以"《诗》、《书》、执、《礼》"应为"《诗》、《书》、艺、《礼》"。

译文：孔子用的雅言，即讲解《诗经》、《尚书》、艺、《礼》时用的普通话，这些都是雅言。

20.

叶公问孔子于子路，子路不对。子曰：女奚不曰，"其为人也，发愤忘食，乐以忘忧，不知老之将至云尔"。

叶公问孔子于子路（叶公，楚大夫诸梁，食采于叶，僭称公），**子路不对。子曰：女奚不曰**（女，通假"汝"，你。奚，为何），**"其为人也，发愤忘食，乐以忘忧，不知老之将至云尔**（云尔，如此而已）**"。**

提示：按《史记》，"其为人也"下有"学道不倦，诲人不厌"句。

译文：叶公问子路孔子人怎么样，子路不答。孔子说：你何不说"其为人，发奋忘食，乐而忘忧，连自己快要衰老都忘了，如此而已"。

21.

子曰：我非生而知之者，好古，敏以求之者也。

子曰：我非生而知之者，好古，敏以求之者也（敏，勤奋）。

译文：孔子说：我并非生而知之，我是好古而勤奋求索的人。

22.

子不语：怪、力、乱、神。

子不语：**怪**（反常之事）、**力**（暴力）、**乱**（反德为乱，如好勇不好学之类）、**神**（天地诸神）。

译文：孔子不谈论反常，暴力，叛乱，天地诸神。

23.

子曰：三人行，必有我师焉。择其善者而从之，其不善者而改之。

子曰：**三人行，必有我师焉。择其善者而从之，其不善者而改之。**

提示：此章言孔子无常师，以众人为师。

译文：孔子说：三个人在一起走，其中必有我的老师。以他们的优点为学习，以他们的缺点为借鉴，如有则改之。

24.

子曰：天生德于予，桓魋其如予何？

子曰：**天生德于予**（予，我），**桓魋其如予何**（桓魋〔tuí〕，亦名向魋，宋司马，宋桓公之后）？

提示：按《礼记·檀弓》记载，孔子居住在宋国，见桓魋为自己做石椁，三年而不成，孔子说"像他这样奢靡，死后还不如速朽的好"，此言恐得罪桓魋，而欲加害孔子。

按《史记·孔子世家》记载，孔子路过宋国，与弟子在大树下习礼，弟子们劝孔子快快离开宋国，孔子才说了此章的这番话。待桓魋一伙赶到时，孔子一行已离去，于是桓魋拔掉这棵大树以示愤恨。此章可见孔子临危不乱，且善于保身。

译文：孔子说：上天把德赐予我，桓魋能拿我怎样？

25.

子曰：二三子以我为隐乎，吾无隐乎尔，吾无行而不与二三子者，是丘也。

子曰：**二三子以我为隐乎**（二三子，指孔子的学生们），**吾无隐**

乎尔（尔,你们）,**吾无行而不与二三子者**（行,行动）,**是丘也**（丘,孔子自称,孔子姓孔名丘）。

提示:孔子表白自己表里如一,光明磊落,无所隐瞒。此章恐与孔子在卫国见国君夫人南子有关。

译文:孔子说:你们以为我对你们有所隐瞒,我对你们没什么隐瞒的。我没有什么行动不与你们在一起,这就是我的为人。

26.

子以四教:文、行、忠、信。

子以四教:文（诗书礼乐）、**行**（德行）、**忠**（忠诚）、**信**（信用）。

译文:孔子教弟子四方面:诗书礼乐的典籍,德行,忠诚,信用。

27.

子曰:圣人吾不得而见之矣,得见君子者斯可矣。子曰:善人吾不得而见之矣,得见有恒者斯可矣。亡而为有,虚而为盈,约而为泰,难乎有恒矣。

子曰:圣人吾不得而见之矣,得见君子者斯可矣。子曰:善人吾不得而见之矣,得见有恒者斯可矣。亡而为有,虚而为盈（盈,满）,**约而为泰**（约,困约;泰,安泰）,**难乎有恒矣。**

提示:此章有的版本分为二章,但笔者赞同合为一章。前段言圣人,后段言善人。孔子分人为四等:圣人、君子（贤人）、善人、有恒者。

译文:孔子说:圣人我是见不到了,能见君子就可以了。善人我是见不到了,能见有恒心者就可以了。人们往往没有假装有,空虚假装充实,困约假装安泰,要做到有恒心真不易啊。

28.

子钓而不纲,弋不射宿。

子钓而不纲（钓鱼但不用网捕鱼。纲:鱼网上用以收束的绳子,此处指网鱼）,**弋不射宿**（不射巢中之鸟。弋[yì],带绳的箭。宿,归巢之鸟）。

提示:孔子主张鱼鸟不可捕射殆尽,以仁善待大自然。

译文:孔子钓鱼但不用网捕鱼,射鸟但不射归巢之鸟。

29.

　　子曰：盖有不知而作之者，我无是也。多闻，择其善者而从之，多见而识之，知之次也。

　　子曰：盖有不知而作之者（作，创立），**我无是也**（无是，不这样）。**多闻，择其善者而从之**（学习他人的优点），**多见而识之**（识[zhì]，记住），**知之次也。**

　　提示：孔子在《季氏》篇中说"生而知之者上也，学而知之者次也，困而学之者又其次也"，所以"知之次也"即学而知之。

　　译文：孔子说：大概有人自己不懂却凭空创造的，但我不这样做。多听，学习他人的优点，多看而记住，我是学而后才懂的。

30.

　　互乡难与言童，子见，门人惑。子曰：与其进也，不与其退也，唯何甚？人洁己以进，与其洁也，不保其往也。

　　互乡难与言童（此句当为"互相难于言同"之误，意思是与孔子思想境界完全不同的一个人），**子见，门人惑**（孔子接见了他，弟子感到不解）。**子曰：与其进也**（与，赞同；进，进步），**不与其退也，唯何甚**（唯，语首助词；何，什么；甚，责备）？**人洁己以进**（人能改正缺点以求进步。洁，改正），**与其洁也，不保其往也**（往，以后）。

　　提示：不管什么人，只要他愿意听孔子教诲，孔子从不拒之门外。

　　译文：有一个与孔子思想境界完全不相同的人来拜见孔子，孔子接见了他，弟子们对此不解。孔子说：我赞许人的进步，不赞许人的退步，有什么可责备的呢？他能改正以求进步，我赞许他能改正的态度，而不保他将来会怎样。

31.

　　子曰：仁远乎哉？我欲仁，斯仁至矣。

　　子曰：仁远乎哉？我欲仁，斯仁至矣（斯，此；至，到达）。

　　提示：仁出于人心，关键在于你想不想行仁，所以仁其实就在你身边。

　　译文：孔子说：仁离得很远吗？我想要达到仁的境界，这仁就到了。

32.
陈司败问昭公知礼乎,孔子曰:知礼。孔子退。揖巫马期而进之,曰:吾闻君子不党,君子亦党乎? 君取于吴,为同姓,谓之吴孟子。君而知礼,孰不知礼? 巫马期以告,子曰:丘也幸,苟有过,人必知之。

陈司败问昭公知礼乎(陈司败,陈国的司寇,主管司法的大夫,陈国称司寇为司败。昭公,鲁昭公),**孔子曰:知礼。孔子退。揖巫马期而进之,**曰(揖,作揖。巫马期,姓巫马名施,字子期,孔子弟子):**吾闻君子不党**(不党,不袒护自己人,鲁昭公与孔子都是鲁国人),**君子亦党乎? 君取于吴,为同姓**(君,指鲁昭公。吴,吴国公主吴姬即吴孟子),**谓之吴孟子。君而知礼,孰不知礼? 巫马期以告,子曰:丘也幸**(丘,孔子自称。幸,幸运),**苟有过**(苟,如果。过,过错),**人必知之**(知之,让我知道)。

提示:周礼同姓不通婚。吴国乃太伯之后,太伯是周文王的父亲季历之长兄,鲁国乃周公之后,周公是周文王的第四子。所以吴国和鲁国同姓姬。鲁昭公娶吴姬为妻,明知吴姬与自己同姓,为避人耳目而将吴姬改名为吴孟子。因此陈司败说鲁昭公不知礼。

译文:陈司败问鲁昭公知不知礼,孔子答:知礼。孔子退出。陈司败向巫马期作揖让他近前,说:我听说君子不袒护自己人,难道孔子会袒护自己人? 鲁昭公娶吴姬,两人同姓姬,所以改吴姬为吴孟子。鲁昭公知礼还有谁人不知礼? 巫马期告知孔子,孔子说:我很幸运,如有过错,必有人会让我知道。

33.
子与人歌而善,必使反之,而后和之。

子与人歌而善,必使反之(反,重复),**而后和之**(和,一起唱)。

译文:孔子与人唱歌,如果别人唱得好,他必让人重复,然后自己跟他一起唱。

34.
子曰:文莫,吾犹人也。躬行君子,则吾未之有得。

子曰:文莫(文莫,通假"忞慔[mín mù]",勤勉),**吾犹人也。躬行君子**(君子之道的实践),**则吾未之有得**。

提示:此章乃孔子自谦。

译文：孔子说：在勤勉方面，我与他人差不多，但在君子之道的实践方面，我未能有所得。

35.

子曰：若圣与仁，则吾岂敢？抑为之不厌，诲人不倦，则可谓云尔已矣。公西华曰：正唯弟子不能学也。

子曰：若圣与仁，则吾岂敢？抑为之不厌（抑，或许。为之不厌，为事坚忍不拔），诲人不倦，则可谓云尔已矣（云尔，如此而已）。公西华曰（公西华，姓公西名赤，字子华，孔子弟子）：正唯弟子不能学也。

提示：孔子对既圣且仁的赞誉不敢接受，他自认为自己做事坚忍不拔，诲人不倦。

译文：孔子说：要说圣与仁，我岂敢当呢？我只不过是做事坚忍不拔，教人不倦，仅此而已。公西华说：这正是弟子学不到的。

36.

子疾病，子路请祷。子曰：有诸？子路对曰：有之，《诔》曰："祷尔于上下神祇"。子曰：丘之祷久矣。

子疾病（疾重曰病），子路请祷（请祷，请求代孔子祈祷鬼神）。子曰：有诸（有这样的事吗；诸，"之乎"的连读）？子路对曰：有之，《诔》曰（诔[lěi]，周礼大祝之六辞之一，累功德以求福）：祷尔于上下神祇（上下神祇[qí]，天地之神）。子曰：丘之祷久矣。

提示：孔子平素席不敢先，居处若斋，食饮若祭，故孔子言自己早就在祈福了。孔子不信祈福能转病为安。

译文：孔子病重，子路请求代孔子向鬼神祈祷。孔子说：有这样的事吗？子路答说：有，典籍《诔》中说"为你向天地之神祈福"。孔子说：那我已经祈福很久了。

37.

子曰：奢则不孙，俭则固。与其不孙也，宁固。

子曰：奢则不孙（不孙，不恭，违逆礼制），俭则固（固，固陋，礼不及）。与其不孙也，宁固。

提示：此章应是《八佾第三》中"礼与其奢也宁俭"的注解。孔子认为，祭祀礼仪规格奢则失之僭妄，俭则失之固陋，一为过一为不及，虽二者都不可取，但与其僭妄违礼不如固陋礼不及。

译文：孔子说：祭祀礼仪规格奢侈则违逆礼制，规格简约则失于礼不及，与其违逆礼制宁可礼不及。

38.

子曰：君子坦荡荡，小人常戚戚。

子曰：**君子坦荡荡**（坦荡荡，心胸坦率宽广），**小人常戚戚**（戚戚，忧愁）。

译文：孔子说：君子心胸坦率宽广，小人心中纠结于荣利得失而常犯忧愁。

39.

子温而厉，威而不猛，恭而安。

子温而厉，威而不猛，恭而安（恭，恭敬；安，安详）。

译文：孔子为人温和又严厉，威严却不凶猛，恭敬又安详。

泰伯第八

本篇记述孔子对古代圣贤的评价，以及孔子对道德的论述，也有几章是孔子弟子曾子的论述。

1. 子曰：泰伯，其可谓至德也已矣。三以天下让，民无得而称焉。

子曰：**泰伯，其可谓至德也已矣**（已矣，叹词）。**三以天下让，民无得而称焉**（得，了解。称，称颂）。

提示：泰伯，亦称太伯。按《史记·周本纪》周太王古公有长子太伯、次子虞仲、及与太姜生子季历。古公欲传位与季历，太伯、虞仲两人亡荆蛮，文身断发，以让季历。依我所见，立嫡乃周武王建国后方始建立，实乃古公宠幸太姜，太伯、虞仲不得已而亡荆蛮。

三让天下，泰伯避吴地，让弟季历继位，此一让；太王古公死时，泰伯不返回奔丧，此二让；断发文身，以志终生不返，此三让。这只是传说，未必真实。

译文：孔子说：泰伯的德可以说至高无上，他三让天下，百姓无法了解他三让王位的事迹而加以称颂。

2. 子曰：恭而无礼则劳，慎而无礼则葸，勇而无礼则乱，直而无礼则绞。

子曰：**恭而无礼则劳**（劳，劳累），**慎而无礼则葸**（葸[xǐ]，畏惧貌），**勇而无礼则乱，直而无礼则绞**（绞，急切）。

译文：孔子说：恭敬但不用礼节制则劳累，谨慎但不用礼节制则胆小怕事，勇敢但不用礼节制则会犯上作乱，率直但不用礼节制则会急切。

3.

君子笃于亲,则民兴于仁;故旧不遗,则民不偷。

君子笃于亲(君子,指君王。笃于亲,厚待亲属),**则民兴于仁;
故旧不遗**(故旧,衰败的氏族),**则民不偷**(偷,不厚道,轻视)。

提示:此章与"慎终追远,民德归厚"同意趣。

译文:君王能厚待亲属,则民众盛行仁;君王能不遗弃衰败
的氏族,民众待人就会厚道。

4.

曾子有疾,召门弟子曰:启予足,启予手。《诗》云:战战兢兢,
如临深渊,如履薄冰,而今而后,吾知免夫,小子。

曾子有疾(曾子,孔子弟子,姓曾名参,字子舆),**召门弟子曰:启
予足,启予手**(看看我的脚,看看我的手,都还是健全的吧;启,看)。
《诗》云:战战兢兢,如临深渊,如履薄冰(此引自《诗经·小旻》,意
思是小心谨慎,曾子用以比喻自己小心谨慎地保养身体),**而今而后,吾
知免夫**(免,避免,指避免毁伤身体;夫,叹词),**小子**(弟子们)。

提示:据《礼记·祭义》,曾子听孔子说过"天之所生,地之所
养,人为大矣。父母全而生之,子全而归之,可谓孝矣",不能全其
身则为不孝。通过这次生病,曾子明白了如何善保身体以尽孝道,
所以他说"而今而后,吾知免夫"。从曾子有自己的门弟子看,孔
子此时已死。

译文:曾子生病,招来弟子说:看看我的脚,看看我的手,都还
健全吧。《诗经》说:"战战兢兢,仿佛站在深水潭边,仿佛踩在薄冰
上",从今往后,我知道要小心翼翼地善保自己的身体了,弟子们。

5.

曾子有疾,孟敬子问之。曾子言曰:鸟之将死,其鸣也哀;人之
将死,其言也善。君子所贵乎道者三:动容貌,斯远暴慢矣;正颜色,
斯近信矣;出辞气,斯远鄙倍矣。笾豆之事,则有司存。

曾子有疾,孟敬子问之(孟敬子,鲁大夫仲孙捷。问,探视)。**曾
子言曰:鸟之将死,其鸣也哀;人之将死,其言也善**(以上四句意
思是,我快要死了,所以话是诚恳的)。**君子所贵乎道者三**(君子,君
王):**动容貌**(举止容貌庄严),**斯远暴慢矣**(斯,则);**正颜色**(端正
脸色),**斯近信矣;出辞气**(言语态度和顺),**斯远鄙倍矣**(鄙倍,粗野

卑鄙的恶言,"倍"通"背")。**笾豆之事**(笾〔biān〕豆,竹豆谓笾,木豆谓豆,均为祭祀用品),**则有司存**(有司,专职官员;存,在。此二句言,之于祭祀之类的事,自有专职官员处理,君王就不必多操心了)。

译文:曾子生病,孟敬子来探望。曾子说:鸟之将死,其鸣也哀;人之将死,其言也善。君王有三条原则很重要:举止容貌庄严,可避免他人对你粗暴怠慢;脸色端正,可使他人以诚信待你;言语态度和顺,可避免他人粗野卑鄙的恶言。至于祭祀等事,则由专职官员处理,君王不必多操心。

6.

曾子曰:以能问于不能,以多问于寡,有若无,实若虚,犯而不校,昔者吾友尝从事于斯矣。

曾子曰:以能问于不能,以多问于寡,有若无,实若虚,犯而不校(犯,冒犯;不校,不报),**昔者吾友尝从事于斯矣**(尝,曾经;从事,处事;斯,这样)。

提示:"昔者吾友"有说指颜渊。

译文:曾子说:有才能向无才能的人请教,学识丰富向学识浅薄的人请教,有才能就像无才能,知识充实就像空无所有,对别人的冒犯也不报复,我以前的朋友就是这样做的。

7.

曾子曰:可以托六尺之孤,可以寄百里之命,临大节而不可夺也,君子人与? 君子人也。

曾子曰:可以托六尺之孤(六尺之孤,古代的六尺相当于今天约1.38米,所以指未成年的儿童或少年),**可以寄百里之命**(百里之命,指诸侯国的行政大权),**临大节而不可夺也**(大节,安危存亡的大事;不可夺,志不可夺),**君子人与**(与,表问句)? **君子人也。**

译文:曾子说:可以把年幼君主托付给他,可以把国家行政大权交付给他,面对安危存亡意志不动摇的人,是君子吗? 是君子。

8.

曾子曰:士不可以不弘毅,任重而道远。仁以为己任,不亦重乎? 死而后已,不亦远乎?

曾子曰:士不可以不弘毅(弘毅,宽大而刚毅),**任重而道远。**

仁以为己任,不亦重乎? 死而后已,不亦远乎?

译文:曾子说:士之胸怀不可不宽大,意志不可不刚毅,因为任重而道远。以求仁为己任,这不重大吗? 探索道直至死才方休,路途不遥远吗?

9.

子曰:兴于《诗》,立于礼,成于乐。

子曰:**兴于《诗》**(兴,激发志向),**立于礼**(立,树立),**成于乐。**

提示:这是孔子培育君子的方法。

译文:孔子说:以《诗》激发其志向,以礼树立其行为规范,以乐陶冶其情操。

10.

子曰:民可使由之,不可使知之。

子曰:**民可使由之**(由,顺。之,指"道"),**不可使知之。**

提示:后人多以此章批评孔子行"愚民政策",其实是没有深究"之"指什么。这个"之"指的是"道"。《周易·系辞上传》云"一阴一阳之谓道。继之者善也,成之者性也。仁者见之谓之仁,知者见之谓之知,百姓日用而不知,故君子之道鲜矣"。人有智愚之分,所谓"中人以上可以语上,中人以下不可以语上",此乃悟性。百姓虽生活于"道"中,潜移默化,终身由之,但并不悟"道"。《孟子·尽心下》云"终身由之而不知其道者,众也"。所以孔子认为,不必使百姓都悟"道",仅使他们由"道"便可。

译文:孔子说:百姓可让他们随"道",不必使他们悟"道"。

11.

子曰:好勇疾贫,乱也。人而不仁,疾之已甚,乱也。

子曰:**好勇疾贫**(疾贫,贫而至于无以为生),**乱也。人而不仁,疾之已甚,乱也。**

提示:"好勇疾贫"讲穷人,"人而不仁"讲富人,此二者皆为乱之根源。

译文:孔子说:崇尚勇武又贫至无以为生,则生乱。为人不仁其病已入膏肓,则生乱。

12.

子曰：如有周公之才之美,使骄且吝,其余不足观也已。

子曰：**如有周公之才之美**（周公,文王之子,武王之弟,成王之叔,辅佐成王七年,然后归政于成王）,**使骄且吝,其余不足观也已。**

提示：孔子以此告戒弟子不可因学问和地位而骄且吝。

译文：孔子说：纵使你有周公的才能和美德,只要是骄横和吝啬,其余的才能和美德就不值得再论道了。

13.

子曰：三年学,不至于谷,不易得也。

子曰：**三年学,不至于谷**（谷,俸禄,古代为官都以粮食为俸禄）,**不易得也。**

提示：孔子感叹当时能专心学习,不思名利俸禄的人,不可多得。

译文：孔子说：学习三年而不思名利俸禄的人,不可多得。

14.

子曰：笃信好学,守死善道。危邦不入,乱邦不居。天下有道则见,无道则隐。邦有道,贫且贱焉,耻也；邦无道,富且贵焉,耻也。

子曰：**笃信好学,守死善道。危邦不入,乱邦不居。天下有道则见**（见,通假"现",引申为出来做官）,**无道则隐。邦有道,贫且贱焉,耻也；邦无道,富且贵焉,耻也。**

提示：政治清明不为官是不尽责任,政治黑暗时为官是助纣为虐,故二者都是耻辱。

译文：孔子说：坚定信念,勤奋好学,固守善道。政局危急的国家不去,政治混乱的国家不住。天下有道则出来作官,天下无道则归隐。国家有道,自己贫贱是耻；国家无道,自己富贵也是耻。

15.

子曰：不在其位,不谋其政。

提示：君子当有自知之明。

译文：孔子说：不在那个职位上,就不要谋划那个职位的政事。

16.

子曰：师挚之始，《关雎》之乱，洋洋乎盈耳哉。

子曰：师挚之始（师挚，齐国的宫廷首席乐师。始，开始曲），**《关雎》之乱**（关雎，《诗经》的第一首，《诗经》在当时是用来演唱的。乱，继续），**洋洋乎盈耳哉**（洋洋，形容声音响亮）。

提示：《关雎》之乱，金文"亂"与"嗣"二字经常互相借用，"嗣"的意思是"续"，继续。"师挚之始，《关雎》之乱"意思是，先由宫廷首席乐师挚演奏开始曲，接下去演奏《关雎》。

译文：孔子说：听音乐演奏，先是大师挚的开始曲，接下来是《关雎》，洪亮的声音充满我耳朵。

17.

子曰：狂而不直，侗而不愿，悾悾而不信，吾不知之也。

子曰：狂而不直，侗而不愿（侗［tóng］而不愿，幼稚又不谨慎），**悾悾而不信**（悾悾［kōng］，知识空虚。不信，无信用），**吾不知之也。**

提示：此章言古人与孔子时代的今人性格完全相背。

译文：孔子说：狂妄又不直率，幼稚又不谨慎，无半点知识又不诚信，我不知当今之人是怎么了。

18.

子曰：学如不及，犹恐失之。

子曰：学如不及，犹恐失之（犹，仿佛）。

译文：孔子说：学习就当像追赶什么似的惟恐赶不上，像丢失什么似的惟恐失去学问。

19.

子曰：巍巍乎，舜（禹）之有天下也而不与焉。

子曰：巍巍乎（巍巍乎，高，此转意崇高），**舜（禹）之有天下也而不与焉**（不与，指不将天下赠与自己儿子，而是禅让给仁者贤者）。

提示："舜禹之有天下也"，敦煌残卷作"舜之有天下也"，无"禹"字。历来有尧舜并提，但无舜禹并提的，且大禹的实际继位者是他的儿子启，所以笔者认为敦煌残卷作"舜之有天下也"比较符合孔子的本义。

译文:孔子说:舜崇高啊,拥有天下但不赠与自己儿子。

20.

子曰:大哉尧之为君也!巍巍乎,唯天为大,唯尧则之。荡荡乎,民无能名焉。巍巍乎,其有成功也。焕乎,其有文章!

子曰:大哉尧之为君也! 巍巍乎(高大),**唯天为大,唯尧则之**(天是最高大的,尧效法天)。**荡荡乎**(广远),**民无能名焉**(无能名,不能用言语来称道)。**巍巍乎,其有成功也。焕乎**(光明啊),**其有文章**(有他创立的文化)!

提示:据传尧按照日月星辰的运行规律,制定出历法、节气,向黎民颁布,使之按节气播种收获。故曰"唯天为大,唯尧则之"。

译文:孔子说:尧这位君主是伟大的! 天是最高大的,唯有尧效法天制定出历法,尧多么高大啊。民众无法用言语来称道尧,他的功德广远啊。他的丰功伟绩多高大啊。他创立的文化光明啊!

21.

舜有臣五人而天下治。武王曰:予有乱臣十人。孔子曰:才难,不其然乎? 唐虞之际,于斯为盛。有妇人焉,九人而已。三分天下有其二,以服事殷,周之德其可谓至德也已矣。

舜有臣五人而天下治(舜有臣五人,舜有五人协助,即禹、稷、契、皋陶、伯益)。**武王曰:予有乱臣十人**(此语乃武王伐纣誓众之辞。《泰誓》曰:纣有亿兆夷人,亦有离德,予有乱十人,同心同德。乱十人指协同武王伐纣建周的十个治臣。乱,治理)。**孔子曰:才难**(人才难得),**不其然乎? 唐虞之际**(唐尧和虞舜时代之后),**于斯为盛。有妇人焉,九人而已**(周武王的十人治臣中有位女子,仅九人而已。此女子或是文王妃大姒,或是武王妃邑姜)。**三分天下有其二,以服事殷**(周取天下三分之二,仍对殷称臣),**周之德其可谓至德也已矣。**

译文:舜有五人协助而天下得以治理。周武王说过:我有治臣十人。对此孔子说:人才难得,不是这样吗? 唐尧和虞舜时代之后,人才济济。周武王的十人治臣中有位女子,仅九人而已。周取天下三分之二,仍对殷称臣,周的德可谓最高的了。

22.

子曰：禹，吾无间然矣。菲饮食而致孝乎鬼神，恶衣服而致美乎黻冕，卑宫室而尽力乎沟洫。禹，吾无间然矣。

子曰：禹，吾无间然矣（无间，无可挑剔，无可非议）。菲饮食而致孝乎鬼神（菲饮食，食粗茶淡饭），恶衣服而致美乎黻冕（恶衣食，穿布衣陋衫。黻[fú]冕，祭祀的衣冠），卑宫室而尽力乎沟洫（卑宫室，简陋的宫室。沟洫，沟渠，水利）。禹，吾无间然矣。

译文：孔子说：对于禹我无可非议。他自己吃粗茶淡饭而对鬼神极孝，平时穿布衣陋衫但祭祀的衣冠很精美，自己住简陋的宫室而致力于修水利。对于禹我无可非议。

子罕第九

本篇记述孔子的自我评价,对弟子的评价,弟子对孔子的评价,以及孔子对礼仪道德的论述。

1.
子罕言利,与命,与仁。

子罕言利(罕,少),**与命**(与,赞同),**与仁。**
译文:孔子很少谈利,但赞同命和仁。

2.
达巷党人曰:大哉孔子,博学而无所成名。子闻之,谓门弟子
曰:吾何执?执御乎?执射乎?吾执御矣。

达巷党人曰(达巷党人,达乡的人,古代五百家为一党。《礼记·曾子问》:"孔子曰:昔者吾从老聃助葬于巷党",说明"巷党"应释为乡里):**大哉孔子,博学而无所成名**(无所成名,不以某一专长而成名)。**子闻之,谓门弟子曰:吾何执**(我选什么作专长呢)?**执御乎**(执,选择;御,驾车;当时的士必须掌握六艺,即礼、乐、射、御、书、数)?**执射乎**(射,射箭)?**吾执御矣。**

提示:孔子曾言"君子不器",博学而不拘于某一专长,才是真君子而非"器"。达乡的人说孔子"博学而无所成名",正说明他们不懂"君子不器"的道理,所以孔子自我调侃,说我还是选驾车为专长吧。

译文:达乡的人说:孔子真伟大,他博学却没有一项成名的专长。孔子听说后对弟子说:我选什么作专长呢?驾车?射箭?我还是选驾车吧。

3.

> 子曰:麻冕,礼也;今也纯,俭,吾从众。拜下,礼也;今拜乎上,
> 泰也。虽违众,吾从下。

子曰:麻冕(麻冕,用麻作的黑色帽子,祭祀用),**礼也,今也纯,
俭**(纯,丝,丝比麻容易制作,故曰俭);**吾从众。拜下**(拜下,臣对君
在堂下拜),**礼也;今拜乎上,泰也**(升堂而拜为拜上,为不恭。泰,骄,
不恭),**虽违众,吾从下。**

提示:孔子接受礼仪的改革,但要看是否符合礼。丝冕比麻
冕俭,孔子接受;拜上不恭,孔子不接受。

译文:孔子说:祭祀用麻制帽子是礼的规定,现在用丝帽为
的是节俭,我顺从大家的做法。臣对君堂下拜是礼的规定,现在都
升堂而拜,这是不恭。虽然违背大家的做法,我还是遵从堂下拜。

4.

> 子绝四:毋意、毋必、毋固、毋我。

子绝四(绝,戒):**毋意**(意,猜测,怀疑)、**毋必、毋固、毋我**(我,
主观)。

译文:孔子有四不:不猜测、不武断、不固执、不主观。

5.

> 子畏于匡,曰:文王既没,文不在兹乎? 天之将丧斯文也,后死
> 者不得与于斯文也;天之未丧斯文也,匡人其如予何?

子畏于匡(畏,通假"围",围困。匡,邑名),**曰:文王既没,文不
在兹乎? 天之将丧斯文也**(斯,此;文,文明),**后死者不得与于斯文
也**(后死者,指孔子自己;与,给予;于,被动语式;直译为"我孔子不
能被给予文明");**天之未丧斯文也,匡人其如予何?**

提示:孔子长相似鲁大夫阳虎,阳虎曾领兵犯匡,故匡人误认
孔子为阳虎而围攻之。但孔子自信是西周文明的传承者,如上天
不欲灭绝西周文明,自己必命不该死,匡人必不会加害自己。

译文:孔子在匡邑遭人围困。他说:文王死了,难道周的文
明就不在了吗? 天要灭绝这文明,我也得不到它;天不要灭绝这
文明,匡人又能拿我怎样?

6.

> 太宰问于子贡曰：夫子圣者与？何其多能也？子贡曰：固天纵
> 之将圣，又多能也。子闻之曰：大宰知我乎，吾少也贱，故多能鄙事。
> 君子多乎哉？不多也。

太宰问于子贡曰（太宰，大夫，可能是吴国或鲁国的大夫。子贡，姓端木名赐，字子贡，孔子弟子）：**夫子圣者与？何其多能也**（太宰此问带有"君子乃做大事者，不应该留意这些细碎的才艺"之意）？**子贡曰：固天纵之将圣**（固，必。纵，纵使），**又多能也。子闻之曰：太宰知我乎，吾少也贱**（贱，贫贱），**故多能鄙事**（鄙事，粗俗的才艺）。**君子多乎哉？不多也**（贵族君子有那么多才艺吗？他们没有）。

提示：此章围绕孔子多才艺而论。孔子说自己因少时贫贱，不得已而学了许多粗俗的才艺。至于那些出生贵族从小养尊处优的君子，他们就不会有那么多粗俗的才艺了。故章末"君子多乎哉，不多也"，"君子"应指那些出生贵族从小养尊处优的君子，"不多"应指粗俗的才艺，这正好应对太宰的问"何其多能也"。

译文：太宰问子贡：孔夫子是圣人吗？怎么掌握那么多才艺？子贡说：这必定是天让他成为圣人同时又给他那么多才艺。孔子听后说：太宰了解我吗？我年少时贫贱，所以学会了许多粗俗的才艺。贵族君子有那么多才艺吗？他们没有。

7.

> 牢曰：子云："吾不试，故艺。"

牢曰（牢，姓琴名牢，字子开或子张，孔子弟子）：**子云："吾不试**（试，任用），**故艺**（艺，技艺）。"

提示：此章当是对上章的补充。

译文：孔子弟子牢说：先生说过："因为我没被国家任用，所以多技艺。"

8.

> 子曰：吾有知乎哉？无知也。有鄙夫问于我，空空如也，我叩其
> 两端而竭焉。

子曰：吾有知乎哉（知，知识）？**无知也。有鄙夫问于我**（鄙夫，农夫），**空空如也**（空空如，心中空空，没有答案），**我叩其两端而竭焉**（叩，询问；两端，事物的正反两方面；竭，穷尽）。

提示：孔子并非事事皆知，但他懂逻辑分析，通过逻辑分析解决问题。

译文：孔子说：我算有知识吗？我其实很无知。有个农夫问我个问题，我其实也没答案，但我向他询问这问题的正反两方面，然后为他详尽剖析。

9.
子曰：凤鸟不至，河不出图，吾已矣夫！

子曰：凤鸟不至（凤鸟至预示天下太平），**河不出图**（河图出预示圣王将出世），**吾已矣夫！**

提示：凤鸟至预示天下太平，河图出预示圣王将出世，两者都是祥瑞，即吉祥征兆。孔子感叹自己这辈子见不到盛世和圣王出现。

译文：孔子说：凤凰不来，河图不出，我这一辈子就这么过去了！

10.
子见齐衰者、冕衣裳者与瞽者，见之，虽少必作，过之必趋。

子见齐衰者（齐衰[zī cuī]者，穿丧服者）、**冕衣裳者与瞽者**（冕衣裳者，冕通假"絻"，即穿戴祭祀的礼服礼帽者。瞽[gǔ]者，盲人），**见之，虽少必作**（少，年轻；作，起立），**过之必趋**（趋，小步疾走）。

提示：孔子对丧家、祭祀者和盲人表示尊重。

译文：孔子看见穿丧服的、穿祭服的和盲人，即便他们比自己年轻，也必定起立，从他们身边过时必小步疾走。

11.
颜渊喟然叹曰：仰之弥高，钻之弥坚，瞻之在前，忽焉在后。夫子循循然善诱人，博我以文，约我以礼。欲罢不能，既竭吾才，如有所立，卓尔，虽欲从之，末由也已。

颜渊喟然叹曰（颜渊，姓颜名回，字子渊，鲁人，孔子弟子。喟[kuì]然，叹气貌）：**仰之弥高**（弥，越，更加），**钻之弥坚，瞻之在前**（瞻，在后面看），**忽焉在后。夫子循循然善诱人**（循循然，有次序的样子），**博我以文**（以文丰富我知识），**约我以礼**（以礼约束我行为）。

87

欲罢不能,既竭吾才,如有所立,卓尔(卓尔,高也),虽欲从之,末由也已(末由,无法追随)。

提示:此章应是叹"道"之高深莫测,而非赞孔子之辞。

译文:颜渊感叹地说:"道"仰而视之越看越高,钻研之越钻研越深,在后面看它在前,忽然它又到我后面。孔夫子循序渐进地引导我悟"道",以文丰富我知识,以礼约束我行为。我是欲罢不能,竭尽我的能力,"道"依然耸立在面前,又高又大,想追随"道"又感到无法追随。

12.

子疾病,子路使门人为臣。病间,曰:久矣哉,由之行诈也。无臣而为有臣,吾谁欺?欺天乎?且予与其死于臣之手也,无宁死于二三子之手乎。且予纵不得大葬,予死于道路乎?

子疾病(病,病情加重),**子路使门人为臣**(子路,姓仲名由,字子路,又叫季路,孔子弟子。门人,学生)。**病间**(病间,病稍有恢复),**曰:久矣哉,由之行诈也**(由,即子路)。**无臣而为有臣,吾谁欺?欺天乎?且予与其死于臣之手也,无宁死于二三子之手乎**(二三子,你们几个学生)。**且予纵不得大葬**(大葬,高规格的大夫葬礼),**予死于道路乎**?

提示:孔子离开鲁国后就不再是官了,按礼制死后只能以士的规格安葬,子路为尊荣孔子,欲仍以大夫之礼为其送终,故让学生充当家臣。孔子认为子路的做法违礼。

译文:孔子病情加重,子路让学生充当家臣。孔子病稍有恢复,说:子路的欺诈已很久了,我要骗谁?骗天吗?与其由假家臣送葬,宁可由你们几个学生来为我送葬。纵使得不到大夫的丧礼,我难道会死于大路上?

13.

子贡曰:有美玉于斯,韫椟而藏诸,求善贾而沽诸?子曰:沽之哉,沽之哉,我待贾者也。

子贡曰(子贡,姓端木名赐,字子贡,孔子弟子):**有美玉于斯,韫椟而藏诸**(韫[yùn],藏。椟[dú],木匣。诸,"之乎"的连读),**求善贾而沽诸**(善贾,好买家;沽,出售)? **子曰:沽之哉,沽之哉,我待贾者也。**

提示：子贡善经商，故以商贾事以喻孔子。孔子周游列国，无以伸张抱负，才以"我待贾者也"自嘲，以喻待明君。

译文：子贡说：有美玉在此，把它放在木匣里藏起来呢，还是找个好买家卖了？孔子说：卖了，卖了，我自己就是个待价而沽的。

14.

子欲居九夷。或曰：陋，如之何？子曰：君子居之，何陋之有。

子欲居九夷（九夷，边远蛮夷之地，高丽、倭人均属九夷）。**或曰**（或，有人）：**陋**（陋，不文雅，鄙陋），**如之何？子曰：君子居之，何陋之有。**

提示：孔子曾因自己的抱负得不到重用而有去边远蛮夷之地的想法，此章恐与此有关。

译文：孔子欲去边远蛮夷之地居住。有人说：那里鄙陋，如何能居住？孔子说：君子去居住，哪还会有什么鄙陋。

15.

子曰：吾自卫反鲁，然后乐正，《雅》、《颂》各得其所。

子曰：吾自卫反鲁，然后乐正，《雅》、《颂》各得其所（《雅》和《颂》在不同的礼仪场合演奏，这是礼的规定。孔子教会卫人什么场合演奏什么，这就是孔子说的各得其所）。

提示：此章误释者颇多，都释为孔子返鲁国后使得鲁国的乐得以正，实大误。孔子精通音律，他谓鲁大师乐曰"乐可知也"，赞齐乐为"在齐闻韶，三月不知肉味"，独恶郑声谓其淫。郑卫比邻，郑声即卫声。故此章所言乃卫乐非鲁乐。想必孔子在卫时教卫人如何正乐。

译文：孔子说：我自去卫国后返回鲁国，此后卫国的音乐才得以正，《雅》和《颂》才得以在正确的场合下演奏。

16.

子曰：出则事公卿，入则事父兄，丧事不敢不勉，不为酒困，何有于我哉。

子曰：出则事公卿（出，在外；事，侍奉；公卿，国君和大夫），**入**

则事父兄（人,在家）,**丧事不敢不勉,不为酒困**（酒困,因酒而乱）,**何有于我哉**（何有,不难）。

提示：此章应是孔子泛指泛论,并非言及自己。

译文：孔子说：在外侍奉国君大夫,在家侍奉父兄,丧事能勤勉守礼,不为酒而乱,就我看做到这些并不难。

17.

子在川上,曰:逝者如斯夫,不舍昼夜。

子在川上,曰:逝者如斯夫（逝者,指光阴的流失如同逝水一般。斯,此）,**不舍昼夜**。

提示：孔子感叹时光不再。

译文：孔子站在江水边说：光阴的流逝就如同这江水一般,昼夜不停,一去不复返。

18.

子曰:吾未见好德如好色者也。

提示：卫灵公夫人南子是有名的荡妇,卫灵公却与她同乘一车,招摇过市,而且让孔子的车跟在后面,孔子对此深感厌恶,才说了上述一番话批判卫灵公。

译文：孔子说：我看不到像喜爱女色那样喜爱德的人。

19.

子曰:譬如为山,未成一篑,止,吾止也；譬如平地,虽覆一篑,进,吾进也。

子曰:譬如为山,未成一篑（未成一篑［kuì］,就因为缺了一筐土而没堆成山）,**止,吾止也；譬如平地,虽覆一篑,进,吾进也**。

提示：古语曰：锲而舍之,朽木不折,锲而不舍,金石可镂。人之才能虽多,但止而不进,乃自暴自弃。才能虽浅,但能锲而不舍,必有成功之日。此章孔子以堆土成山和填坑平地为喻说明此理,成功与失败皆在于自己。

译文：孔子说：以堆土成山为例,因为少了最后一筐土而没成功,为什么失败了,因为自己中途而废了；以填坑平地为例,虽然只填入第一筐土,但最后成功了,那是因为自己坚持不懈。

20.

子曰：语之而不惰者，其回也与。

子曰：语之而不惰者，其回也与（回，姓颜名回，字子渊，鲁人，孔子弟子）。

译文：孔子说：告诉他道理，他没有懒惰懈怠，这人就是颜回。

21.

子谓颜渊曰：惜乎！吾见其进也，未见其止也。

子谓颜渊曰（颜渊，姓颜名回，字子渊，鲁人，孔子弟子）：**惜乎！吾见其进也，未见其止也。**

提示：此章应连接"譬如为山"章之后。孔子赞颜回知进而不止于中途。

译文：孔子评价颜渊说：可惜啊（他早死）！我只见他奋进，从未见他中途而止。

22.

子曰：苗而不秀者有矣夫，秀而不实者有矣夫。

子曰：苗而不秀者（长苗但不开花）**有矣夫，秀而不实者**（开花但不结果）**有矣夫。**

提示：此章或为孔子叹颜回早夭。

译文：孔子说：长苗但不开花的情况有啊，开花但不结果的情况也有啊。

23.

子曰：后生可畏，焉知来者之不如今也？四十、五十而无闻焉，斯亦不足畏也已。

子曰：后生可畏，焉知来者之不如今也（来者，后人）？**四十、五十而无闻焉**（无闻，默默无闻），**斯亦不足畏也已。**

提示：《大戴礼记·曾子立事》云：三十四十之间而无艺，即无艺矣；五十而不以善闻，则无闻矣。

译文：孔子说：年少的值得敬畏，怎知后人一定不如当今之人？如果四十岁、五十岁还默默无闻，这也就不值得人敬畏了。

24. 子曰：法语之言，能无从乎？改之为贵。巽与之言，能无说乎？绎之为贵。说而不绎，从而不改，吾末如之何也已矣。

子曰：**法语之言**（法，法度，法则。语，告诫），**能无从乎？改之为贵。巽与之言**（巽，[xùn]，恭顺。与，赞许），**能无说乎**（说，通假"悦"）**？绎之为贵**（绎，分析）。**说而不绎，从而不改，吾末如之何也已矣。**

提示：此章提醒居上位者，听到谏言不仅要从而且要改错，对部下的恭顺赞许之言喜欢之余要加以分析。

译文：孔子说：用法度告诫他，他能不听从吗？但改正错误才是最可贵的。恭顺赞许之言，他能不喜欢吗？但以能加以分析为贵。喜欢而不加以分析，听从而不改错，这种人我也拿他没办法。

25. 子曰：主忠信，毋友不如己者，过则勿惮改。

提示：此章已见于《学而第一》。

26. 子曰：三军可夺帅也，匹夫不可夺志也。

子曰：**三军可夺帅也，匹夫不可夺志也**（匹夫，人）。

提示：帅为军队之魂，志为人之帅，以三军之帅喻人的意志之帅。

译文：孔子说：你可以免去军队的主帅，但你无法夺取人的意志。

27. 子曰：衣敝缊袍，与衣狐貉者立而不耻者，其由也与。"不忮不求，何用不臧？"子路终身诵之。子曰：是道也，何足以臧？

子曰：**衣敝缊袍**（衣，动词，穿。敝缊[yùn]，破旧的麻或棉），**与衣狐貉者立**（狐貉[hé]，皮衣）**而不耻者，其由也与**（由，姓仲名由，字子路，又叫季路，孔子弟子）。**"不忮不求，何用不臧？"**（此二句出自《诗经·邶风·雄雉》，意思是"不嫉妒不贪求就不会有不善之事发生"；

忮[zhì],嫉妒;何用,何事;不臧[zāng],不善)**子路终身诵之。子曰:是道也,何足以臧**(此二句针对"不忮不求,何用不臧"而发,孔子的意思是,这二句话讲的是"道"的境界,不是"善"所能概括的)?

提示:孔子教导子路,君子志于道,不能仅满足于不耻恶衣恶食的"善",应追求更高的境界。

译文:孔子说:穿着破旧的绵袍,与穿皮衣的在一起而不感到耻辱的就是子路。《诗经》中有"不嫉妒不贪求,就不会有不善之事发生"二句,子路终身以此为格言。但孔子说:这是"道"的境界,不是"善"所能概括的。

28.

子曰:岁寒,然后知松柏之后凋也。

子曰:岁寒,然后知松柏之后凋也(凋,凋谢)。

提示:《荀子·大略》:岁不寒,无以知松柏;事不难,无以知君子。

译文:孔子说:寒冬,才知道松柏是最后凋零的。

29.

子曰:知者不惑,仁者不忧,勇者不惧。

子曰:知者不惑(知者,智者),**仁者不忧,勇者不惧**。

译文:孔子说:智者不疑惑,仁者不忧虑,勇者不惧怕。

30.

子曰:可与共学,未可与适道;可与适道,未可与立;可与立,未可与权。唐棣之华,偏其反而。岂不尔思?室是远而。子曰:未之思也,夫何远之有?

子曰:可与共学(与,通假"以",下同),**未可与适道**(适道,追求道;适,往,去);**可与适道,未可与立**(立,通假"位",取俸禄做官);**可与立,未可与权。唐棣之华**(唐棣[dí],当为"常棣"之误,常棣花瓣多而簇生,古人用来比喻兄弟众多),**偏其反而**(先开后合,比喻兄弟团结)。**岂不尔思?室是远而**(你住的离我太远)。**子曰:未之思也,夫何远之有?**

提示:《诗经·小雅·常棣》有"常棣之华,鄂不铧铧,凡今之人，莫如兄弟"；《诗经·小雅·鱼藻之什》有"骍骍角弓，翩其反矣，兄弟婚姻，无胥远矣"；证明"常棣之华"古人用来比喻兄弟众多，"翩其反矣"比喻兄弟团结。此章中的"唐棣之华，偏其反而。岂不尔思？室是远而"不见于《诗经》，当是古逸诗，意思是：唐棣开花，先开后合。我们是兄弟，难道我不思念你吗？只是你住得离我太远了。周朝分封众多同姓兄弟在各诸侯国，周天子以上述四句诗表达对兄弟诸侯的思念。但到了孔子的春秋时代，礼坏乐崩，天子与诸侯，诸侯与诸侯之间的兄弟情意早就淡薄，所以孔子说，你要真思念兄弟，哪在乎远近。此章孔子是批判周王室与各诸侯国间兄弟亲属情意的缺失。

译文：孔子说：兄弟们一同学习但未必每人都追求道，追求道的未必让他做官，做了官也未必给他权。古诗说：唐棣开花，先开后合。我们是兄弟，难道我不思念你吗？只是你住得离我太远了。孔子说：其实没思念，真要思念，哪有那么远？

乡党第十

本篇记述孔子在祭祀、斋戒、朝廷、外交等各种场合的容貌威仪,言谈举止。

1.
　　孔子于乡党,恂恂如也,似不能言者;其在宗庙、朝廷,便便言,唯谨尔。朝,与下大夫言,侃侃如也;与上大夫言,訚訚如也。君在,踧踖如也,与与如也。

孔子于乡党(乡党,按周制五族为党、五党为州、五州为乡),**恂恂如也**(恂恂,不善言辞;如,状态),**似不能言者;其在宗庙、朝廷,便便言**(便便[pián],语言明白流畅),**唯谨尔。朝**(上朝),**与下大夫言**(下大夫,按周制,卿以下有大夫,分上中下三等),**侃侃如也**(侃侃,轻松愉快);**与上大夫言,訚訚如也**(訚訚[yín],和悦而坦直)。**君在,踧踖如也**(踧踖[cù jí],敬惧或局促不安貌),**与与如也**(与与[yù],仪态适度)。

提示:此章记述孔子的言谈。

译文:孔子在自己乡里,笨嘴拙舌,似不会说话;在宗庙朝廷,言语明白流畅,但出言谨慎。孔子在朝廷上,与下大夫谈话,轻松愉快;与上大夫谈话,和悦而坦直。国君临朝,恭敬小心,仪态适度。

2.
　　君召使摈,色勃如也,足躩如也。揖所与立,左右手,衣前后,襜如也。趋进,翼如也。宾退,必复命曰:宾不顾矣。

君召使摈(使摈,会见宾客),**色勃如也**(勃如,矜持严肃),**足躩如也**(足躩[jué],快行)。**揖所与立**(揖,作揖。所与立,周围的官员),**左右手**(左边右边作揖),**衣前后**("揖前后"之误,向前后的官员作揖),**襜如也**(襜如[chān],"瞻如"之误,敬仰貌)。**趋进**(小步快速前进),**翼如也**(翼,小心)。**宾退,必复命曰:宾不顾矣**(顾,还视。按礼,

95

宾于三还三辞后告辞,此谓"不顾")。

提示:此章记述孔子待客,不应描述孔子的衣服,故"衣前后"当是"揖前后"之误,"瞻如"也随"衣前后"而被误抄成"襜如"。下章有专门对孔子服饰的描述。

译文:国君召孔子接待宾客,他脸色矜持严肃,行走快速。他向周围的官员致礼,左右拱手,也向前后的官员作揖,恭敬有礼。在朝廷上小步快行时,他小心翼翼。宾客退去后,必定向国君回报:宾客已去。

3.
> 入公门,鞠躬如也,如不容。立不中门,行不履阈。过位,色勃如也,足躩如也,其言似不足者。摄齐升堂,鞠躬如也,屏气似不息者。出,降一等,逞颜色,怡怡如也;没阶,趋进,翼如也;复其位,踧踖如也。

入公门,鞠躬如也(屈身而行),**如不容**(如不容,好像门框太低,不弯腰进不去似的)。**立不中门,行不履阈**(阈[yù],门槛)。**过位**(经过国君所坐的虚位),**色勃如也,足躩如也**(足躩[júe],快行),**其言似不足者**(言语谨慎收敛)。**摄齐升堂**(摄齐[zi],提起衣服的下摆,别让脚踩着。升堂,循阶登堂),**鞠躬如也**(屈身而行),**屏气似不息者**(呼吸收敛)。**出,降一等**(退出走下台阶),**逞颜色,怡怡如也**(怡怡,和乐);**没阶,趋进**(走完台阶,快步前行),**翼如也**(翼,小心);**复其位,踧踖如也**(踧踖[cù jí],敬惧或局促不安貌)。

提示:此章记述孔子上朝。

译文:进入朝廷大门,孔子弯腰低头,仿佛门框太低进不去似的,他站立不在门中,行走不踩门槛。经过国君所坐的虚位,他脸色矜持严肃,脚步快行,言语谨慎收敛。提起衣服下摆升阶朝见国君,他屈身而行,收敛气息;退阶,他神态舒展,怡然自得。走到平地,他小步快行,小心翼翼;回到自己的位子,他显出恭敬而不安的样子。

4.
> 执圭,鞠躬如也,如不胜。上如揖,下如授。勃如战色,足蹜蹜如有循。享礼,有容色。私觌,愉愉如也。

执圭(圭,上圆下方的玉牌,大夫出使邻国时所执代表君主),**鞠躬**

如也（弯腰屈身），**如不胜**（仿佛很重举不起）。**上如揖，下如授**（往上举如作揖，下放于胸部如给人东西一样）。**勃如战色**（严肃而敬畏；战色，战战兢兢的脸色），**足蹜蹜**（蹜蹜［sù］，脚步细碎紧凑）**如有循**（有规律，不可忽快忽慢）。**享礼**（享礼，外国使者敬献礼品的仪式），**有容色**。**私觌**（私觌［dí］，以个人身份会见），**愉愉如也**（愉愉，和气）。

提示：此章记述孔子出使别国。

译文：孔子执圭时弯腰屈身，仿佛圭很重举不起似的。往上举圭如作揖，下放于胸部如给人东西一样，举止严肃而敬畏，脚步细碎紧凑有规律。敬献礼品时和颜悦色，私下会见时轻松愉快。

5.

君子不以绀緅饰，红紫不以为亵服。当暑袗绤绤，必表而出之。缁衣羔裘，素衣麑裘，黄衣狐裘。亵裘长，短右袂。必有寝衣，长一身有半。狐貉之厚以居。去丧，无所不佩。非帷裳，必杀之。羔裘玄冠不以吊。吉月，必朝服而朝。

君子不以绀緅饰（绀，藏青透红；緅［zōu］，红而微黑；不以这二种颜色做衣服的领子袖子的镶边），**红紫不以为亵服**（亵［xiè］服，便服）。**当暑袗绤绤**（袗［zhěn］，单衣；绤［chī］，细葛布；绤［xì］，粗葛布），**必表而出之**（表，外衣）。**缁衣羔裘**（缁衣，黑衣；羔裘，小羊皮，色黑，故应加黑衣），**素衣麑裘**（麑［ní］裘，小鹿皮，色灰，故应加白衣），**黄衣狐裘**。**亵裘长**（亵裘，裘皮便服），**短右袂**（此句文理不通，应为"短其袂"，即裘皮便服为了做事方便，袖子可短些）。**必有寝衣**（寝衣，小睡时用的卧被），**长一身有半**。**狐貉之厚以居**（貉［háo］，似狼的动物；居，坐）。**去丧，无所不佩**（出了丧期则恢复其佩玉；君子无故玉不去身，丧时去其所佩以示哀）。**非帷裳**（帷裳，朝服下摆），**必杀之**（杀［shài］，折边缝齐）。**羔裘玄冠不以吊**（羔裘玄冠，朝服，吉服。吊，吊唁）。**吉月**（吉月，应为"告月"之误，指诸侯每月初一行告庙听政之礼），**必朝服而朝**。

提示：此章记述孔子的穿戴，皆按礼的要求。

译文：君子不以红藏青和黑红这二色做领子和袖子的镶边，不以红色紫色为便服。夏天穿粗葛布或细葛布的单衣，出门必套外衣。黑衣配黑色小羊皮，白衣配灰色小鹿皮，黄衣配狐皮。家里穿的裘皮便服比较长，但袖子可短一点便于做事。家中须有小睡用的卧被，长度为一人半长。狐皮和貉皮较厚，用作坐垫。出了丧

期各种饰品都可佩戴。除朝服以外其他衣服的下摆必须折边缝齐。穿朝服不吊唁。每月初一的告庙听政礼必穿朝服上朝。

6.

齐,必有明衣,布。齐必变食,居必迁坐。食不厌精,脍不厌细。食饐而餲,鱼馁而肉败,不食;色恶不食;臭恶不食;失饪不食;不时不食;割不正不食;不得其酱不食。肉虽多,不使胜食,气。唯酒无量,不及乱。沽酒市脯不食。不撤姜,食,不多食。祭于公,不宿(肉),祭肉不出三日,出三日不食之矣。食不语,寝不言。虽蔬食菜羹瓜,祭,必齐如也。席不正不坐。乡人饮酒,杖者出,斯出矣。乡人傩,朝服而立于阼阶。

齐(齐,斋戒,重大祭祀前必斋戒数日),**必有明衣**(明衣,干净的贴身内衣),**布。齐必变食**(变食,改变平常的饮食),**居必迁坐**(迁坐,斋戒期间迁居于外房,夫妇不同房)。**食不厌精,脍不厌细**(脍,鱼和肉大者为轩,细者为脍)。**食饐而餲**(食,饭;饐[yì],食物变味;餲[ài],馊),**鱼馁而肉败**(鱼馁[něi],鱼变臭),**不食;色恶不食;臭恶不食**(臭[xiù],气味);**失饪不食**(失饪,食物做的生熟不当);**不时不食**(非当令季节的食物不吃);**割不正不食**(割不正,牛羊肉有的部位不能食用,如带有这些部位则不食);**不得其酱不食**(酱,泛指各种调味品)。**肉虽多,不使胜食,气**("胜食"二字因重复而省略,原意为"不使胜食,胜食,气",即食肉不可无节制,无节制则不消化有口臭,于祭祀不敬)。**唯酒无量,不及乱。沽酒市脯不食**(外面卖的酒和肉干,因不洁而不食)。**不撤姜,食,不多食**("不撤姜"当为"不撤姜",即不放姜的食物。斋戒不食荤,但古人肉食为防变质必放姜)。**祭于公**(参与诸侯的祭祀),**不宿(肉)**(不宿肉,恐"不宿内"之误,即无性事)。**祭肉不出三日**(祭肉,祭祀用的肉,往往祭祀结束后分送给参祭者),**出三日不食之矣。食不语,寝不言**(食不语寝不言,特指斋戒的那几天而言,目的为静心)。**虽蔬食菜羹瓜,祭,必齐如也**(虽以蔬食、菜、羹、瓜果作祭品,要祭则必须先这样斋戒;如也,这样。庶民百姓无力以牺牲作祭祀,可以蔬食菜羹祭之)。**席不正不坐**(古人席地而坐,席垫质地按人的等级而不同,宾主各有其位,不可错位)。**乡人饮酒,杖者出**(杖者,指老者,《礼记·王制》云:五十杖于家,六十杖于乡,七十杖于国,八十杖于朝),**斯出矣。乡人傩**(傩[nuó],迎神驱鬼的风俗活动),**朝服而立于阼阶**(阼阶,东边的台阶)。

提示：此章记述孔子参加祭祀和祭祀前的斋戒，非日常饮食起居。

译文：孔子在斋戒期间穿干净的布内衣，饮食比平时素简，迁居于外房，夫妇不同房。斋戒期间孔子要求米饭要精细，肉块要切得小，饭变味、鱼发臭、肉变质不吃；肉变色的不吃；气味难闻的不吃；做得生熟不当的不吃；非当令季节的食物不吃；肉带有不当部位的不吃；调味品用得不当的不吃。肉虽多但孔子不贪食，以防消化不良会有口臭，酒不限量但不饮到醉，集市上买的酒和肉干不吃，不放姜的肉吃，但不多吃。孔子参加国君的祭祀前不行房事。祭肉保存不超过三天，超过三天的孔子不吃。孔子在斋戒期间食不语，寝不言，用以静心。虽是蔬菜、汤羹、瓜果作祭品，祭祀前他必同样斋戒。祭祀时孔子按自己的地位等级就坐，决不错位。同乡里饮酒，孔子等老者退席后方才退席。与乡里迎神驱鬼，孔子穿朝服立于东边的台阶，以示敬意。

7.

问人于他邦，再拜而送之。

问人于他邦（托人代问候他国的友人），**再拜而送之**（再拜，两次作揖）。

提示：此章记述孔子送别出访他国的使者。

译文：托人向别国的君王友人问好送礼，送别时两次作揖。

8.

康子馈药，拜而受之。曰：丘未达，不敢尝。

康子馈药（康子，季康子，于鲁哀公时执掌鲁政），**拜而受之。曰：丘未达**（丘，孔子自称；未达，不知此药的药性），**不敢尝。**

提示：此章记述孔子接受大人物的赠药。

季康子是桓公之子，接受贵族馈赠，平民当拜受且当场尝用以示敬意。但孔子不放心此药，又无法拒绝，故以"未达"避免当场尝用，又不致失礼。

译文：季康子馈赠药给孔子，孔子拜而接受，说：我对这药还不了解，请容我不敢当场服用。

9.　厩焚,子退朝,曰:伤人乎? 不问马。

厩焚(厩,马厩),**子退朝,曰:伤人乎? 不问马。**

译文:孔子的马厩着火,孔子退朝后问:伤人了吗? 不问是否伤马匹。

10.　君赐食,必正席先尝之;君赐腥,必熟而荐之;君赐生,必畜之。侍食于君,君祭先饭。

君赐食,必正席先尝之;君赐腥(腥,生肉),**必熟而荐之**(荐,进奉祖先);**君赐生**(生,牲畜),**必畜之。侍食于君,君祭先饭**(《仪礼·士相间礼》曰"若君赐之食,则君祭先饭,遍尝膳,饮而俟",意思是如果国君赐士一同用餐,就要在国君行食前祭礼前为国君尝一尝饭菜和酒,然后等待国君的命令)。

提示:此章记述孔子陪国君用餐和受国君赐食物。

译文:国君赐孔子熟食,他必端坐先尝;国君赐生食,他必煮熟后供奉祖先;国君赐牲畜,他必养起来。陪同国君用餐,他必在国君行食前祭礼前为国君尝一尝。

11.　疾,君视之,东首,加朝服,拖绅。

疾,君视之,东首(东首,头朝东),**加朝服,拖绅**(拖绅,把腰带拖到地面)。

提示:此章记述孔子接待国君探病。

译文:生病,国君来探视时,孔子头朝东躺,将朝服盖在身上,把腰带拖到地面。

12.　君命召,不俟驾行矣。

君命召,不俟驾行矣(俟,等;驾,马车)。

提示:此章记述孔子接受国君召见。

译文:国君召见,孔子不等马车备好立刻步行前往。

13.

入太庙,每事问。

入太庙（鲁国的太庙即周公庙）,**每事问。**

提示:此章记述孔子入鲁国太庙。

译文:入国君的太庙,孔子多问以免违礼。

14.

朋友死,无所归,曰:于我殡。

朋友死,无所归,（无所归葬）**曰:于我殡**（殡,死者入殓后停枢待葬谓殡）。

提示:此章记述孔子对待朋友。

译文:朋友死没人办丧事,孔子说:我来办。

15.

朋友之馈,虽车马,非祭肉不拜。

朋友之馈（馈,馈赠）,**虽车马**（哪怕车马那样贵重的东西）,**非祭肉不拜**（只要不是祭肉都无须拜受;祭肉是祭祀祖先的,拜受表示对朋友祖先的尊敬）。

提示:此章记述孔子接受朋友馈赠。

译文:朋友馈赠的只要不是祭肉,哪怕车马那样贵重的东西孔子受而不拜。

16.

寝不尸,居不容。

寝不尸,居不容（应为"居不夷",夷指伸直腿坐,古礼伸直腿坐为不敬,要膝跪地坐于双脚上）。

提示:此章记述孔子坐姿卧姿。

译文:孔子睡觉不像死尸那样平卧,席地而坐不伸直两腿。

17.

见齐衰者,虽狎必变;见冕者与瞽者,虽亵必以貌。凶服者式之,式负版者。有盛馔,必变色而作。迅雷风烈,必变。

见齐衰者（齐衰[zī cuī],丧服）,**虽狎必变**（狎,亲近;变,改容）;

见冕者与瞽者（冕者,穿戴祭祀的礼服礼帽者;瞽[gǔ],双目失明）,**虽亵必以貌**（亵[xiè],熟悉）。**凶服者式之**（凶服者,穿丧服者;式,手扶车把微欠胸以示敬意）,**式负版者**（负版者,"负贩者"之误,小贩;《礼记·曲礼》云:虽负贩者,必有尊者。孔子乃商族后裔,周灭商,商人遗民失去土地,以负贩经商为生,孔子敬负贩者实乃敬其同族）。**有盛馔**（盛馔[zhuàn],丰盛宴席）,**必变色而作**（作,抬一下屁股）。**迅雷风烈,必变。**

提示:此章记述孔子在什么情况下改变脸色,以示尊敬。

译文:孔子见到穿丧服的,虽是亲近者脸色必严肃;见到穿祭祀服的和盲人,虽熟人必以敬肃待之。在马车上见到穿丧服的和背负商品经商之人,孔子必手扶车把微欠胸以示敬意。出席盛宴端上丰盛佳肴时,孔子必作惊讶状,抬抬屁股以示感谢。遇到迅雷大风,孔子一定改变容貌,以示敬畏。

18. 升车,必正立,执绥。车中不内顾,不疾言,不亲指。

升车,必正立,执绥（升车,上马车,古人乘车为立姿;绥,马车上供站稳而拉的绳子）。**车中不内顾,不疾言,不亲指**（自己不指挥方向）。

提示:此章记述孔子乘车。

译文:孔子上马车一定站直,手拉绳索,眼睛不看车内以免站立不稳,不高声快语以免乱驾车者,自己不指挥方向。

19. 色斯举矣,翔而后集。曰:山梁雌雉,时哉时哉。子路共之,三嗅而作。

此章恐有乱简,现试重新排序如下:

山梁雌雉,子路共之,三嗅而作,翔而后集。曰:色斯举矣,时哉时哉。

山梁雌雉（雌雉,雌野鸡）,**子路共之**（共,通"哄",驱赶）,**三嗅而作**（嗅,"臭"[jú]之误,即鸟煽动翅膀。作,起身而飞）,**翔而后集**（在天空飞翔而后聚集）。**曰:色斯举矣**（色,脸色;斯,则;举,飞）,**时哉时哉**（识时务,合时宜）。

　　提示：本篇所有章节讲的几乎都是孔子如何以礼侍奉君王，唯独此章言野鸡善察言观色，似乎风马牛不相及，其实不然。据《史记·孔子世家》记载，孔子以大司寇代理鲁国相，助鲁定公削弱孟孙、叔孙、季孙三家大夫的势力，以增强国家力量。快要接近成功时，邻近的齐国担心鲁国强大对它不利，于是送给鲁定公一个女子歌舞队。鲁定公从此沉湎女色，怠于政事。孔子知道鲁国强盛无望，便离开了鲁定公。本篇最后这一章，正是暗示孔子识时务，离开鲁定公。《论语》的编纂者真是绝顶聪明。

　　译文：山梁上有雌野鸡，子路轰赶它们，它们煽翅三次而飞，飞翔而后聚集。孔子说：一看人颜色不对就飞，它们识时务啊。

先进第十一

本篇记述孔子对弟子的评价。

1.

子曰：先进于礼乐，野人也；后进于礼乐，君子也。如用之，则吾从先进。

子曰：先进于礼乐（进，接受。礼乐，礼和乐最初产生于夏商，后由周公制定礼乐制度），**野人也**（野人，乡野之人）；**后进于礼乐，君子也**（君子，贵族子弟）。**如用之**（用他们为官），**则吾从先进。**

提示：通观本篇二十五章节，无一不是孔子对门弟子的评价，此章居篇首，当也如此。"先进于礼乐"读成"先／进于／礼乐"，就容易理解。"礼乐"指孔子所教授的夏、商、周三代的礼和乐，尤其是周公制定的礼乐制度，故"进于礼乐"便是接受礼乐的教化。孔子说"质胜文则野，文胜质则史"，"野人"当是质地素朴的乡野农夫，"君子"当是质地浮华的都邑贵族子弟。孔子认为，先入孔门的弟子出身乡野农夫，他们是先接受教育，有了本领然后为官；后入孔门的弟子出身多贵族，他们有世禄，是先为官而后接受教育。如果要用之，孔子还是推崇先入孔门的出身乡野农夫的弟子。

译文：孔子说：在我众多弟子中，先接受礼乐教化的均是乡野农夫，后接受的多贵族子弟。如要用他们为官，我还是推崇那些先接受礼乐教化的弟子。

2.

子曰：从我于陈、蔡者，皆不及门也。

子曰：从我于陈、蔡者，皆不及门也（不及门，没在陈蔡二国做官；门，诸侯卿大夫家族。孔子的弟子没有在陈、蔡二国当官的，所以孔子在陈国、蔡国受困而无人接济）。

提示：据《史记·孔子世家》，楚国知道孔子在陈、蔡二国间逗留,便派使者聘问孔子。陈、蔡两国的大夫商量说,孔子对我们的作法均不中意,大国楚国若用孔子,我们这些大夫就要倒霉了。所以他们派人围困孔子一行,使之不得行而断粮。

译文:孔子说:跟随我去陈国、蔡国的弟子在这二国都没门路。

3.

德行:颜渊、闵子骞、冉伯牛、仲弓;言语:宰我、子贡;政事:冉有、季路;文学:子游、子夏。

德行(论德行):**颜渊**(颜渊,姓颜名回,字子渊,鲁人。孔子赞其"贤","不愚",许其"可为王佐","不违仁",孔子为其早死而深感痛惜)、**闵子骞**(闵子骞,姓闵名损,字子骞,有孝名有德行。因季氏僭越而不愿为季氏家臣)、**冉伯牛**(冉伯牛,姓冉名耕,字伯牛,有重病)、**仲弓**(仲弓,姓冉名雍,字仲弓,亦作子弓。《论语》中有称其为冉子。孔子许其"可使南面",许其德行);**言语**(论言谈):**宰我**(宰我,姓宰名予,字子我。孔子许其善言语,但责其言行不相符。因宰我昼寝责其"朽木不可雕也,粪土之墙不可杇也")、**子贡**(子贡,姓端木名赐,字子贡。孔子许其为瑚琏);**政事**(论处理政事):**冉有**(冉有、姓冉名求,字子有,亦称冉有,即冉子有。冉求曾任季氏家臣,孔子因其不能阻止季氏旅泰山而责备之,但许其"千室之邑,百乘之家,可使为之宰")、**季路**(季路,姓仲名由,字子路。又叫季路。性鄙好勇力。孔子许其可治千乘之国之军需);**文学**(论文学):**子游**(子游,姓言名偃,字子游)、**子夏**(子夏,姓卜名商,字子夏。孔子许其文学,赞其"启予者商也,始可与言诗已矣")。

提示:此章中孔子弟子均以字称,不应是孔子原话,当是后人记载。

译文:孔子弟子中,论德行有:颜渊、闵子骞、冉伯牛、仲弓;论擅长辞令有:宰我、子贡;论处理政事有:冉有、季路;论文学有:子游、子夏。

4.

子曰:回也,非助我者也,于吾言无所不说。

子曰:回也(回,姓颜名回,字子渊,鲁人,孔子弟子),**非助我者也**(不是讨好我),**于吾言无所不说**(说,悦)。

提示:颜回视孔子犹父,对孔子的话真心诚服。

译文：孔子说：颜回并非讨好我，他对我的话是真心的接受。

5.
子曰：孝哉闵子骞！人不间于其父母昆弟之言。

子曰：**孝哉闵子骞**（闵子骞，姓闵名损，字子骞，孔子弟子，有孝名有德行）！**人不间于其父母昆弟之言**（间，非议，挑剔。昆弟，兄弟）。

提示：闵子骞兄弟二人，其后母又生二子。其父见其衣单手冷，后母所出二弟衣厚手暖，大怒曰：吾所以娶汝乃为吾子，今汝欺我，去无留。闵子骞曰：母在一子单，母去四子寒。其父默然。

译文：孔子说：孝啊，闵子骞！他父母弟弟对他的夸奖别人无可挑剔。

6.
南容三复白圭，孔子以其兄之子妻之。

南容三复白圭（南容，姓南宫名绾，字子容，孔子弟子。三复，反复），**孔子以其兄之子妻之**（其兄之子，孔子的侄女。妻，嫁给他为妻）。

提示：《诗·大雅·抑之》云：白圭之玷，尚可磨也，斯言之玷，不可为也。意思是玉的瑕疵可以磨去，说出的错话却无可挽回。

译文：南容反复诵咏白圭诗句以告诫自己要出言谨慎，孔子就把侄女嫁给了他。

7.
季康子问：弟子孰为好学？孔子对曰：有颜回者好学，不幸短命死矣，今也则亡，未闻好学者也。

季康子问（季康子，鲁国大夫）：**弟子孰为好学？孔子对曰：有颜回者好学**（颜回，姓颜名回，字子渊，鲁人，孔子弟子），**不幸短命死矣，今也则亡**（亡，无），**未闻好学者也。**

译文：季康子问：你弟子中谁最为好学？孔子回答说：颜回最为好学，不幸短命死了。现在没有了，未听说有谁好学了。

8.
颜渊死，颜路请子之车以为之椁。子曰：才不才，亦各言其子也。鲤也死，有棺而无椁。吾不徒行以为之椁，以吾从大夫之后，不可徒行也。

颜渊死（颜渊,姓颜名回,字子渊,鲁人,孔子弟子）,**颜路请子之车以为之椁**（颜路,颜渊之父,姓颜名无繇,字路,孔子弟子。为之椁,载运椁。椁,棺材外面的套棺）。**子曰:才不才,亦各言其子也。鲤也死**（鲤,孔鲤,字伯鱼,孔子之子）,**有棺而无椁。吾不徒行以为之椁**（我不可步行而借车给你载运椁）,**以吾从大夫之后**（从大夫之后,退休大夫。从,担任）,**不可徒行也**（按礼制,即便退休大夫也不可步行出门。孔子担任过鲁国的大司寇,位当大夫）。

提示:历来对此章的理解和断句多有误区,现笔者将此章的逻辑关系理顺如下:

一、下章有"颜渊死,门人欲厚葬之,子曰:不可。门人厚葬之",足以证明实际上颜路和孔子的弟子们还是用椁厚葬了颜渊。

二、"颜路请子之车以为之椁",是颜路要借孔子的车运载椁,而非如历来的解释,颜路要孔子卖掉车为儿子颜渊买椁。

三、"鲤也死,有棺而无椁",孔子说我儿子孔鲤死,我也没有为儿子置办椁。为什么呢?《礼记·丧大记》曰"君松椁,大夫柏椁,士杂木椁",士以下都只棺葬而不加椁。孔鲤的地位不及士,所以不可用椁。孔子说得明明白白,我不能违礼为儿子加椁。

四、"吾不徒行以为之椁,以吾从大夫之后,不可徒行也",孔子拒绝借车给颜路载运椁。他拒绝的理由有二个:我是退休大夫,行必有车,出门步行有违礼制,这是明说的理由;颜渊一介平民,用椁有违礼制,这是没有明说的理由。

孔子的言行都以礼为依据。颜渊一介平民用椁违礼,所以孔子反对颜路为儿子用椁;孔子为退休大夫,出门无车违礼,所以孔子不能借车给颜路。

译文:颜渊死,其父颜路欲借孔子的车为儿子运载椁。孔子说:无论有才能无才能,毕竟都是自己的儿子。我儿子鲤死时,只有棺而没有椁。我不可步行而借车给你载运椁,我是退休大夫,退休大夫出门不可步行。

9.
　　颜渊死,子曰:噫,天丧予,天丧予!

颜渊死（颜渊,姓颜名回,字子渊,鲁人,孔子弟子）,**子曰:噫**（叹词）,**天丧予**（予,我）,**天丧予!**

译文：颜渊死，孔子说：哎，老天要灭我，老天要灭我。

10. 颜渊死，子哭之恸。从者曰：子恸矣。曰：有恸乎？非夫人之为恸而谁为？

颜渊死（颜渊，姓颜名回，字子渊，鲁人，孔子弟子），**子哭之恸**（恸[tòng]，过于悲痛）。**从者曰：子恸矣。曰：有恸乎？非夫人之为恸而谁为**（夫人，这个人）？

译文：颜渊死，孔子哭颜渊过于悲痛。随从说：孔子过于悲痛了。孔子说：我过于悲痛吗？不为这个人还能为谁过于悲痛呢？

11. 颜渊死，门人欲厚葬之，子曰：不可。门人厚葬之。子曰：回也视予犹父也，予不得视犹子也。非我也，夫二三子也。

颜渊死，门人欲厚葬之（门人，孔子的弟子），**子曰：不可。门人厚葬之。子曰：回也视予犹父也**（予，我），**予不得视犹子也。非我也，夫二三子也**（这次违礼非我的过错，是他们几个弟子干的。夫，这个）。

提示：孔子反对弟子厚葬颜渊，因颜渊无官职，孔子不愿违礼。但弟子还是厚葬了颜渊。故孔子说："予不得视犹子也"，意思是如颜渊真是我儿子，我一定阻止厚葬。

译文：颜渊死，孔子的弟子欲行厚葬，孔子说：不可。结果弟子还是厚葬了颜渊。孔子说：颜渊视我为父，我却无法将他当成真正的儿子。这次违礼非我的过错，是他们几个弟子干的。

12. 季路问事鬼神，子曰：未能事人，焉能事鬼？曰：敢问死。曰：未知生，焉知死？

季路问事鬼神（季路，姓仲名由，字子路，又叫季路，孔子弟子。事鬼神，侍奉鬼神），**子曰：未能事人，焉能事鬼？曰：敢问死。曰：未知生，焉知死？**

提示：季路学问尚浅，还不到探讨鬼神研究生死的地步，故孔子如是回答。今人以此章认定孔子轻鬼神重人道实为曲解。

译文：季路问如何侍奉鬼神，孔子说：连人都没能侍奉好，怎么能去侍奉鬼神呢？季路又问：我斗胆问问死是怎么回事？孔子说：生都没搞懂，怎么能懂死呢？

13.

闵子骞侍侧，訚訚如也；子路，行行如也；冉子、子贡，侃侃如也。子乐，若由也不得其死然。

闵子骞侍侧（闵子，孔子弟子，姓闵名损，字子骞，有孝名有德行），**訚訚如也**（訚訚［yín］，恭敬貌）；**子路**（子路，孔子弟子，姓仲名由，字子路，又叫季路），**行行如也**（行行［háng］，刚强貌）；**冉子**（此指冉雍，孔子弟子，字仲弓，非冉有）、**子贡**（子贡，孔子弟子，姓端木名赐，字子贡），**侃侃如也**（侃侃，和乐貌）。**子乐，若由也不得其死然**（"由"与"回"篆字相近，故此句当为"若回也不得其死然"，意思是孔子很高兴，就像颜回没死时一样。"若……然"在古文中表示"仿佛……一样"）。

提示："若由也不得其死然"，篆字"由"与"回"相近，当是"若回也不得其死然"之误，"回"指颜回。此时颜回已死，仲由即子路尚活着，孔子在此场合预测并当面告知子路不得终其天年，此于情于理不通。"子乐，若回也不得其死然"，意思是孔子很高兴，就像颜回没死时一样。

译文：闵子骞在旁伺候孔子，一副恭敬的样子，子路一副刚强的样子，冉雍、子贡一副和乐的样子，孔子很高兴，就仿佛颜回没死时一样。

14.

鲁人为长府，闵子骞曰：仍旧贯，如之何？何必改作？子曰：夫人不言，言必有中。

鲁人为长府（为，改建；长府，按《左传》"公居长府"，此乃鲁君聚藏财物的别馆。为，改建），**闵子骞曰：仍旧贯**（仍旧贯，依然老样子，指鲁国的政权依旧在三家大夫手中），**如之何？何必改作？子曰：夫人不言**（夫人，此人），**言必有中**。

提示：孔子为鲁司寇时力行堕三桓，即削弱三家大夫的权力，结果因鲁定公犹豫而未成。鲁国欲改建鲁君的长府，闵子骞见三桓之势复张，故有此议论。

译文：鲁国要改建长府。闵子骞说：鲁国的政权依然由三家大夫掌握,有什么办法? 改建长府有何用。孔子说:此人要么不说,说就说到关键上。

15.

子曰:由之瑟奚为于丘之门? 门人不敬子路。子曰:由也升堂矣,未入于室也。

子曰:由之瑟奚为于丘之门(子路这样的弹瑟水平怎么会出自我的门下。由,姓仲名由,字子路,又叫季路,孔子弟子。奚,为何。丘之门,我孔丘门下)? **门人不敬子路**(门人,孔子的弟子们)。**子曰:由也升堂矣,未入于室也**(子路弹瑟技巧不错,但尚未能达到高境界)。

提示:子路性格勇武,鼓瑟声音不雅,孔子不悦,因此众弟子轻视子路。孔子为子路开脱,说他技巧不错,只是境界不够高而已。

译文:孔子说子路,你这样的弹瑟水平,怎么会出自我的门下? 于是孔子的弟子们不尊敬子路。孔子解释说:子路弹瑟的技巧不错,只是尚未能达到高境界。

16.

子贡问:师与商也孰贤? 子曰:师也过,商也不及。曰:然则师愈与? 子曰:过犹不及。

子贡问(子贡,孔子弟子,姓端木名赐,字子贡):**师与商也孰贤**(师,姓颛[zhuān]孙名师,字子张,孔子弟子。商,姓卜名商,字子夏,孔子弟子。孰,谁。贤,才能)? **子曰:师也过,商也不及**(颛孙师过了一点,卜商又缺了一点)。**曰:然则师愈与**(然则,那么;愈,超过;与,疑问词)? **子曰:过犹不及**(过和缺是一样的)。

提示:《礼记·仲尼燕居》曰“子曰:师,尔过,而商也不及。子产犹众人之母也,能食之不能教也。子贡越席而对曰:敢问将何以为此中者也? 子曰:礼乎礼,夫礼所以制中也”。此段记载证明“过”和“不及”都指人的行为,孔子说礼能节制人的行为至中正。颛孙师为人偏激,处事往往过头;卜商为人谨慎,处事往往有所不到位。这都是性格所致。

译文:子贡问:颛孙师与卜商哪个更有才能? 孔子说:颛孙师处事往往过了一点,卜商处事又往往缺那么一点。子贡说:那么颛孙师更有才能? 孔子说:过和缺一样,都不能算中正。

17.

季氏富于周公,而求也为之聚敛而附益之。子曰:非吾徒也,小
子鸣鼓而攻之可也。

季氏富于周公(季氏富有超出周公),**而求也为之聚敛而附益
之**(求,姓冉名求,字子有,亦称冉有,即冉子有,孔子弟子。冉求曾任季
氏家臣。聚敛而附益之,搜刮而增加)。**子曰:非吾徒也,小子鸣鼓而
攻之**(鸣鼓,《国语·晋语》曰"伐备钟鼓,声其罪也",鸣鼓表示声讨其罪)
可也。

提示:据传周公封鲁,取民十分之一为税赋,后鲁宣公取十分
之二,季氏掌权,将鲁国税赋一分为四,自己取其中二份。故言"季
氏富于周公"。

译文:季氏富有超出周公,但冉求还为他们搜刮以增加财富。
孔子说:冉求不再是我的弟子,你们弟子们可以鸣鼓声讨他。

18.

柴也愚,参也鲁,师也辟,由也喭。子曰:回也其庶乎屡空。赐
不受命而货殖焉,亿则屡中。

柴也愚(柴,姓高名柴,字子羔,孔子弟子),**参也鲁**(参,姓曾名
参,字子舆,孔子弟子。鲁,迟钝),**师也辟**(师,颛孙师,孔子弟子。辟,
偏激),**由也喭**(由,姓仲名由,字子路,孔子弟子。喭[yán],刚烈莽撞)。
子曰:回也其庶乎屡空(回,姓颜名回,字子渊,孔子最喜欢的弟子。
庶,庶几,几乎。屡空,恐应为"窭[lóu]空",即贫穷)。**赐不受命**(赐,
姓端木名赐,字子贡,孔子弟子。受命,当官)**而货殖焉**(货殖,囤积财
货以牟利),**亿则屡中**(推测市场行情很准。亿,预测)。

译文:高柴愚直,曾参迟钝,颛孙师偏激,仲由刚烈莽撞。孔
子说:颜回几近贫困,端木赐不愿做官而行商,他推测市场行情很
准。

19.

子张问善人之道,子曰:不践迹,亦不入于室。

子张问善人之道(子张,姓颛[zhuān]孙名师,字子张,孔子弟
子),**子曰:不践迹**(不循前人之道),**亦不入于室**(孔子说子路鼓瑟
"升堂矣,未入于室也",意思是技巧尚行但境界不高,故此处的"亦不入

于室"指境界不高）。

提示：此章的"不践迹,亦不入于室"有二解：其一,对善人
而言；其二,对子张而发。观本篇通篇是孔子对弟子们的评价,故
笔者取后者。

译文：子张问关于善人之道,孔子说：子张你不循前人圣贤
之道,境界不高。

20.

子曰：论笃是与,君子者乎,色庄者乎。

子曰：**论笃是与**（论笃,说话诚恳的人；笃,忠诚。与,赞许）,**君
子者乎,色庄者乎**（色庄者,外表故作庄重的人）。

译文：孔子说：说话诚恳我是赞许的,但要看他是君子呢,还
是故意装出来的。

21.

子路问：闻斯行诸? 子曰：有父兄在,如之何其闻斯行之。冉
有问：闻斯行诸? 子曰：闻斯行之。公西华曰：由也问闻斯行诸,子
曰有父兄在；求也问闻斯行诸,子曰闻斯行之。赤也惑,敢问。子曰：
求也退,故进之；由也兼人,故退之。

子路问（子路,姓仲名由,字子路,又叫季路,孔子弟子）：**闻斯
行诸**（听到了就行动吗,即见义勇为；闻,听；斯,就。诸,"之乎"的连
读）? **子曰：有父兄在,如之何其闻斯行之。冉有问**（冉有,姓冉名
求,字子有,亦称冉有,即冉子有,孔子弟子）：**闻斯行诸? 子曰：闻斯
行之。公西华曰**（公西华,姓公西名赤,字子华,孔子弟子）：**由也问
闻斯行诸**（由,即子路）,**子曰有父兄在；求也问闻斯行诸**（求,即
冉有）,**子曰闻斯行之。赤也惑**（赤,即公西华）,**敢问。子曰：求也
退**（退,畏缩不前）,**故进之**（进,前进）；**由也兼人**（兼人,勇武胜过
他人）,**故退之。**

提示："闻斯行诸"意思是闻义勇为。按《礼记·曲礼》云：父
母存,不许友以死,不有私财。子路勇武胜人、敢作敢为,故孔子告
知闻义不可马上勇为,要考虑自己有赡养父母敬重兄长的义务要
尽。冉有性格优柔寡断,遇事畏缩不前,故孔子鼓励他闻义勇为。

译文：子路问：听到了"义"就要"勇为"吗? 孔子说：有父
兄在,怎么可以闻义勇为。冉有问：听到了"义"就要"勇为"吗?

孔子说：要闻义勇为。公西华说：子路问要不要闻义勇为，先生说有父兄在，不可；冉有问时先生又说要闻义勇为。我不明白为何这样，斗胆问一下。孔子说：冉有遇事畏缩不前，所以我鼓励他进，子路勇武胜人，所以我压压他。

22.

子畏于匡，颜渊后。子曰：吾以女为死矣。曰：子在，回何敢死？

子畏于匡（畏，通假"围"。匡，匡邑），**颜渊后**（颜渊，姓颜名回，字子渊，鲁人，孔子弟子。后，后来赶到）。**子曰：吾以女为死矣**（女，通假"汝"，你）。**曰：子在，回何敢死**（回，颜回）？

提示：孔子从卫国去陈国，路过匡邑。因为以前鲁大夫阳虎曾领兵犯匡，而孔子长相酷似阳虎，所以匡人误以为孔子是阳虎，把他们师徒围困扣押了几天。

译文：孔子在匡邑遭难，颜渊最后赶到。孔子说：我以为你死了。颜渊说：先生尚在，我岂敢先死？

23.

季子然问：仲由、冉求可谓大臣与？子曰：吾以子为异之问，曾由与求之问。所谓大臣者，以道事君，不可则止。今由与求也，可谓具臣矣。曰：然则从之者与？子曰：弑父与君，亦不从也。

季子然问（季子然，鲁国大夫季氏子弟）：**仲由、冉求可谓大臣与**（仲由，姓仲名由，字子路，又叫季路，孔子弟子。冉求，姓冉名求，字子有，亦称冉有，即冉子有，孔子弟子。与，疑问词）？**子曰：吾以子为异之问**（子，季子然；异之问，问别的问题），**曾由与求之问**（曾，却）。**所谓大臣者，以道事君**（事，侍奉），**不可则止**（君不接受道则离去）。**今由与求也，可谓具臣矣**（具臣，办事之臣）。**曰：然则从之者与**（从，服从）？**子曰：弑父与君，亦不从也。**

提示：此章孔子言"今由与求也，可谓具臣矣"，说明孔子认为他们二人尚未达"道"。

译文：季子然问：仲由、冉求可以当大臣吗？孔子说：我以为你要问别的问题，没想到你问仲由和冉求。所谓大臣要以"道"侍奉君，如果行不通就不干。仲由和冉求可以说只是办事之臣。季子然再问：那么他们是否听从命令？孔子说：如果弑父弑君，他们也不会听从的。

24.　子路使子羔为费宰。子曰：贼夫人之子。子路曰：有民人焉，有社稷焉，何必读书然后为学。子曰：是故恶夫佞者。

子路使子羔为费宰（子路，姓仲名由，字子路，又叫季路，孔子弟子。子羔，姓高名柴，字子羔，孔子弟子。费［bì］，鲁国的一个邑。宰，长官）。**子曰：贼夫人之子**（贼，害；夫，助词，无义；人之子，他）。**子路曰：有民人焉**（民人，民指庶民，人指贵族），**有社稷焉**（社稷，社指土神，稷指谷神，此转义为土地），**何必读书然后为学。子曰：是故恶夫佞者**（是故，所以；恶，痛恨；夫，助词，无义；佞者，强词夺理）。

提示：孔子认为子羔愚且不学，不可任地方官。子路认为有人民有土地就可为政，为政就是学习，何必非读书才是学习。孔子认为子路是在强词夺理。

译文：子路让子羔当费的地方官。孔子说：你这是坑害他。子路说：有人民有土地就可为政，为政就是学习，何必非读书才是学习。孔子说：这就是为什么我痛恨善辩者强词夺理的原因。

25.　子路、曾皙、冉有、公西华侍坐。子曰：以吾一日长乎尔，毋吾以也。居则曰：不吾知也。如或知尔，则何以哉？子路率尔而对曰：千乘之国，摄乎大国之间，加之以师旅，因之以饥馑，由也为之，比及三年，可使有勇，且知方也。夫子哂之。

求，尔如何？对曰：方六七十，如五六十，求也为之，比及三年，可使足民。如其礼乐，以俟君子。

赤，尔如何？对曰：非曰能之，愿学焉。宗庙之事，如会同，端章甫，愿为小相焉。

点，尔何如？鼓瑟希，铿尔，舍瑟而作，对曰：异乎三子者之撰。子曰：何伤乎？亦各言其志也。曰：莫春者，春服既成，冠者五六人，童子六七人，浴乎沂，风乎舞雩，咏而归。夫子喟然叹曰：吾与点也。

三子者出，曾皙后。曾皙曰：夫三子者之言何如？子曰：亦各言其志也已矣。曰：夫子何哂由也？曰：为国以礼，其言不让，是故哂之。唯求则非邦也与？安见方六七十（如五六十）而非邦也者？唯赤则非邦也与？宗庙会同，非诸侯而何？赤也为之小，孰能为之大？

子路（子路，姓仲名由，字子路，又叫季路，孔子弟子）、**曾皙**（曾皙，姓曾名点，曾参之父，孔子弟子）、**冉有**（冉有，姓冉名求，字子有，亦称冉有，即冉子有，孔子弟子）、**公西华侍坐**（公西华，姓公西名赤，字子华，孔子弟子。侍坐，陪坐）。**子曰：以吾一日长乎尔，毋吾以也**（不要因为我长你们几岁就不敢开口。毋,不要;以,通"已",止,即不言)。

居则曰(居,平日):**不吾知也。如或知尔,则何以哉? 子路率尔而对曰**(率尔,不假思索):**千乘之国**(诸侯国),**摄乎大国之间**(摄,夹),**加之以师旅**(有外国大军威胁),**因之以饥馑**("因"乃"困"之误;饥馑,谷不熟为饥,蔬不熟为馑),**由也为之**(由,子路),**比及三年**(比及,等到),**可使有勇,且知方也**(知方,懂道理)。**夫子哂之**(哂[shěn],带讥讽的微笑)。

求(求,冉有),**尔如何? 对曰:方六七十**(方圆六七十里的小国),**如五六十**(汉石经残碑无"如五六十"此四字,疑为后儒所加),**求也为之,比及三年,可使足民。如其礼乐,以俟君子**(俟,等待)。

赤(赤,公西华),**尔如何? 对曰:非曰能之,愿学焉。宗庙之事**(此非指祭祀,乃朝廷接见他国使节的仪式),**如会同**(会同,诸侯会盟或一般相见),**端章甫**(整齐衣冠),**愿为小相焉**(小相,小官,助手)。

点(点,曾皙),**尔何如? 鼓瑟希**(希,稀疏。因孔子问他话,故瑟声稀疏),**铿尔**(铿尔,停止弹瑟的最后一声),**舍瑟而作**(作,站起),**对曰:异乎三子者之撰**(撰,才具)。**子曰:何伤乎**(有何关系)? **亦各言其志也。曰:莫春者**(莫春,暮春),**春服既成,冠者五六人**(冠者,成年人,此指刚成年的年轻人),**童子六七人,浴乎沂**(沂,沂水),**风乎舞雩**(舞雩[yú],舞雩坛,求雨的祭坛),**咏而归。夫子喟然叹曰**(喟[kuì]然,叹息貌):**吾与点也**(与,赞同)。

三子者出(子路、冉有、公西华三人出来),**曾皙后**(曾皙在最后)。**曾皙曰:夫三子者之言何如? 子曰:亦各言其志也已矣。曰:夫子何哂由也? 曰:为国以礼,其言不让**(他的话不谦虚),**是故哂之。唯求则非邦也与**(难道冉求不是有志于为国家吗。唯,语首助词,无义。求,冉求。非邦,不是为国家)? **安见方六七十**(如五六十)**而非邦也者**(安见,哪见过)? **唯赤则非邦也与**(赤,公西华)? **宗庙会同,非诸侯而何**(不是诸侯们处理国家大事又是什么呢)? **赤也为之小,孰能为之大**(公西华只能当小助手,那何人能当大助手呢)?

提示:孔子讥讽子路是因为他的话太不谦虚,孔子评论冉求公西华是因为他们二人过于谦虚,孔子并非真的赞同曾皙逍遥隐世,是为自己不得伸展抱负而与曾皙有同感,所以他是叹息着说的。

译文:子路、曾皙、冉有、公西华四人陪孔子坐着。孔子说:

不要因为我长你们几岁就不敢开口，平时你们说"没人了解我"，假使有人了解你们，你们有何志向？子路不假思索答道：一个诸侯国，夹在大国之间，有外国大军威胁，有连年灾荒之患，让我治理的话，等到三年，可使人人有勇且懂道理。孔子讥讽地微笑一下。

孔子问：冉求你如何？冉求答道：方圆六七十里的小国让我治理的话，等到三年，可使民富足。至于礼乐教化，那要靠君子了，我不行。

孔子问：公西华你如何？公西华答道：我不敢说有能力，只是想学着做一做。朝廷的接见仪式，譬如诸侯的会盟啦，他国使节的接见啦，我愿意衣冠整齐地站在边上当个小助手。

孔子又问：曾皙你如何？曾皙听到孔子的问话，瑟声稀疏下来，铿的一声把瑟放下，站起来答道：我没他们三人的才能。孔子说：那又何妨？只是各谈各的志向罢了。曾皙说：暮春三月，穿着春服，与五六个年轻人，带上六七个童子，在沂水中洗把脸，在舞雩坛上享受着春风，一路唱着歌回来。孔夫子叹息道：我赞同曾皙的志向。

子路、冉有、公西华三人出来，曾皙在最后。他问孔子：他们三人的话如何？孔子说：只是谈谈个人的志向而已。曾皙问：先生为何讥笑子路？孔子说：治国以礼，他的话不谦虚，所以我讥笑他。难道冉求不是有志于为国家吗？哪有方圆六七十里的还不算个国家的？难道公西华不是有志于为国家吗？诸侯会盟和使节接见，不是诸侯们处理国家大事又是什么呢？他只能当小助手，那何人能当大助手呢？

颜渊第十二

本篇记述孔子论仁、明、君子,以及如何为政,如何交友等。

1.

颜渊问仁。子曰:克己复礼为仁。一日克己复礼,天下归仁焉。为仁由己,而由人乎哉? 颜渊曰:请问其目? 子曰:非礼勿视,非礼勿听,非礼勿言,非礼勿动。颜渊曰:回虽不敏,请事斯语矣。

颜渊问仁(颜渊,姓颜名回,字子渊,鲁人,孔子弟子)。**子曰:克己复礼为仁**(克己,约束自己的私欲;复礼,恢复行周礼;为仁,就是仁)。**一日克己复礼,天下归仁焉。为仁由己**(为仁,行仁),**而由人乎哉? 颜渊曰:请问其目**(目,具体条目)**? 子曰:非礼勿视,非礼勿听,非礼勿言,非礼勿动。颜渊曰:回虽不敏,请事斯语矣**(请允许我照此实行。请,敬辞,表示请允许我如此做;事,做)。

提示:《左传·昭公十二年》云"仲尼曰:古也有志,克己复礼,仁也",可见"克己复礼为仁"乃古代成语,并非孔子的发明。

周王室与各国诸侯,诸侯与诸侯之间,原本都是兄弟亲戚。但到了孔子所处的春秋时代,这些诸侯国完全无视周礼所规定的对周王室的义务,完全不顾亲情,你征我伐,相互侵蚀。所以孔子认为,唯有约束私欲,恢复周礼,才能达到仁政。

译文:颜渊问仁的定义,孔子说:约束私欲,恢复周礼,这就是仁。一旦做到约束私欲,恢复周礼,天下就归于仁了。实行仁得靠自己,能靠别人吗? 颜渊说:能告诉我实行仁的具体条目吗? 孔子说:不合礼的不看,不合礼的不听,不合礼的不说,不合礼的不做。颜渊说:我虽不聪慧,但愿照此实行。

2.

仲弓问仁,子曰:出门如见大宾,使民如承大祭。已所不欲,勿施于人。在邦无怨,在家无怨。仲弓曰:雍虽不敏,请事斯语矣。

仲弓问仁(仲弓,姓冉名雍,字仲弓,亦作子弓,孔子弟子),**子曰:**

出门如见大宾,使民如承大祭（"出门如宾,承事如祭",古代成语,言待人接物应如接待宾客般恭敬有礼,处理政事应如祭神般谨慎虔诚。使民,使百姓服劳役）。**已所不欲,勿施于人。在邦无怨**（为官任职,无人抱怨。在邦,为国家做官）,**在家无怨**（在家里不被父母兄弟家人抱怨）。**仲弓曰:雍虽不敏**（雍,仲弓）,**请事斯语矣**（请允许我照此实行。请,敬辞,表示请允许我如此做;事,做）。

提示:《史记·仲尼弟子列传》作"仲弓问政",看来司马迁有误。

译文:仲弓问仁的定义。孔子说:待人接物应如接待宾客般恭敬有礼,使役百姓应如祭神一样谨慎虔诚,自己所不愿意的不要强加于人,不论为国做官,还是在家里,都不被人抱怨。仲弓说:我虽不聪慧,但愿照此实行。

3.
　　司马牛问仁,子曰:仁者,其言也讱。曰:其言也讱,斯谓之仁已乎?子曰:为之难,言之得无讱乎。

司马牛问仁（司马牛,姓司马名耕,字子牛,孔子弟子。司马牛是宋国贵族,孔子途经宋国时险遭司马桓魋杀害,司马桓魋就是他哥哥）,**子曰:仁者,其言也讱**（讱[rén],言语谨慎）。**曰:其言也讱,斯谓之仁已乎?子曰:为之难,言之得无讱乎。**

提示:《礼记》云:仁之为器重,其为道远,举者莫能胜也,行者莫能致也。所以轻言"为仁"者,往往口是心非。

译文:司马牛问仁的定义。孔子说:仁者,言语谨慎。司马牛问:仅仅言语谨慎就叫仁吗?孔子说:仁做起来难,说起来能不谨慎吗?

4.
　　司马牛问君子,子曰:君子不忧不惧。曰:不忧不惧,斯谓之君子已乎?子曰:内省不疚,夫何忧何惧?

司马牛问君子（司马牛,姓司马名耕,字子牛,孔子弟子）,**子曰:君子不忧不惧**（仁者不忧,勇者不惧）。**曰:不忧不惧,斯谓之君子已乎?子曰:内省不疚**（内省,内心自省）,**夫何忧何惧**（夫,语助词）**?**

译文:司马牛问怎么才算君子,孔子说:君子不忧不惧。司马牛问:仅不忧不惧这就算君子吗?孔子说:内心自省无愧疚,有什么可忧可惧的呢?

5.

司马牛忧曰：人皆有兄弟，我独亡。子夏曰：商闻之矣，死生有命，富贵在天。君子敬而无失，与人恭而有礼。四海之内，皆兄弟也。君子何患乎无兄弟也。

司马牛忧曰（司马牛，姓司马名耕，字子牛，孔子弟子）：**人皆有兄弟，我独亡**（司马牛乃宋国贵族，其兄弟巢、魋、子硕、子车皆因参与叛乱而败，以致家族衰亡，故司马牛叹其无兄弟）。**子夏曰**（子夏，孔子弟子，姓卜名商，字子夏）：**商闻之矣**（商，子夏），**死生有命，富贵在天。君子敬而无失，与人恭而有礼。四海之内，皆兄弟也。君子何患乎无兄弟也。**

译文：司马牛忧虑地说：人人都有兄弟，惟独我没有。子夏说：我听说"生死有命，富贵在天"。君子做事认真无差错，待人恭敬有礼，天下的人都是你的兄弟，君子何须担忧无兄弟呢？

6.

子张问明，子曰：浸润之谮、肤受之愬，不行焉，可谓明也已矣。浸润之谮、肤受之愬，不行焉，可谓远也已矣。

子张问明（子张，姓颛[zhuān]孙名师，字子张，孔子弟子。明，明察），**子曰：浸润之谮**（如水渐渐浸润那样的谗言，使听者不知不觉接受。谮[zèn]，谗言）、**肤受之愬**（浮泛不实的诬告。肤受，浮泛不实；愬[sù]，诬告），**不行焉，可谓明也已矣。浸润之谮、肤受之愬，不行焉，可谓远也已矣**（远，视野远大）。

提示："明"是微观，"远"是宏观，不信谗言诬告，才能真正洞察事理。

译文：子张问怎样才算明察，孔子说：像水那样渐渐浸润你的谗言，浮泛不实的诬告，在你那里行不通，这就是明察，这也就是目光远大。

7.

子贡问政，子曰：足食，足兵，民信之矣。子贡曰：必不得已而去，于斯三者何先？曰：去兵。子贡曰：必不得已而去，于斯二者何先？曰：去食。自古皆有死，民无信不立。

子贡问政（子贡，姓端木名赐，字子贡，孔子弟子），**子曰：足食**（使粮食充足），**足兵**（使兵员充足），**民信之矣**（民众信任政府）。

子贡曰：**必不得已而去，于斯三者何先**（必不得已必须减省的话，三个之中先减哪个）？**曰：去兵**（减兵员）。**子贡曰：必不得已而去，于斯二者何先？曰：去食。自古皆有死，民无信不立。**

提示：此章"去兵""去食"并非无兵无食，"民以食为天"，岂可一日无食？"去"者乃减省之谓。足食足兵乃为政之理想条件，唯守信乃为政之必要条件，无信则国将不国。

译文：子贡问如何为政，孔子说：必需粮食足，兵员足，民众信任政府。子贡问：必不得已必须减省的话，三个之中先减哪个？孔子说：减兵员。子贡又问：必不得已还得减省的话，二个之中先减哪个？孔子说：减粮食。自古人都有一死，但民众对政府不信任，政府就无法存在下去。

8.

棘子成曰：君子质而已矣，何以文为？子贡曰：惜乎，夫子之说君子也，驷不及舌。文犹质也，质犹文也，虎豹之鞹犹犬羊之鞹。

棘子成曰（棘子成，卫国大夫）：**君子质而已矣，何以文为**（君子只要本质好就可以了，何必还要文采呢。质，本质；文为，文采的培训）？**子贡曰**（子贡，姓端木名赐，字子贡，孔子弟子）：**惜乎**（可惜了。子贡是对棘子成上述错误言论无法收回表惋惜），**夫子之说君子也**（你这番对君子的言论。夫，语助词；子，指棘子成；说，言论），**驷不及舌**（四匹马拉的马车都难以追回了）。**文犹质也，质犹文也**（文采等同本质，本质等同文采），**虎豹之鞹犹犬羊之鞹**（鞹[kuò]，去了毛的皮。此句解释详见提示）。

提示：质是人先天的本质，文是经礼乐教化后人的文采，孔子说"文质彬彬，然后君子"。棘子成说只要本质好就是君子，无须文采。子贡为他的错误言论无法收回而深表惋惜。子贡反驳说，虎豹和犬羊都有皮和毛，质就好比是皮，文就好比是毛，假如按你的说法，文等同质质等同文，那么去了毛后，虎豹皮就等同犬羊皮，正因为毛色不同，虎豹是虎豹，犬羊是犬羊。言下之意，质好只是个好人，若不经礼乐教化，充其量就是个本质好的小人而已，唯有经礼乐教化形成文采，才是君子。

译文：棘子成说：只要本质好就是君子，何必非要文采的培训呢？子贡说：可惜了，你这番对君子的言论，就连四马拉车也难以追回了。假如文采等同本质，本质等同文采，那么去了毛后，虎豹皮就等同犬羊皮了。

9.

哀公问于有若曰：年饥，用不足，如之何？有若对曰：盍彻乎？
曰：二，吾犹不足，如之何其彻也？对曰：百姓足，君孰与不足？百
姓不足，君孰与足？

哀公问于有若曰（哀公，鲁哀公。有若，姓有名若，亦称有子，孔子
弟子）：**年饥**（年成饥荒），**用不足**（国家开支不够），**如之何？有若对
曰：盍彻乎**（盍［hé］，何不。彻，周朝的什一税，即农民用收成的十分
之一交税）？**曰：二**（二，什二而税，即抽取十分之二为税），**吾犹不足，
如之何其彻也**（怎么能什一而税）？**对曰：百姓足，君孰与不足？百
姓不足，君孰与足**（谁给你国君富足，此为"孰与君足"的倒装句）？

提示：据刘向《说苑·政理》记载，鲁哀公问政于孔子，孔子
提出"薄赋敛"即减少税收，鲁哀公说那我不是穷了吗？孔子回
答：诗云"恺悌君子，民之父母"，未有其子富而父母贫者也。说
明有若秉承孔子的思想，主张"放水养鱼"，反对"竭泽而渔"。

译文：鲁哀公问有若：年成不好，国家开支不够，应该怎么
办？有若回答：何不什一而税？鲁哀公说：什二而税我都不够，
怎么能什一而税？有若回答：百姓富足，谁会给你国君不富足？
百姓不富足，谁给你国君富足呢？

10.

子张问崇德、辨惑，子曰：主忠信，徙义，崇德也。爱之欲其生，
恶之欲其死。既欲其生，又欲其死，是惑也。诚不以富，亦祇以异。

子张问崇德、辨惑（子张，姓颛［zhuān］孙名师，字子张，孔子弟
子。崇德，尊崇道德；辨惑，辩疑惑），**子曰：主忠信**（以忠信为根本），
徙义（追随义），**崇德也。爱之欲其生**（爱他时希望他活），**恶之欲其
死**（恨他时希望他死），**既欲其生，又欲其死，是惑也。诚不以富，亦
祇以异**（此二句出自《诗经·小雅·我行其野》，本意是"即便你让我留
住你国，也仅出于恭敬而已"。孔子巧妙地将之转义，用作对"惑"的批判，
孔子的意思是"即便你恨他，也不必让他死，客客气气对他就是了"）。

提示："诚不以富，亦祇以异"历来注疏认为乃错简，其实是
他们读不懂《诗经》的缘故。此二句出自《诗经·小雅·我行其野》，
因为历来误读此诗为富裕的女家驱赶贫穷女婿出门，故这二句也
不得确解。此诗说的是，一个失国诸侯流落到与其有姻亲关系的
另一诸侯国，然而该国国君正以联姻与别国建立新的同盟，故不

以礼待之,该失国诸侯不得不返回自己国家。该诗末段"我行其野,言采其葍。不思旧姻,求尔新特。成不以富,亦祗以异",其中"富"乃"复"之误,训为回归;"异"通假"翼",训为恭敬。末段大意是:我走在荒野中,采蔓草为食。你不顾我们旧的姻亲关系,寻求新的联姻。即便你让我留住你国,也仅出于恭敬。(详见拙作《诗经释疑》)孔子在此巧妙地将这二句转义借用,以表达自己对"惑"的批判。孔子的意思是,"即便你恨他,也不必让他死,客客气气对他就是了"。

译文:子张问如何尊崇道德辩疑惑,孔子说:以忠信为根本,追随义,这就是尊崇道德。爱他时希望他活,恨他时希望他死,既希望他活又希望他死,这就是惑。即便你恨他,也不必让他死,客客气气对待就是了。

11.

齐景公问政于孔子。孔子对曰:君君、臣臣、父父、子子。公曰:善哉。信如君不君、臣不臣、父不父、子不子,虽有粟,吾得而食诸?

齐景公问政于孔子。孔子对曰:君君(君主要行君主之道。下同)**、臣臣、父父、子子。公曰:善哉。信如君不君**(信,的确)**,臣不臣、父不父、子不子,虽有粟,吾得而食诸**(粟,粮食。诸,"之乎"的连读)?

提示:齐景公厚敛于民,其大夫陈氏则厚施于民而尽得民心,故齐景公有失国之忧。孔子此对有警告之意。

译文:齐景公问孔子有关治理国家的问题,孔子答道:君主要行君主之道,臣子要行臣子之道,父亲要行父亲之道,儿子要行儿子之道。齐景公说:说的好。确实如果君主不行君主之道,臣子不行臣子之道,父亲不行父亲之道,儿子不行儿子之道,即使有粮食,我能吃得到吗?

12.

子曰:片言可以折狱者,其由也与。子路无宿诺。

子曰:片言可以折狱者(片言,诉讼的一方之辞。折狱,断狱)**,其由也与**(由,姓仲名由,字子路,又叫季路,孔子弟子)。**子路无宿诺**(子路当天承诺的必当天兑现;宿诺,承诺之事隔天兑现。孔子是子

122

路的老师,称其名由可以,但不该尊称其字子路,故这句应不是孔子的话,而是他人对子路的评价)。

提示:子路行事果断但鲁莽,孔子说他可以凭一方之辞断狱,未必是褒子路。

译文:孔子说:凭一方之辞可以断狱的怕就只有仲由吧。旁人说因为仲由性格果断不喜拖拉。

13.

子曰:听讼,吾犹人也。必也使无讼乎。

子曰:**听讼**(听讼,审理诉讼),**吾犹人也。必也使无讼乎**(使无讼,使得不发生诉讼)。

提示:孔子虽为鲁国大司寇即大法官,但他主张"导之以德,齐之以礼",最终达到无人诉讼,和平相处。

译文:孔子说:审理诉讼,我跟别人一样。但最好能使人们不发生诉讼。

14.

子张问政,子曰:居之无倦,行之以忠。

子张问政(子张,姓颛[zhuān]孙名师,字子张,孔子弟子),**子曰:居之无倦**(居,在官位),**行之以忠。**

译文:子张问如何行政,孔子说:做官不可懈怠,行事要出自忠诚。

15.

子曰:博学以文,约之以礼,亦可以弗畔矣夫。

提示:此章已见于《雍也》篇。

16.

子曰:君子成人之美,不成人之恶,小人反之。

子曰:君子成人之美(成人之美,助人作好事),**不成人之恶**(恶,坏事),**小人反之。**

提示:君子有做事的准则,不为助人而助人。

译文:君子助人作好事,不助人作坏事,小人则相反。

17.
季康子问政于孔子。孔子对曰：政者正也。子帅以正，孰敢不正。

季康子问政于孔子（季康子，鲁国大夫）。**孔子对曰：政者正也**（正，正道）。**子帅以正**（子，对季康子的尊称。帅，领头），**孰敢不正**。

提示：季康子时为司徒上卿，乃百官之首，诸臣之帅。

译文：季康子问孔子如何行政，孔子答道：政就是正，你带头正，谁敢不正？

18.
季康子患盗，问于孔子。孔子对曰：苟子之不欲，虽赏之不窃。

季康子患盗（患盗，苦于盗匪猖獗），**问于孔子。孔子对曰：苟子之不欲**（苟，如果；不欲，不贪欲），**虽赏之不窃**。

译文：季康子苦于盗匪猖獗，问孔子有何办法。孔子答道：如果你自己不贪欲，即使奖励他们去偷盗，他们也不会干的。

19.
季康子问政于孔子曰：如杀无道，以就有道，何如？孔子对曰：子为政焉用杀？子欲善，而民善矣。君子之德风，小人之德草，草上之风必偃。

季康子问政于孔子曰：如杀无道，以就有道（就，成就），**何如？孔子对曰：子为政焉用杀？子欲善，而民善矣。君子之德风，小人之德草，草上之风必偃**（上，施加；偃，仆倒）。

提示：鲁有父子诉讼，季康子欲杀之，孔子曰：未可杀也，夫民为不善，则是上失其道，上陈之教而先服之，则百姓从风矣。

译文：季康子向孔子请教行政说：如果杀掉无道的来成就有道的，如何？孔子答道：你行政何必用杀呢？你想要善，民众就会善。君子的品德是风，民的品德是草，风吹向哪里草就倒向哪里。

20.
子张问：士何如斯可谓之达矣？子曰：何哉尔所谓达者？子张对曰：在邦必闻，在家必闻。子曰：是闻也，非达也。夫达也者，质直而好义，察言而观色，虑以下人。在邦必达，在家必达。夫闻也者，色取仁而行违，居之不疑。在邦必闻，在家必闻。

子张问（子张，姓颛[zhuān]孙名师，字子张，孔子弟子）：**士何如**

斯可谓之达矣（达，成功）？ **子曰：何哉尔所谓达者**（你所谓的成功是什么）？ **子张对曰：在邦必闻**（邦，国；闻，闻名），**在家必闻**（家，指在卿大夫家供职）。**子曰：是闻也，非达也。夫达也者，质直而好义，察言而观色，虑以下人**（想着谦下待人）。**在邦必达，在家必达。夫闻也者，色取仁而行违**（表面行仁实质违仁；色，表面），**居之不疑**（深信自己是仁）。**在邦必闻，在家必闻。**

提示：《大戴礼记·曾子制言上》云：弟子问于曾子曰：夫士何如则可以为达矣？ 曾子曰：不能则学，疑则问，欲行则比贤，虽有险道，循行达矣。

孔子将"成功"与"闻名"视作相反的二种人，成功者仁且谦下，是君子；闻名者多虚伪，貌似仁而实违之，是小人。少正卯是鲁国的闻人，孔子谓其"居处足以聚徒成群，言谈足以饰邪营众，强足以反是独立，此小人之桀雄也，不可不诛也"。

译文：子张问：士怎么才可称得上成功？ 孔子说：你所谓的成功是什么？ 子张说：就是在诸侯国在卿大夫家能闻名。孔子说：那是闻名，不是成功。成功者，是天性质朴而喜爱道义，善于观察别人的神色，想着谦下待人。这种人在诸侯国在卿大夫家任职必能成功。而闻名者，则是表面行仁实质违仁，却以仁人自居而不疑。这种人在诸侯国在卿大夫家做官能博得名声。

21.

樊迟从游于舞雩之下，曰：敢问崇德、修慝、辩惑。子曰：善哉问。先事后得，非崇德与？ 攻其恶，无攻人之恶，非修慝与？ 一朝之忿，忘其身，以及其亲，非惑与？

樊迟从游于舞雩之下（樊迟，姓樊名须，字子迟，孔子弟子。从，此指跟随孔子；舞雩［yú］，鲁国祭天求雨的地方），**曰：敢问崇德、修慝**（修慝［tè］，修身去恶）、**辩惑。子曰：善哉问。先事后得**（先做事，后计得），**非崇德与？ 攻其恶，无攻人之恶**（批自身的缺点错误，不攻击别人的缺点错误），**非修慝与？ 一朝之忿**（一时的忿怒），**忘其身**（忘记自身的危险），**以及其亲**（殃及父母亲人），**非惑与？**

提示：孔子教化弟子因人而异、由浅而入，对樊迟孔子导以：先做事，后计得，即崇德；厚于自躬薄责于人，即修慝；忿不顾身以至殃及父母亲人，即惑。

译文：樊迟随孔子游于舞雩之下，问孔子：敢问什么是崇德、

修慝、辩惑？孔子说：问得好。先做事，后计得，这不是崇德吗？批自身的缺点错误，不攻击别人的缺点错误，这不是修慝吗？因一时的忿怒，忘记自身的危险，以至殃及父母亲人，这不就是惑吗？

22.

樊迟问仁，子曰：爱人。问知，子曰：知人。樊迟未达。子曰：举直错诸枉，能使枉者直。樊迟退，见子夏曰：乡也吾见于夫子而问知，子曰"举直错诸枉，能使枉者直"，何谓也？子夏曰：富哉言乎。舜有天下，选于众，举皋陶，不仁者远矣。汤有天下，选于众，举伊尹，不仁者远矣。

樊迟问仁（樊迟，姓樊名须，字子迟，孔子弟子），**子曰：爱人。问知**（知，通假"智"），**子曰：知人。樊迟未达**（未达，未听懂）**。子曰：举直错诸枉，能使枉者直**（提拔正直的人在邪恶的人之上，能使邪恶的人变得正直；举，放；错，置于；枉，弯）**。樊迟退，见子夏曰**（子夏，孔子弟子，姓卜名商，字子夏）**：乡也吾见于夫子而问知**（乡也，之前，刚才）**，子曰"举直错诸枉，能使枉者直"，何谓也？子夏曰：富哉言乎**（这话含义深刻啊）**。舜有天下**（舜，五帝之一，我国父系氏族社会后期部落联盟的贤明首领）**，选于众**（在众人中挑选）**，举皋陶**（皋陶[gǎo yáo]，舜时掌刑狱的大臣）**，不仁者远矣**（那些不仁的人就远离了）**。汤有天下**（汤，成汤，商朝的开国之君）**，选于众，举伊尹**（伊尹，成汤时的贤臣）**，不仁者远矣。**

提示：孔子所谓的"仁"即爱人，"知"即知人善用。

译文：樊迟问什么是仁，孔子说：仁就是爱人。樊迟问什么是智，孔子说：智就是知人善用。樊迟不明白，孔子又说：提拔正直的人在邪恶的人之上，能使邪恶的人变得正直。樊迟退下后见到子夏问：刚才见先生我问什么是智，夫子说"提拔正直的人在邪恶的人之上，能使邪恶的人变得正直"，什么意思？子夏说：这话含义深刻啊。舜拥有天下，在众人中挑选，提拔任用皋陶，那些不仁的人就远离了。汤拥有天下，在众人中挑选，提拔任用伊尹，那些不仁的人就远离了。

23.

子贡问友，子曰：忠告而善道之，不可则止，毋自辱焉。

子贡问友（子贡，姓端木名赐，字子贡，孔子弟子。友，交友）**，子**

曰：**忠告而善道之**（道，通假"导"，引导）**，不可则止**（如果他不听就作罢）**，毋自辱焉**（自辱，自找侮辱）。

提示：子贡好诋毁人，其朋友不堪忍受，告之孔子"子贡方人"，此章恐与此有关。

译文：子贡问如何交友，孔子说：朋友有不当之处，应诚心地劝告他，善意地引导他，如果他不听就作罢，不要自找侮辱。

24.

曾子曰：君子以文会友，以友辅仁。

曾子曰（曾子，孔子弟子，姓曾名参，字子舆）**：君子以文会友，以友辅仁。**

译文：曾子说：君子以诗书礼乐结交朋友，以朋友辅助自己求仁。

子路第十三

本篇主要记述孔子论为政。

1.
　　子路问政,子曰:先之劳之。请益。曰:无倦。

子路问政(子路,姓仲名由,字子路,又叫季路,孔子弟子),**子曰:先之劳之**(身先士卒,然后才让民众出力)。**请益**(请益,请求多讲点)。**曰:无倦**(不要懈怠)。

　　译文:子路问如何当官行政。孔子说:身先士卒,然后劳民。子路请求再多讲点,孔子说:不要懈怠工作。

2.
　　仲弓为季氏宰,问政,子曰:先有司,赦小过,举贤才。曰:焉知贤才而举之? 曰:举尔所知。尔所不知,人其舍诸?

仲弓为季氏宰(仲弓,姓冉名雍,字仲弓,亦作子弓,孔子弟子。季氏,鲁国的贵族家族。宰,大管家),**问政,子曰:先有司**(先为下级官吏做出榜样,有司,下级官吏),**赦小过,举贤才。曰:焉知贤才而举之? 曰:举尔所知。尔所不知,人其舍诸**(别人会舍弃他吗;诸,"之乎"的连读)?

　　译文:仲弓做季氏的大管家,向孔子请教如何当官为政。孔子说:先为下级官吏做出榜样,宽容他们的小过错,举荐优秀人才。仲弓问:怎么知道是优秀人才而举荐呢? 孔子说:举荐你所了解的。你所不了解的,难道别人会舍弃他而不用吗?

3.
　　子路曰:卫君待子而为政,子将奚先? 子曰:必也正名乎。子路曰:有是哉子之迂也。奚其正? 子曰:野哉,由也。君子于其所不知,盖阙如也。名不正则言不顺,言不顺则事不成,事不成则礼乐不兴,礼乐不兴则刑罚不中,刑罚不中则民无所错手足。故君子名之必可言也,言之必可行也。君子于其言，无所苟而已矣。

子路曰（子路，姓仲名由，字子路，又叫季路，孔子弟子）：**卫君待子而为政**（卫君等待先生去主政；卫君，当是卫灵公的孙子蒯辄），**子将奚先**（奚，什么）？**子曰：必也正名乎**（正名，按礼制纠正名分）。**子路曰：有是哉子之迂也**（"子之迂也有是哉"的倒装句，先生竟迂腐到这个地步了。是，这样）。**奚其正？子曰：野哉，由也**（由，子路）。**君子于其所不知，盖阙如也**（盖，大概；阙如，存疑态）。**名不正则言不顺，言不顺则事不成，事不成则礼乐不兴，礼乐不兴则刑罚不中**（刑罚不中，刑罚不当），**刑罚不中则民无所错手足**（民无所错手足，民不知如何行事；错，措）。**故君子名之必可言也**（确定君子的名分，他必能说话），**言之必可行也。君子于其言，无所苟而已矣**（无所苟，无半点含糊之处）。

提示：此章的卫君应是卫灵公的孙子卫出公蒯辄。其父太子蒯聩因得罪卫灵公夫人南子而流亡在晋国，但他的太子名分并没被取消，所以卫灵公死后，蒯聩就回国与儿子卫出公蒯辄争夺君位。孔子认为蒯辄的君位有点"名不正"，所以首要的是"正名"。

译文：子路说：卫国国君等待先生去主政，先生将从哪里入手？孔子说：必须正名分。子路说：先生竟如此迂腐，正什么名分？孔子说：由啊，你真粗鲁，大凡君子对不懂的事都取存疑的态度。如果名分不正则言语不能顺当，言语不顺当则事难办成，事办不成则礼乐不能兴，礼乐不兴则刑罚会不当，刑罚不当则百姓不知如何行事。君子定了名分必定能说话，说了话必定能实行。君子的言语，只要无半点含糊就行。

4.

樊迟请学稼，子曰：吾不如老农。请学为圃，曰：吾不如老圃。樊迟出。子曰：小人哉，樊须也。上好礼则民莫敢不敬，上好义则民莫敢不服，上好信则民莫敢不用情。夫如是则四方之民襁负其子而至矣，焉用稼？

樊迟请学稼（樊迟，姓樊名须，字子迟，孔子弟子。稼，种地），**子曰：吾不如老农**（老农，有经验的农夫）。**请学为圃**（为圃，种菜），**曰：吾不如老圃**（老圃，有经验的菜农）。**樊迟出。子曰：小人哉，樊须也**（此非孔子贬低樊迟，指其所问乃小人之事，非君子之事）。**上好礼则民莫敢不敬，上好义则民莫敢不服，上好信则民莫敢不用情**（用

言之必可行也。君子于其言，无所苟而已矣。

129

情,讲真话无欺隐)。**夫如是则四方之民襁负其子而至矣**(襁负其子,背儿携女),**焉用稼**?

译文:樊迟向孔子请教种庄稼,孔子说我不如老农;请教种菜,孔子说我不如老菜农。樊迟退下后孔子说:樊迟没大出息。当权者讲求礼,百姓没人敢不敬重礼仪;当权者讲求义,百姓没人敢不驯服;当权者讲信用,百姓没人敢不讲真话。如果这样,四方百姓一定背儿携女来投奔,用得到自己学种庄稼吗?

5.

子曰:诵《诗》三百,授之以政,不达;使于四方,不能专对;虽多亦奚以为?

子曰:诵《诗》三百(读《诗经》三百首),**授之以政,不达**(让他处理政务却办不通。达,办妥);**使于四方**(派他出使各国),**不能专对**(专对,单独应对);**虽多亦奚以为**(奚以为,有何用。奚,何事;为,做)?

提示:孔子的春秋时代,人以《诗经》了解先人的为政之理,用《诗经》作外交应答,这就是所谓的"引经据典"。

译文:孔子说:熟读《诗经》三百首,授他以政事,他办不妥;让他出使各国,他不能独立应对;诗即使读得再多又有什么用呢?

6.

子曰:其身正,不令而行;其身不正,虽令不从。

子曰:其身正,不令而行(不令,不下命令);**其身不正,虽令不从**。

译文:孔子说:当权者自身行为端正,即使不下命令百姓也会执行;当权者自身行为不正,即使下命令百姓也不会服从。

7.

子曰:鲁卫之政,兄弟也。

子曰:鲁卫之政(政,政事),**兄弟也**。

提示:鲁国始祖周公旦和卫国始祖卫康叔都是周武王的姬姓同母弟,所以周朝众多诸侯国中,这二国是兄弟关系。但孔子明明说的是"鲁卫之政兄弟也",并不是"鲁卫兄弟也",这就说明孔子要表达的是鲁卫两国的政治有相似之处,而非仅鲁卫是兄弟之国。查鲁国历史,鲁桓公长子名同,即后来继位的鲁庄公。鲁桓公次子排行老二,称孟,他的后代就是孟孙氏家族;老三称叔,他的后代就是叔孙氏家族;老四称季,他的后代就是季孙氏家族。这三个家族的长子既掌家族之权,作为鲁国大夫,也掌鲁国实权,所以后来鲁国的政权一分为四,鲁君只占四分之一,其余三分由三家族执掌,故称三桓。孔子时代,鲁国始终处于鲁君与三桓争夺国家政权中。至于卫国的历史,据《左传·定公十四年》记载,宋朝与卫灵公夫人南子私通,太子蒯聩〔kuí〕欲杀南子未遂而逃宋国。卫灵公死,南子不让太子蒯聩回国继位,卫国立蒯聩之子蒯辄〔zhé〕为国君,而太子蒯聩在晋国支持下回国与其子蒯辄争夺君位。鲁卫两国都为争夺政权而内讧,纲纪缺失,法度被弃,国政混乱,国力衰败,所以孔子说这两国的政治如同兄弟一样。

译文:孔子说:鲁国和卫国的政治,如同兄弟一般。

8.

子谓卫公子荆善居家。始有曰:苟合矣。少有曰:苟完矣。富有曰:苟美矣。

子谓卫公子荆善居家(公子荆,卫大夫。居家,治家)。**始有曰**(始有,刚有些财物):**苟合矣**(够充足了。苟,通假"够",算得上;合,足);**少有曰**(少有,稍微有点丰富):**苟完矣**(完,完备);**富有曰**(富有,财物富足):**苟美矣**(美,完美)。

提示:《左传》记载"卫多君子,未有患也",其中包括公子荆。此章言公子荆治家不奢侈。

译文:孔子评论卫国的公子荆善于治家。刚有些财物时他说:够充足了;财物稍多一点时他说:够完备了。当财物富足时他说:够完美了。

9.

子适卫,冉有仆。子曰:庶矣哉。冉有曰:既庶矣又何加焉?曰:富之。曰:既富矣又何加焉?曰:教之。

子适卫,冉有仆(适,前往。冉有,姓冉名求,字子有,亦称冉有,即冉子有,孔子弟子。仆,驾车人)。**子曰:庶矣哉**(庶,人口多)。**冉**

有曰：**既庶矣又何加焉**（人口已多了还该做些什么。加，增加）？**曰：富之**（富，使之富裕）。**曰：既富矣又何加焉？曰：教之**（教，使之得到教化）。

译文：孔子前往卫国，冉有为他驾车。孔子说：卫国人真多啊。冉有说：人口已多了还该做些什么？孔子说：使他们富裕。冉有又说：已富裕了还该做些什么？孔子说：对他们进行教化。

10.

子曰：苟有用我者，期月而已可也，三年有成。

子曰：苟有用我者（苟，如果），**期月而已可也**（期［ji］月，一年），**三年有成**。

提示：据《史记·孔子世家》，卫灵公老，怠于政事，不用孔子，孔子有此言。

译文：孔子说：如果有人用我治国，只要一年就会有起色，三年便见成效。

11.

子曰："善人为邦百年，亦可以胜残去杀矣"，诚哉是言也。

子曰：善人为邦百年，亦可以胜残去杀矣（胜残去杀，消残暴免刑杀），**诚哉是言也**（诚，的确；是言，此话）。

提示："善人为邦百年，亦可以胜残去杀矣"，此话当是孔子引用古人之言或他人之言。

孔子认为，若以善人治邦，恐怕须费时百年方能消除残暴刑杀，说明孔子对善人政治取否定态度。

此章恐也是针对卫国而言。

译文：孔子说：古人说"善人治国，百年也能消残暴免刑杀"，的确如此。

12.

子曰：如有王者，必世而后仁。

子曰：如有王者（王者，行王道者），**必世而后仁**（世，三十年为一代，亦为一世）。

提示：此章必为前章之补充。王道者以仁治天下，霸道者以力治天下。

　　译文：孔子说：若出现行王道者，有三十年必可达仁政。

13.

子曰：苟正其身矣，于从政乎何有？不能正其身，如正人何？

　　子曰：苟正其身矣（苟，如果），**于从政乎何有**（何有，有何难）？**不能正其身，如正人何**（如何正人）？

　　译文：孔子说：如果能端正自己的品行，从政有何难？如果不能端正自己的品行，如何去端正他人的品行？

14.

冉子退朝，子曰：何晏也？对曰：有政。子曰：其事也。如有政，虽不吾以，吾其与闻之。

　　冉子退朝（冉子，姓冉名雍，字仲弓，亦作子弓，亦称冉子，孔子弟子。朱熹等前人指冉子为冉有，错。其时冉子为季氏的家臣），**子曰：何晏也**（［晏 yàn］，晚）？**对曰：有政**（有政务）。**子曰：其事也**（季氏的家事；其，指季氏）。**如有政，虽不吾以**（虽不用我；以，任用），**吾其与闻之**（让我听说；其，宾语前置，指"有政"）。

　　提示：鲁国自鲁昭公始已四分公室，国君和三桓各占其一，且国政由季氏独霸。"在君为政在臣为事"，冉雍为季氏家臣，故孔子说他处理的是季氏的家事，而非国之政务。孔子纠正冉雍的说法，并非非难冉雍之言，而是对季氏不满。

　　译文：冉雍自季氏家退朝而归，孔子问：为什么这么晚？冉雍回答：有政事商讨。孔子说：这是季氏的家事。如果是国之政事，虽然我现在没被任用，但也会让我知道的。

15.

定公问：一言可以兴邦，有诸？孔子对曰：言不可以若是，其几也。人之言曰"为君难，为臣不易"。如知为君之难也，不几乎一言而兴邦乎？曰：一言而丧邦，有诸？孔子对曰：言不可以若是，其几也。人之言曰"予无乐乎为君，唯其言而莫予违也"。如其善而莫之违也，不亦善乎？如不善而莫之违也，不几乎一言而丧邦乎？

　　定公问（定公，鲁定公，名宋，鲁国国君）：**一言可以兴邦，有诸**（有诸，"有之乎"的连读，有吗）？**孔子对曰：言不可以若是，其几**

也（此句直译为"话不可能如此，但有近似的"，意思是：虽说不能以一句话兴旺国家，但有些话对国家兴旺起关键作用。言，指一言；若是，如此；几，接近）。**人之言曰"为君难，为臣不易"。如知为君之难也，不几乎一言而兴邦乎**（不几乎，不是接近于）**？曰：一言而丧邦，有诸？孔子对曰：言不可以若是，其几也。人之言曰"予无乐乎为君，唯其言而莫予违也"**（我为君没什么快乐的，唯一快乐的是没人违背我的命令。予，我；无乐乎，没什么快乐；莫予违，无人违背我）。**如其善而莫之违也，不亦善乎？如不善而莫之违也，不几乎一言而丧邦乎？**

提示：孔子告诫鲁定公，懂得"为君难，为臣不易"，可兴国；君王一意孤行，不听臣谏，必将丧国。

鲁定公时，孔子初为中都宰，后任司空，由司空为大司寇，定公十四年，由大司寇摄行相事。孔子在鲁定公手下官职最高，任职时间最长，可以说最信任并重用孔子的国君是鲁定公。

译文：鲁定公问：一句话可以兴旺国家，有这样的话吗？孔子回答说：没有这样的话，但有类似的。人们说"为君难，为臣不易"，如果懂得"为君难"，这不等于一句话可以兴旺国家吗？鲁定公又问：一句话可以丧国，有这样的话吗？孔子回答说：没有这样的话，但有类似的。人们说"我为国君没什么快乐的，唯一快乐的是臣子绝对服从我的命令"。如国君的话善而臣子唯命是从，不是很好吗？但如果国君的话不善而臣子唯命是从，不等于一句话丧国吗？

16.

叶公问政，子曰：近者说，远者来。

叶公问政（叶公，名诸梁，字子高，楚国叶地的大夫），**子曰：近者说**（说，通假"悦"），**远者来。**

提示：叶在今河南叶县南，春秋时属楚国的一个邑。楚国为南蛮，不守中原礼制，楚国国君自称王，其大夫称公也属当然。叶公名诸梁，字子高，封地在叶而称叶公。

译文：叶公问如何行政，孔子说：要让近处的人感到快乐，让远处的人能来投奔。

17.
　　子夏为莒父宰，问政，子曰：无欲速，无见小利。欲速则不达，见小利则大事不成。

子夏为莒父宰（子夏，孔子弟子，姓卜名商，字子夏。莒（jǔ）父，鲁国的城邑。宰，邑长称宰），**问政，子曰：无欲速，无见小利。欲速则不达，见小利则大事不成。**

译文：子夏当莒父的行政长官，问如何行政，孔子说：别求快，别盯着小利。求快反而达不到目的，盯着小利成不了大事。

18.
　　叶公语孔子曰：吾党有直躬者，其父攘羊，而子证之。孔子曰：吾党之直者异于是，父为子隐，子为父隐，直在其中矣。

叶公语孔子曰（叶公，名诸梁，字子高，楚国叶地的大夫）：**吾党有直躬者**（党，五家为邻，五邻为里，五百家为党。直躬，耿直，不懂得弯曲），**其父攘羊**（攘，牲畜自来而取之），**而子证之**（证，告发）。**孔子曰：吾党之直者异于是，父为子隐，子为父隐，直在其中矣。**

提示：儒家认为"父为子隐，子为父隐"体现了"孝仁"，避免伤及父子感情。所以汉代法律规定，子隐父母等皆勿坐。现代欧美中国法律也认同，夫妻亲属间有知情不报的权利，这是人类文明的进步。"直躬者"只认理不认情，"直者"情理兼顾，此章反映出华夏文明与蛮夷习俗的区别。

译文：叶公对孔子说：我们家乡有个坦直的人，他父亲顺手牵了别人的羊，他去告发了。孔子说：我们家乡的直者与此不同，父为子隐，子为父隐，直正在其中。

19.
　　樊迟问仁(行)，子曰：居处恭，执事敬，与人忠。虽之夷狄，不可弃也。

樊迟问仁(行)（樊迟，姓樊名须，字子迟，孔子弟子。仁，疑为"行"之误，出行），**子曰：居处恭**（居处，平日的仪容举止），**执事敬，与人忠。虽之夷狄**（之，去；夷狄，边远少数民族地区），**不可弃也。**

提示：《论语》中弟子重复问一个问题的殊少见，樊迟在《雍也第六》和《颜渊第十二》里二次问仁，且此章孔子的回答也非针对仁，故此处"仁"恐是"行"字之误，"行"指旅行或奉使远行域外。

孔子答子张问行曰："言忠信,行笃敬,虽蛮貊之邦行也",与此章同义。

译文:樊迟问出行域外当注意之事,孔子说:平时仪容举止要谨慎,做事尽职认真,与人交往忠诚恳切。即便去边远夷狄之地,这三条也不可废弃。

20.

子贡问曰:何如斯可谓之士矣?子曰:行己有耻,使于四方不辱君命,可谓士矣。曰:敢问其次。曰:宗族称孝焉,乡党称弟焉。曰:敢问其次。曰:言必信,行必果,硁硁然小人哉。抑亦可以为次矣。曰:今之从政者何如?子曰:斗筲之人,何足算也。

子贡问曰(子贡,姓端木名赐,字子贡,孔子弟子):**何如斯可谓之士矣**(何如,如何;斯,则。士,指在天子或诸侯的朝廷当官的末等贵族)? **子曰:行己有耻**(行为能知耻),**使于四方**(出使各国)**不辱君命,可谓士矣。曰:敢问其次**(次,次一等的士)。**曰:宗族称孝焉**(在宗族内人称孝),**乡党称弟焉**(在乡里人称敬顺长上;弟,通假"悌",敬顺兄长)。**曰:敢问其次。曰:言必信,行必果,硁硁然小人哉**(硁[kēng]硁然,愚顽固执之貌),**抑亦可以为次矣**(抑,或许)。**曰:今之从政者何如?子曰:斗筲之人**(斗筲[shāo],盛饭之器),**何足算也。**

提示:孔子认为士有三等:一等是能知耻,出使各国能不辱君命;二等是能行孝悌者;三等是其言行未必合于义,但讲信用者。至于政客则惟利是图,饭桶而已,不足挂齿。

译文:子贡问:如何才称得上士?孔子说:行为能知耻,出使各国能不辱君命,可称得上士。子贡问:那次一等的呢?孔子说:在宗族能称孝,在乡里能称悌的。子贡问:那再次一等的呢?孔子说:言必信,行必果,愚顽固执的小人,或许也可勉强称得上士。子贡又问:当今的从政者能称得上士吗?孔子说:那些人只是饭桶,何以算得上士。

21.

子曰:不得中行而与之,必也狂狷乎?狂者进取,狷者有所不为也。

子曰:不得中行而与之(中行,行中正之道者。与,交往,为伴),

必也狂狷乎（狂,志向高大而未能实行。狷[juān],洁身自好,不同流合污）? **狂者进取,狷者有所不为也。**

提示:狂者,志向高大而未能真正实行;狷者,洁身自好,不同流合污,但无所作为;在这二者中间,志向切合实际,又能积极作为的,就是中行,即行中正之道者。孔子感叹如今中行者不得见,退而求其次,只能与狂狷者交往。

译文:孔子说:我找不到行中正之道者与之交往,现在的人不是志向高大而未能实行的狂者,就是洁身自好不肯同流合污的狷者。前者激进,后者无所作为。

22.

子曰:南人有言曰"人而无恒,不可以作巫医",善夫! 不恒其德,或承之羞。子曰:不占而已矣。

子曰:南人有言曰"人而无恒,不可以作巫医"（南人,南方人。巫医,巫师医师,古时巫医同为一人担任）,**善夫! 不恒其德,或承之羞**（此二句出自《周易·恒卦》,原文为"悔亡,不恒其德,或承之羞,贞吝",意思是困扰消除后,若不能坚持德性,或许还会蒙受耻辱,未来还会遇到艰难）。**子曰:不占而已矣**（占,占筮占卜）。

提示:《礼记·缁衣》曰"子曰:南人有言曰'人而无恒,不可以为卜筮',古之遗言与。龟筮犹不能知也,而况于人乎?",意思是没有恒心的人,即便占筮也无法得知天意。此可为本章注解。

孔子赞许有恒,秉德不能持之以恒者不可占筮占卜,因为上天不会告知预兆。

宋国在鲁国的南面,宋国是殷商后裔,商人热衷卜筮,故"南人"恐指宋人,而非南蛮的楚国越国。

译文:孔子说:南方人有句话"人无恒心,不可做巫医",说得好!《周易》曰"不能坚持德性,或许还会蒙受耻辱",对此孔子说:没恒心的人还是不占卦的好。

23.

子曰:君子和而不同,小人同而不和。

子曰:君子和而不同（和,在礼节制下的亲和,有差别的统一。同,无原则的调和,无差别的同一）,**小人同而不和。**

提示："同"仅是盲目附和,完全放弃自己的主见,其最终往往与人反目;"和"则求大同存小异,能与他人和谐相处。

译文:孔子说:君子能与人和谐相处但不盲目附和他人,小人盲目附和他人但不能与人和谐相处。

24.

子贡问曰:乡人皆好之,何如? 子曰:未可也。乡人皆恶之,何如? 子曰:未可也。不如乡人之善者好之,其不善者恶之。

子贡问曰(子贡,姓端木名赐,字子贡,孔子弟子):**乡人皆好之**(乡人,一乡之人),**何如? 子曰:未可也。乡人皆恶之,何如? 子曰:未可也。不如乡人之善者好之,其不善者恶之。**

提示:一乡人都喜欢的人必是行为言语附和乡人,或者是他们的朋党;一乡人都憎恨的人可能其行为言语与乡人不同,或者是性格孤僻独特。因此孔子认为不可以众人的好恶来判断人。

译文:子贡问:一乡人都喜欢的人,如何? 孔子说:不见得好。子贡又问:一乡人都憎恨的人,如何? 孔子说:不见得坏。不如乡里的善人都喜欢而恶人都憎恨的人。

25.

子曰:君子易事而难说也,说之不以道不说也,及其使人也,器之。小人难事而易说也,说之虽不以道说也,及其使人也,求备焉。

子曰:君子易事而难说也(在君子手下做事容易,但讨他高兴难。说,通假"悦"),**说之不以道不说也,及其使人也**(使人,用人),**器之**(量才而用,重其能力)。**小人难事而易说也,说之虽不以道说也,及其使人也,求备焉**(求全责备)。

译文:孔子说:在君子手下做事容易,但讨他高兴难。不以道讨他高兴他会不高兴的,至于用人君子是量才而用重才能。在小人手下做事难,但讨他高兴容易。即使不以道讨他高兴他也会高兴的,至于用人小人则是求全责备。

26.

子曰:君子泰而不骄,小人骄而不泰。

子曰:君子泰而不骄(泰,自尊;骄,骄傲),**小人骄而不泰。**

提示："骄泰"二字在古文中经常连用,是贬义词,但孔子却把他们分开,贬"骄"而褒"泰"。"骄"和"泰"都能从外表看出,但其内涵绝然不同。"骄"是骄傲;"泰"本意为"大",延申为"安、宽、通"。孔子认为,君子以良好的道德和扎实的学识为基础,故自尊但不傲慢;小人仅小知小识,却自以为是,且道德缺失,故傲慢但没有自尊。

译文:孔子说:君子有自尊但对人不傲慢,小人对人傲慢但无自尊。

27.

子曰:刚、毅、木、讷,近仁。

子曰:**刚**(刚,刚强)、**毅**(毅,果敢)、**木**(木,本性质朴)、**讷**(讷,言语迟钝),**近仁**。

提示:孔子认为,人具有此四种品质,则接近仁。

译文:孔子说:刚、毅、木、讷,人这四种品质接近仁。

28.

子路问曰:何如斯可谓之士矣? 子曰:切切偲偲,怡怡如也,可谓士矣。朋友切切偲偲,兄弟怡怡。

子路问曰(子路,姓仲名由,字子路,又叫季路,孔子弟子):**何如斯可谓之士矣? 子曰:切切偲偲**(相互敬重切磋勉励;偲[sī],互相勉励),**怡怡如也**(怡怡,和睦相处;如,状态),**可谓士矣。朋友切切偲偲,兄弟怡怡。**

提示:同样是问士,孔子回答有所不同。子路好勇,孔子要他敬重同学,与兄弟和睦相处。子贡利口巧辞,孔子认为他可成大器,故叮嘱他要知耻,出使各国不辱君命。可见孔子因人而教。

译文:子路问:怎么才称得上士? 孔子说:与人相互敬重,切磋学问,勉励上进,和睦相处,可称得上士。朋友间要相互敬重,切磋勉励,兄弟间要和睦相处。

29.

子曰:善人教民七年,亦可以即戎矣。

子曰:善人教民七年(教民,教化民众。七年,这是大约数,表长久)，**亦可以即戎矣**（即戎，从事战争）。

提示：古代对民众的教化，农业和战争是两个主要内容，花七年之久才教化民众应对战争，未免治国无效，所以孔子不认可善人为政。

译文：孔子说：善人以七年时间教化民众，也能让民众从事战争。

30. 子曰：以不教民战，是谓弃之。

子曰：以不教民战（不教民，没受过军事训练的民众），**是谓弃之。**

提示：此章恐与上一章有关联。

译文：孔子说：用没受过军事训练的民众来作战，这等于说是抛弃他们。

宪问第十四

本篇主要记述孔子论前人及同时代人。

1.
　　宪问耻,子曰:邦有道,谷;邦无道,谷,耻也。

宪问耻（宪,姓原名宪,字子思,也称原思,孔子弟子）,**子曰:邦有道,谷**（谷,当官取俸禄）;**邦无道,谷,耻也。**

译文:原宪问孔子什么是耻,孔子说:国家有道,可作官取俸禄;国家无道,作官取俸禄就是耻。

2.
　　克、伐、怨、欲,不行焉,可以为仁矣? 子曰:可以为难矣,仁则吾不知也。

克（克,好胜）、**伐**（伐,自夸）、**怨、欲,不行焉,可以为仁矣? 子曰:可以为难矣**（难,不容易）,**仁则吾不知也。**

提示:此章连接上章,也应是原宪发问。

译文:原宪问;没有好胜、自夸、怨恨、贪欲这四种毛病,可以算仁吗? 孔子说:可以算难能可贵,至于是否算仁我不知道。

3.
　　子曰:士而怀居,不足以为士矣。

子曰:士而怀居（怀居,以家为念,求安逸）,**不足以为士矣。**

译文:孔子说:士整天以家为念贪图安逸,就不配作为士。

4.
　　子曰:邦有道,危言危行;邦无道,危行言孙。

子曰:邦有道,危言危行（危,正直）;**邦无道,危行言孙**（孙,谦逊）。

提示：国家无道，出言谦逊，以免惹祸。

译文：孔子说：国家有道，言行可正直；国家无道，行为要正直但出言要谦逊。

5.

子曰：有德者必有言，有言者不必有德。仁者必有勇，勇者不必有仁。

子曰：有德者必有言（言，古文"言"通假"愆"，过失），**有言者不必有德。仁者必有勇，勇者不必有仁。**

提示：人非圣贤，孰能无过，有过失未必就是失德。

译文：孔子说：有德行的人一定有过失，但有过失的人不一定都有德行；仁者必定勇敢，而勇敢的不一定是仁者。

6.

南宫适问孔子曰：羿善射，奡荡舟，俱不得其死然。禹、稷躬稼而有天下。夫子不答。南宫适出，子曰：君子哉若人，尚德哉若人。

南宫适问孔子曰（南宫适，姓南宫名绦，字子容，孔子弟子。古文"绦、适、括"三字通假，故亦称南宫适，《史记》称其为南宫括）：**羿善射**（羿[yì]夏代有穷国的君主，善射箭狩猎），**奡荡舟**（奡[ào]，夏代过国的君主，力大无比，据说善水战），**俱不得其死然**（此二人联合篡夏，被夏代的少康帝所灭）。**禹、稷躬稼而有天下**（禹，治理水利。稷[jì]，周朝国君的祖先，教民种植庄稼。躬稼，亲自种地）。**夫子不答。南宫适出，子曰：君子哉若人**（若人，那个人），**尚德哉若人。**

提示：羿和奡是崇尚武力的代表，禹和稷是崇尚德的代表，孔子重德轻武力。

译文：南宫适对孔子说：羿善射箭，奡善水战，他们都不得好死。禹和稷亲自下地耕种，他们都得到了天下。孔子没回答。南宫适出去后孔子赞扬说：这个人是君子，这个人崇尚道德。

7.

子曰：君子而不仁者有矣夫，未有小人而仁者也。

子曰：君子而不仁者有矣夫（夫，语助词，表感叹），**未有小人而仁者也。**

提示：此章的君子小人就道德而言。孔子认为，君子未必都是仁者，但小人断然不可能是仁者，仁不仁全在礼乐教化。

译文：孔子说：君子未必都是仁者，但小人断然不可能是仁者。

8. 子曰：爱之能勿劳乎？忠焉能勿诲乎？

子曰：爱之，能勿劳乎（劳，担心，忧虑）**？忠焉，能勿诲乎**（诲，规劝）**？**

译文：孔子说：爱他，能不为他忧虑吗？忠于他，能不规劝他吗？

9. 子曰：为命，裨谌草创之，世叔讨论之，行人子羽修饰之，东里子产润色之。

子曰：为命（为命，制定国家的政令）**，裨谌草创之**（裨谌［bì chén］，郑国大夫）**，世叔讨论之**（世叔，郑国大夫）**，行人子羽修饰之**（行人，掌管朝觐聘问的官。子羽，公孙挥，字子羽，郑国大夫）**，东里子产润色之**（子产，姓公孙名侨，字子产，郑国大夫，郑穆公之孙，故称公孙，因其居住东里，亦称东里子产）。

提示：郑国夹在吴、楚、晋、卫四强国之间，国力最弱。据《左传·襄公三十一年》记载，郑国的子产处理政务，选择有才能的人分别使用，冯简子能决断大事，世叔言谈有文采，公孙挥了解四强国的情况，裨谌能出谋划策，因此子产很少有把事情做坏的。孔子赞扬郑国几位大夫同谋合作的美德。

译文：孔子说：郑国政令的制定，是由裨谌起草，由世叔参与讨论，由掌管朝觐聘问的子羽进行修改，由东里子产最后润色完成的。

10. 或问子产，子曰：惠人也。问子西，曰：彼哉，彼哉。问管仲，曰：人也。夺伯氏骈邑三百，饭疏食，没齿无怨言。

或问子产（或，有人。子产，姓公孙名侨，字子产，郑国大夫，郑穆公之孙,故称公孙),**子曰:惠人也**(惠人,仁慈者)。**问子西**(楚国令尹子西),**曰:彼哉,彼哉**(他嘛他嘛,言下之意子西不怎么样)。**问管仲**(管仲,齐国大夫,曾辅佐齐桓公称霸),**曰:人也**(人才),**夺伯氏骈邑三百**(骈[pián]邑原为大夫伯氏的三百户封地,因其有罪,被管仲罚没),**饭疏食**(伯氏被罚没封地后只能吃蔬菜),**没齿无怨言**(但伯氏敬佩管仲的治国能力,至死无怨言。没齿,终生)。

提示:据《史记·孔子世家》,楚昭王想任用孔子,封给他七百户的封地。楚令尹子西说:周朝当初封我们楚国只是封地五十里的男爵,如今已是方圆千里的大国,孔子尊崇三皇五帝的旧制,必然会阻止我国的发展,对楚国没好处。于是楚昭王不任用孔子。此章的子西当就是楚国令尹子西。

译文:有人问郑国子产的人品,孔子说:他是个仁慈的人。问楚国令尹子西的人品,孔子敷衍说:这个人么…。问齐国管仲的人品,孔子说:他是个人才,他罚没了大夫伯氏骈邑的三百户封地,使伯氏只能吃蔬菜,但伯氏至死都无怨言。

11.

子曰:贫而无怨难,富而无骄易。

译文:孔子说:能做到贫穷而无怨难,然富贵而不骄容易。

12.

子曰:孟公绰为赵、魏老则优,不可以为滕、薛大夫。

子曰:孟公绰为赵、魏老则优(孟公绰,鲁国大夫。老,国君的家臣),**不可以为滕、薛大夫。**

提示:孟公绰不贪欲,德有余而才不足,赵、魏两国贤才众多,孟公绰可发挥他的德,但滕、薛两国需要贤才,孟公绰无法胜任。

译文:孔子说:孟公绰当赵、魏两国国君的家臣绰绰有余,但不可当滕、薛两国的大夫。

13.

子路问成人,子曰:若臧武仲之知、公绰之不欲、卞庄子之勇、冉求之艺,文之以礼乐,亦可以为成人矣。

子路问成人(子路,姓仲名由,字子路,又叫季路,孔子弟子。成人,完美的人),**子曰：若臧武仲之知**（臧武仲，鲁大夫臧孙纥[hé]，据说其聪明过人)，**公绰之不欲**（公绰，孟公绰，鲁国大夫)，**卞庄子之勇**（卞庄子，鲁国卞邑的大夫)，**冉求之艺**（冉求，姓冉名求，字子有，亦称冉有，即冉子有，孔子弟子)，**文之以礼乐**（文，教化)，**亦可以为成人矣**。

提示：据《左传·襄公十九年》，鲁国借助晋国打败齐国，鲁国季武子要用缴获的齐国兵器铸造一口铜钟，记载鲁国的胜利。臧武仲说：这不合礼。铭文是记载天子的德行或诸侯合乎时令的举措。如今我们是借助大国力量才避免自己被灭，铭文记什么呢？我们小国侥幸胜齐国，铸铜钟记载，这会激怒齐国，对我们不利。足见臧武仲有智慧。荀子《大略篇》曰：齐人欲伐鲁，忌卞庄子，不敢过卞。

译文：子路问如何才是一个完美的人，孔子说：如有臧武仲的智慧、孟公绰的不贪欲、卞庄子的勇敢、冉求的才艺，再用礼乐加以熏陶，这就可以是一个完美的人。

14.

曰：今之成人者何必然？见利思义，见危授命，久要不忘平生之言，亦可以为成人矣。

曰（此章应是孔子对前问的补充，故"曰"也是孔子所言)：**今之成人者何必然**（成人，完美的人)**？见利思义，见危授命**（遇危难能奉献生命)，**久要不忘平生之言**（要，同"约"，穷困。平生之言，终生的志向)，**亦可以为成人矣**。

译文：孔子说：今天完美的人不必达到这个标准。只要能见利思义，遇危难能奉献生命，久处贫穷而不忘终生的志向，也可算是完美的人。

15.

子问公叔文子于公明贾曰：信乎？夫子不言、不笑、不取乎？公明贾对曰：以告者过也。夫子时然后言，人不厌其言；乐然后笑，人不厌其笑；义然后取，人不厌其取。子曰：其然？岂其然乎？

子问公叔文子于公明贾曰（子，孔子。公叔文子，卫国大夫公孙拔，卫献公之孙。公明贾，卫国人)：**信乎**（真的吗)**？夫子不言**（夫子，指公叔文子)、**不笑、不取乎**（不取，不敛财)**？公明贾对曰：以告者过也**（以告者，这个告诉你的人。过，言过了)。**夫子时然后言**（时，

适时),人不厌其言;乐然后笑,人不厌其笑;义然后取,人不厌其取。子曰:**其然?岂其然乎**(是这样吗,难道真是这样吗)?

提示:传卫国大夫公叔文子不善言谈,不爱嬉笑,不敛财,故孔子向公明贾求证。

译文:孔子向公明贾证实公叔文子的为人,问道:听说公叔文子不说话,不笑,不取财,是真的吗?公明贾回答:这个告诉你的人言过了。他该说时才说话,人们不讨厌他的话;高兴然后笑,人们不讨厌他的笑;该取的他才取,人们不讨厌他的取。孔子说:是这样吗?难道真是这样吗?

16.

子曰:臧武仲以防求为后于鲁,虽曰不要君,吾不信也。

子曰:臧武仲以防求为后于鲁(防,臧武仲的封地,在今山东。为后于鲁,让他的家族在鲁国生存下去)**,虽曰不要君**(要君,要挟君主)**,吾不信也。**

提示:臧武仲名臧孙纥,是鲁国大夫臧宣叔继室所生幼子,他自己是废长立幼继位的,他的两个同父异母哥哥臧贾、臧为于是逃亡铸国。后臧武仲又参与季氏的废长立幼,得罪了季氏长子。他的继位不合法,又得罪季氏长子,所以无法在鲁国立足而逃亡邾国。这样一来,臧氏家族在鲁国将面临灭绝。于是臧武仲让哥哥臧贾去求鲁君同意立臧贾为臧氏继承人,并愿意献出自己的封地防,以换取鲁君对自己家族的保护。春秋时代贵族的封地一般都有自己的武装,所以孔子认为,臧武仲放弃自己的封地,以换取臧氏家族在鲁国的生存,是对鲁君的要挟。此事在《左传·襄公十四年》有记载,传的最后有孔子对他的评语"臧武仲不容于鲁国,抑有由也,作不顺而施不恕",他继位不合法就是"作不顺",他得罪季氏长子就是"施不恕"。

译文:孔子说:臧武仲放弃自己的封地防,以换取鲁君对自己家族的保护,虽然有人说他没要挟鲁君,但我不信。

17.

子曰:晋文公谲而不正,齐桓公正而不谲。

子曰:晋文公谲而不正(晋文公,姓姬名重耳,春秋五霸之一,为人狡诈，爱玩弄权术。谲[jué]，欺诈），**齐桓公正而不谲**（齐桓公，姓姜名小白，春秋五霸之一，为人公正）。

提示：晋文公会盟诸侯于温，恐自己权威不够，乃召周襄王参加。孔子认为，诸侯召王属违礼，为尊者讳，《春秋》记作"王狩河阳"。故孔子说晋文公"谲而不正"。齐桓公征伐楚国，理由是楚国三年没向周天子进贡祭祀用的青茅草。虽然这是借口，但齐桓公维护周天子的权威理直气壮，故孔子说他"正而不谲"。

译文：孔子说：晋文公狡诈而不公正，齐桓公公正而不狡诈。

18.

子路曰：桓公杀公子纠，召忽死之，管仲不死，曰未仁乎？子曰：桓公九合诸侯，不以兵车，管仲之力也。如其仁，如其仁。

子路曰（子路，仲由，姓仲名由，字子路，又叫季路，孔子弟子）：**桓公杀公子纠**（桓公，齐桓公。公子纠，齐桓公同父异母兄），**召忽死之**（召忽，公子纠的家臣），**管仲不死**（管仲，先为公子纠的家臣，后归附齐桓公），**曰未仁乎**（可以说不仁吧）？**子曰：桓公九合诸侯**（多次会盟各国诸侯，以尊周王），**不以兵车，管仲之力也。如其仁**（如，是），**如其仁**。

提示：齐桓公是公子纠同父异母弟，为争夺君位而杀了公子纠，公子纠的家臣召忽自杀以殉主人，但同为家臣的管仲不仅没自杀，反而归附了齐桓公。但孔子认为，管仲辅佐齐桓公会盟诸侯，倡导尊王攘夷，称霸非以武力，这体现了仁。

译文：子路说：齐桓公杀公子纠，召忽自杀以殉主，管仲不自杀，管仲不能算仁吧？孔子说：齐桓公多次会盟天下诸侯，而不使用兵力，这是管仲的功劳，这就是他的仁，这就是他的仁。

19.

子贡曰：管仲非仁者与？桓公杀公子纠，不能死又相之。子曰：管仲相桓公，霸诸侯，一匡天下，民到于今受其赐。微管仲，吾其被发左衽矣。岂若匹夫匹妇之为谅也，自经于沟渎而莫之知也。

子贡曰（子贡，姓端木名赐，字子贡，孔子弟子）：**管仲非仁者与？桓公杀公子纠，不能死又相之**（相，作为国相辅佐齐桓公）。**子曰：管仲相桓公，霸诸侯，一匡天下**（匡正天下），**民到于今受其赐。微管仲**（微管仲，没有管仲），**吾其被发左衽矣**（被发左衽，像蛮夷那样披发且衣襟向左开,此指被蛮夷所统治)。**岂若匹夫匹妇之为谅也**(岂,怎么;若,像;匹夫匹妇,村野农夫农妇;谅,诚信),**自经于沟渎而莫之知也**(自经,自杀;沟渎,沟渠;莫之知,默默无闻,不被人知。此暗指召忽自杀以殉主为不智)。

提示:齐桓公二十三年,山戎侵略燕国,齐桓公率兵救燕。二十九年,狄人灭卫国杀卫懿公,齐桓公率诸侯讨伐狄人,为卫国在楚丘建都城。三十年齐桓公率诸侯伐楚。这些讨伐夷狄的战争都是管仲辅佐齐桓公完成的,没有这些战争,中原将落入夷狄之手。故孔子赞许管仲保卫了华夏文明。

孔子对管仲的评价很客观。在《八佾第三》篇中孔子以他"有三归,有反坫"而认为他"不知礼";在《或问子产》章中以他善于治国而认可他为人才;在前一章中以他辅佐"齐桓公九合诸侯,不以兵车",赞许他为仁;此章又称赞他抵御夷狄入侵,保卫了华夏文明。所谓"人无完人",孔子是赞其是而斥其非,不把人捧死,也不把人一棍子打死。《礼记·杂记》中孔子对管仲作了总结,孔子说"管仲贤大夫也,而难为上也",说明孔子肯定管仲有作为有才能,但他的为人却使位居其上的人感到为难。

译文:子贡说:管仲不是一个仁者吧?齐桓公杀公子纠,作为公子纠的家臣他不但不自杀还辅政齐桓公。孔子说:管仲辅政齐桓公,称霸诸侯,匡正天下,百姓至今还受惠于他。没有管仲,我们恐怕要落入夷狄的统治。管仲怎么能像村野农夫农妇那样死守小节,自杀于沟渠中默默无闻地死呢?

20. 公叔文子之臣大夫僎与文子同升诸公。子闻之曰:可以为文矣。

公叔文子之臣大夫僎与文子同升诸公(公叔文子,卫国大夫公孙拔,卫献公之孙。大夫僎 [xùn],公叔文子之家臣,因其贤,公叔文子荐于卫灵公,与公叔文子同为卫大夫。同升诸公,一同升为大夫)。**子闻之曰:可以为文矣**(可以为文矣,"文"是公叔文子死后的谥号,孔子认为凭这点就当得起"文"这个谥号)。

译文:公叔文子的家臣僎与公叔文子同朝为大夫,孔子听说后说:凭这点他就当得起这个"文"字。

21.

子言卫灵公之无道也,康子曰:夫如是,奚而不丧?孔子曰:仲
叔圉治宾客,祝鮀治宗庙,王孙贾治军旅,夫如是,奚其丧?

子言卫灵公之无道也(子,孔子),**康子曰**(康子,季康子,鲁国
大夫,季孙氏名肥):**夫如是,奚而不丧**(既然如此,卫国为什么不
亡国呢)?**孔子曰:仲叔圉治宾客**(仲叔圉[yǔ],姓孔名圉,卫国大
夫,死后谥"文"称孔文子。孔子赞其"敏而好学,不耻下问"),**祝鮀治
宗庙**(祝鮀,姓祝名鮀,字子鱼,卫国祭祀官,善于辞令),**王孙贾治军
旅**(王孙贾,卫国大夫,善治军),**夫如是,奚其丧**(奚,怎么)?

提示:据《左传·定公十四年》"卫侯为夫人南子召宋朝",
说的是卫灵公夫人南子与宋国美男子宋朝私通,卫灵公不仅不阻
止,反而任宋朝为卫国大夫,并提供他们私通的机会。后来太子蒯
聩欲杀南子未遂而逃宋国,卫灵公迁怒太子蒯聩,一直不让他回
国。卫灵公死,南子立蒯聩之子蒯辄为君,导致蒯聩回国与儿子争
夺君位,卫国内乱不已,世道日下。所以孔子说卫灵公无道。

译文:孔子谈到卫灵公的无道,季康子说:既然那样,卫国为什么不亡国呢?孔子说:有仲叔圉管外交,祝鮀管祭祀,王孙贾管
军队,这样,卫国怎么会亡国呢?

22.

子曰:其言之不怍,则为之也难。

子曰:其言之不怍(言之不怍,大言不惭;怍[zuò],惭愧),**则为
之也难。**

译文:孔子说:一个人说话大言不惭不留余地,他做起来就
有难处了。

23.

陈成子弑简公,孔子沐浴而朝,告于哀公曰:陈桓弑其君,请讨
之。公曰:告夫三子。孔子曰:以吾从大夫之后,不敢不告也。君
曰告夫三子,者之三子告,不可。孔子曰:以吾从大夫之后,不敢不
告也。

陈成子弑简公(陈成子,齐国大夫,陈桓,弑国君齐简公而夺国。
简公,齐简公壬),**孔子沐浴而朝**(朝,上朝),**告于哀公曰**(哀公,鲁哀
公):**陈桓弑其君,请讨之**(讨,讨伐)。**公曰:告夫三子**(夫,语助

词。三子,鲁国大夫孟孙氏、叔孙氏、季孙氏,三人掌握鲁国大权)。**孔子曰:以吾从大夫之后**(从大夫之后,退休大夫;孔子曾作过鲁国大司寇,位当大夫,此时已退休),**不敢不告也。君曰告夫三子,者之三子告**(者,通假"则";之,去;告,报告),**不可**(他们不同意出兵讨伐)。**孔子曰:以吾从大夫之后,不敢不告也。**

提示:据《左传·哀公十四年》记载,齐国陈成子杀了齐简公,孔子沐浴斋戒,三次上朝请求鲁哀公攻打齐国。鲁哀公问:鲁国被齐国削弱已很久了,你打算怎么攻打齐国?孔子说:齐国有一半人反对陈成子,以鲁国的民众,加上齐国的一半人,就能战胜齐国。鲁哀公说:那你去报告三家大夫。孔子辞退后对人说:我曾经当过大夫,此等大事不敢不报告。所以,"孔子曰…不可"这段当是孔子事后对人说的一番话。最后一句"孔子曰:以吾从大夫之后,不敢不告也"可能是衍文;或是孔子重申自己报告的理由。

译文:齐国陈成子杀了齐简公,孔子沐浴斋戒后上朝报告鲁哀公:陈桓杀了国君,请发兵征讨。鲁哀公说:你去报告三家大夫吧。孔子事后对人说:我曾做过大夫,所以此等大事不敢不报告,国君让我报告三家大夫,我去三家大夫处报告,他们不同意发兵征讨。孔子强调说:我曾做过大夫,所以不敢不报告。

24.

子路问事君,子曰:勿欺也,而犯之。

子路问事君(事君,侍奉君主),**子曰:勿欺也**(勿欺,无隐瞒),**而犯之**(而,并且。犯,直谏)。

提示:在无隐瞒的基础之上直谏,就是忠君。

译文:子路问如何侍奉君主,孔子说:无隐瞒,再直谏。

25.

子曰:君子上达,小人下达。

子曰:君子上达(上达,通达经国济世的大道理),**小人下达**(下达,只懂得鸡毛蒜皮的小道理)。

译文:孔子说:君子通达经世治国的大道理,小人只懂得鸡毛蒜皮的小道理。

26.
子曰:古之学者为己,今之学者为人。

译文:孔子说:古代学者学习为自己修身养性,当今学者学习则为谋取功名服务于人。

27.
蘧伯玉使人于孔子,孔子与之坐而问焉,曰:夫子何为?对曰:夫子欲寡其过而未能也。使者出,子曰:使乎!使乎!

蘧伯玉使人于孔子(蘧〔qú〕伯玉,卫国大夫,孔子去卫国时曾经住他家。使人,派使者),**孔子与之坐而问焉,曰:夫子何为**(夫子,指蘧伯玉)?**对曰:夫子欲寡其过而未能也**(欲寡其过而未能,希望少犯错但做不到)。**使者出,子曰:使乎**(孔子称赞这使者是一位真正的使者)!**使乎!**

提示:蘧伯玉是卫国的君子,严于律己,喜欢自我检讨。这里"夫子欲寡其过而未能也"句,看似使者谈自己的主人蘧伯玉,实际是代主人蘧伯玉转告孔子要少犯错误,所以孔子称赞这使者是一位真正的使者,能了解主人并充分转达主人的嘱托。

译文:蘧伯玉派使者拜访孔子,孔子让他坐下问道:你主人在做什么?使者回答说:我家主人想减少过错却还没能做到。使者出去后孔子说:这是一位好使者啊!真是一位好使者啊!

28.
子曰:不在其位,不谋其政。曾子曰:君子思不出其位。

子曰:不在其位,不谋其政(不在那个职位上,就不考虑那个职位的政事)。**曾子曰**(曾子,孔子弟子,姓曾名参,字子舆):**君子思不出其位**(思,语助词,相当于"啊"。不出其位,行事不超出自己的身份)。

译文:孔子说:不在那个职位上,就不考虑那个职位的政事。曾子说:行事不超出自己的身份,这才是君子。

29.
子曰:君子耻其言而过其行。

子曰:君子耻其言而过其行(言而过其行,言语颇大行动甚微)。
译文:孔子说:君子以言语超出自己的行动为耻辱。

30. 子曰：君子道者三，我无能焉：仁者不忧，知者不惑，勇者不惧。

子贡曰：夫子自道也。

子曰：君子道者三（君子之道有三点），**我无能焉：仁者不忧，知者不惑，勇者不惧。子贡曰**（子贡，姓端木名赐，字子贡，孔子弟子）：**夫子自道也**（自道，自己的道）。

译文：孔子说：君子之道有三，我尚不能做到：仁者不忧，智者不惑，勇者不惧。子贡说：这是孔夫子自己的道。

31. 子贡方人，子曰：赐也贤乎哉？夫我则不暇。

子贡方人（子贡，姓端木名赐，字子贡，孔子弟子。方人，议论人的短长），**子曰：赐也贤乎哉**（赐，子贡。贤，通假"闲"）？**夫我则不暇**（暇，空闲）。

译文：子贡在议论人的短长，孔子说：赐啊，你是太闲了吧？换了我可没空闲议论人的短长。

32. 子曰：不患人之不己知，患其不能也。

子曰：不患人之不己知（患，担心。不己知，不了解自己），**患其不能也。**

译文：孔子说：别担心人家不了解你，要担心的是自己无能。

33. 子曰：不逆诈，不亿不信，抑亦先觉者是贤乎？

子曰：不逆诈（逆诈，逆料对方欺骗；逆，预料），**不亿不信**（亿不信，猜度对方不讲信用；亿，预测），**抑亦先觉者是贤乎**（抑，难道；亦，仅仅。是，此）？

提示：孔子反对主观设定某人欺诈或无信用，他认为这种先知先觉不代表贤能，他主张对人要信任。

译文：孔子说：不要主观逆料对方是欺骗，不要猜度对方是不讲信用的，难道仅凭先知先觉就能算贤能？

34.
微生亩谓孔子曰：丘，何为是栖栖者与？无乃为佞乎？孔子
曰：非敢为佞也，疾固也。

微生亩谓孔子曰（微生亩，有说是一隐士，他称孔子为"丘"，可能比孔子年长）：**丘**（孔子姓孔名丘），**何为是栖栖者与**（何为，何故。是，此。栖栖者，忙碌者，指各国政要。与，同他们在一起），**无乃为佞乎**（无乃，莫非。为佞，显示口才）？**孔子曰：非敢为佞也，疾固也**（当今世道已病入膏肓）。

提示：孔子认为当今世道已病入膏肓，自己同各国政要往来，是为了拯救这世道。

译文：微生亩对孔子说：丘啊，你为何与这些忙忙碌碌的政客往来，莫非是要显示自己的口才吗？孔子说：我不敢显示自己的口才，只是当今世道已病入膏肓。

35.
子曰：骥不称其力，称其德也。

子曰：骥不称其力（骥，千里马），**称其德也。**

提示：千里马之所以被人称道，并非因为它能日行千里，而是它能领会主人的意图。此章恐是以千里马比喻君子，有才无德非真君子。

译文：孔子说：千里马值得称道的不是它日行千里，而是它的德。

36.
或曰：以德报怨，何如？子曰：何以报德？以直报怨，以德报德。

或曰（或，有人）：**以德报怨，何如？子曰：何以报德？以直报怨**（以对等的作法报怨，即以怨抱怨；直，通假"值"，对等），**以德报德。**

提示：《礼记·表记》曰"子曰：以德报德则民有所劝，以怨抱怨则民有所惩，以德报怨则宽身之人也，以怨报德则刑戮之民也"。孔子认为，以德报德则民努力向善，以怨抱怨则民有所惩戒，以德报怨是求息事宁人，以怨报德这种人该受惩罚。

译文：有人说：以德报怨，怎么样？孔子说：那用什么来报

德呢？我主张以对等的做法报怨，以德报德。

37.

子曰：莫我知也夫。子贡曰：何为其莫知也？子曰：不怨天，不尤人，下学而上达，知我者其天乎！

子曰：莫我知也夫（莫我知，没人理解我）。**子贡曰**（子贡，姓端木名赐，字子贡，孔子弟子）：**何为其莫知子也**（何为，为何；子，孔子）？**子曰：不怨天，不尤人**（尤，怪罪），**下学而上达**（下了解民生，上通达经国济世的大道理），**知我者其天乎！**

提示：孔子感叹没人懂得他的主张，惟有上天真正了解他。

译文：孔子说：没人理解我啊。子贡说：为什么他们不懂得先生呢？孔子说：对此我既不埋怨天也不责备人，我下了解民生，上通达经国济世的大道理，懂得我的只有上天了！

38.

公伯寮诉子路于季孙，子服景伯以告，曰：夫子固有惑志于公伯寮，吾力犹能肆诸市朝。子曰：道之将行也与，命也；道之将废也与，命也。公伯寮其如命何。

公伯寮诉子路于季孙（公伯寮，字子周，孔子弟子。诉，说坏话。子路，仲由，姓仲名由，字子路，又叫季路，孔子弟子。季孙，掌鲁国实权的大夫），**子服景伯以告**（子服景伯，鲁国大夫子服何忌），**曰：夫子固有惑志**（夫子，指季孙。固，必定。惑志，疑心），**于公伯寮，吾力犹能肆诸市朝**（犹能，还能；肆，杀而陈尸；诸，"之于"的连读；市朝，大夫陈尸于朝廷，士陈尸于街市）。**子曰：道之将行也与，命也；道之将废也与，命也。公伯寮其如命何。**

提示：子路曾经奉孔子命，协助鲁定公堕三都，削弱叔孙、季孙、孟孙三家氏族的势力，可能因此受到季孙的猜忌。

译文：公伯寮在季孙面前说子路的坏话，子服景伯把这事告诉孔子，说：季孙必定有所疑心，至于公伯寮我还有能力将之杀了陈尸于市。孔子说：道能实行是命，道要废弃也是命，公伯寮能把命怎么着。

39.

子曰：贤者辟世，其次辟地，其次辟色，其次辟言。子曰：作者七人矣。逸民：伯夷、叔齐、虞仲、夷逸、朱张、柳下惠、少连。

子曰：贤者辟世（辟世，天下无道则隐而不出），**其次辟地**（辟地，一国无道则去他国），**其次辟色**（辟色，君王脸色无礼则去其朝），**其次辟言**（辟言，君王出言无礼则不待辱而去）。**子曰：作者七人矣**（能做到的有七个人）。**逸民**（此二字为衍文，乃后人注疏）**伯夷、叔齐、虞仲、夷逸、朱张、柳下惠、少连**（此七人生平详见提示）。

提示："逸民：伯夷、叔齐、虞仲、夷逸、朱张、柳下惠、少连"，通行版《论语》将之独辟一章置于《微子第十八》中，笔者认为当连接此章。其中"逸民"二字乃后人的注疏，不当在正文中。

伯夷、叔齐，《史记·伯夷列传》记载，他二人为孤竹国国君之子，国君欲立次子叔齐继位，伯夷逃去他国。国君死，叔齐让长兄伯夷继位，也逃去他国。这就是伯夷、叔齐让国的故事。

虞仲，按《史记·周本纪》记载，周太王古公有长子太伯、次子虞仲、及与太姜生子季历，古公欲传位与季历，太伯虞仲两人亡荆蛮，文身断发，以让季历。

夷逸，古代隐士，他不愿入朝为官，放言"宁服轭以耕于野，不忍被绣入庙而为牺"，意思是我宁可作套犁耕地的牛，也不作祭祀用的牺牲。

朱张，此名字只见于《汉书·古今人表》，其生平不详。

柳下惠，姓展名获，字禽，死后谥号惠，鲁国大夫，食邑柳下故称柳下惠，以贤惠著称。臧文仲为鲁国司空兼司寇，柳下惠任士师即典狱官，是臧文仲的属下。臧文仲明知柳下惠贤，却不愿让出司寇位给他，柳下惠毫无怨言，照常尽心尽职。故孔子批评臧文仲窃取柳下惠的官位。

少连，《礼记·杂记下》记载：少连、大连善于守丧，三天不懈怠，三月不知疲倦，一年仍然悲伤，三年仍有悲戚，他俩都是东夷人。孔子赞少连能克尽孝思。

译文：孔子说：贤者是天下无道隐而不出，次一等的是一国无道则去他国，又次一等的是能避开君王无礼的脸色，再次一等的是能避开君王的出言无礼。孔子说：能做到的有七个人，伯夷、叔齐、虞仲、夷逸、朱张、柳下惠、少连。

40.
子曰："不降其志，不辱其身"，伯夷、叔齐也。谓柳下惠、少连，
降志辱身矣，言中伦，行中虑，其斯而已矣。谓虞仲、夷逸，隐居放言，
行中情，废中权。我则异于是，无可无不可。

子曰：不降其志（不降低自己的志向），**不辱其身**（不屈辱自己
的身份），**伯夷、叔齐也。谓柳下惠、少连降志辱身矣，言中伦**（言
语符合道理），**行中虑**（行为稳妥，经过深思熟虑），**其斯而已矣**（仅此
而已）。**谓虞仲、夷逸隐居放言**（隐居，指虞仲为让位而自我流放。放
言，指夷逸称"宁服轭以耕于野，不忍被绣入庙而为牺"，意思是我宁可
作套犁耕地的牛，也不作祭祀用的牺牲），**行中情**（行为合情理），**废中
权**（中权，正当权利）。**我则异于是**（异于是，与此不同），**无可无不可。**

提示：此章是孔子对前章人物的进一步评价。

周武王伐纣，伯夷叔齐曾叩马而谏，讥讽武王不仁不孝；商朝
灭，两人耻于食周朝的粮食，饿死在首阳山下。为此孔子赞他们不
降低自己的志向，不屈辱自己的身份。

孟子《万章下》赞柳下惠"不羞污君，不辞小官，遗佚而不怨，
厄穷而不悯"。少连生平除克尽孝思外，无其他记载。孔子赞他们
虽降低自己的志向，屈辱自己的身份，但言语符合道理，行为稳妥
经过深思熟虑。

虞仲逃亡荆蛮，文身断发，让位与季历，孔子认为他是放弃了
正当权利。

夷逸放言"宁服轭以耕于野，不忍被绣入庙而为牺"，孔子认
为他行为符合情理。

此章可见孔子并不赞同伯夷、叔齐、虞仲、夷逸的隐世，也不
赞同柳下惠、少连的委曲求全。

译文：孔子说：不降低自己的志向，不屈辱自己的身份，这
就是伯夷、叔齐。孔子评论柳下惠、少连是降低自己的志向，屈辱
自己的身份，但言语符合道理，行为稳妥经过深思熟虑，仅此而
已。孔子评论虞仲隐居是放弃了正当权利，夷逸放言不入朝为官
行为符合情理。孔子说如果换了我则与他们不同，不一定非要这
么做。

156

41.

子路宿于石门，晨门曰：奚自？子路曰：自孔氏。曰：是知其不可而为之者与？

子路宿于石门（子路，仲由，姓仲名由，字子路，又叫季路，孔子弟子。宿，过夜。石门，古鲁城有七门，次南第二门叫石门），**晨，门曰**（晨，早晨。门，管城门开闭的小吏，《周礼》曰：司门掌授管键，以启闭国门）：**奚自**（从哪来）？**子路曰：自孔氏**（我从孔子那里来）。**曰：是知其不可而为之者与**？

提示："是知其不可而为之者与"，这是赞孔子坚忍不拔的意志。

译文：子路误了入城时间而夜宿于石门外。次日凌晨，司门官看见子路，问：你从哪里来？子路说：我从孔子那里来。司门官说：就是那位明知不可为还要为的孔子吗？

42.

子击磬于卫，有荷蒉而过孔氏之门者，曰：有心哉，击磬乎。既而曰：鄙哉，硁硁乎。莫己知也，斯己而已矣。"深则厉，浅则揭"。子曰：果哉，末之难矣。

子击磬于卫（磬[qìng]，一种用玉或石制成的打击乐器。卫，卫国），**有荷蒉而过孔氏之门者**（荷蒉[kùi]，背着草筐，蒉，草编器具），**曰：有心哉**（有心哉，有心事），**击磬乎。既而曰**（既而，继而）：**鄙哉**（鄙，浅陋），**硁硁乎**（硁硁[kēng]，固执貌）。**莫己知也**（莫己知，没人理解自己），**斯己而已矣**（斯，则。己，"已"之误，作罢）。**"深则厉，浅则揭"**（深则厉，浅则揭[qì]，出自《诗经·邶风·匏有苦叶》，意思是用葫芦作漂浮渡河，水深就系在腰上，水浅就扛在肩上，比喻要善于审时度势）。**子曰：果哉**（果不其然），**末之难矣**（"乐之难"之误，"乐"字损上部，后人误以为"末"字）。

提示：一位隐士听出孔子的磬声中流露出郁郁不得志，劝告孔子当审时度势，孔子以奏乐不易比喻行事之难。

译文：在卫国时，有一天孔子在击磬，有个背负草筐的隐士从孔子家门口过，听到磬声他说：我听出此人心忧。过一会儿又说：浅陋啊，如此固执。既然没人理解你，那就作罢吧。诗经不是说"深则厉，浅则揭"，要懂得审时度势。孔子说：果不其然，奏乐也不易啊。

43.

子张曰:《书》云"高宗谅阴,三年不言",何谓也? 子曰:何必高宗,古之人皆然。君薨,百官总己,以听于冢宰三年。

子张曰(子张,姓颛孙名师,字子张,孔子弟子):《**书》云**(书,尚书)"**高宗谅阴**(高宗,殷高宗武丁;谅阴[ān],失语症),**三年不言",何谓也? 子曰:何必高宗,古之人皆然。君薨**(薨[hōng],天子诸侯死谓薨),**百官总己**(总己,各守其职),**以听于冢宰三年**(冢[zhǒng]宰,百官之首)。

提示:"高宗谅阴,三年不言",历来释为殷高宗武丁继位后为其父守孝三年,不管朝政;将"谅阴"释为在父亲坟墓旁守孝住的房子。孔子也是这么理解的,所以有后面的解说。但按《尚书·无逸》"其在高宗,时旧劳于外,作其即位,乃或谅阴,三年不言","乃或"作"或许"解,意思是高宗因久在民间劳作,或许是因为得了"谅阴"而三年不能言语。如果"谅阴"指守丧,"乃或"在此就语义不通。郭沫若借助殷墟龟甲多有"今昔王言"的卜辞,考证谅阴是一种病,即失语症。郭沫若的考证是正确的。孔子因为主张守丧三年,故对"谅阴"的理解有误。笔者只是按原文译出,并非表示笔者接受孔子的误解。

译文:子张问:《尚书》里说"高宗谅阴,三年不言,"是什么意思? 孔子说:何止高宗,古人都是这样。君主死了,新君守孝不管朝政,百官各守其职,听命于冢宰,这要维持三年。

44.

子曰:上好礼,则民易使也。

子曰:上好礼,则民易使也(易使,容易使役)。

译文:孔子说:在上位的如果崇尚礼,使役百姓就容易。

45.

子路问君子,子曰:修己以敬。曰:如斯而已乎? 曰:修己以安人。曰:如斯而已乎? 曰:修己以安百姓。修己以安百姓,尧、舜其犹病诸。

子路问君子(子路,仲由,姓仲名由,字子路,又叫季路,孔子弟子),**子曰:修己以敬**(修己,修身养性;敬,敬重君主长上)。**曰:如斯而已乎**(如斯,如此)? **曰:修己以安人**(安人,使人安乐)。**曰:**

如斯而已乎？曰：**修己以安百姓**（安百姓，施政，让天下人安乐）。**修己以安百姓，尧、舜其犹病诸**（病，难。诸，"之乎"的连读）。

译文：子路问如何成为君子，孔子说：修身养性敬事敬人。子路说：仅此而已吗？孔子说：修身养性让周围的人安乐。子路说：仅此而已吗？孔子说：修身养性让天下人安乐。修身养性以安定天下人，此事对尧、舜来说也不易。

46.

原壤夷俟，子曰：幼而不孙弟，长而无述焉，老而不死，是为贼。以杖叩其胫。

原壤夷俟（原壤，孔子的故旧，此人放浪形骸、不拘礼节。夷，古人席地而坐，"夷"就是脚伸直于前坐，这是夷狄的坐姿，古人认为不礼貌，正确的坐姿应是跪坐。俟，接待来访客人），**子曰：幼而不孙弟**（孙弟，尊敬顺从长上），**长而无述焉**（无述，没成就），**老而不死，是为贼**（这是祸害）。**以杖叩其胫**（胫，小腿）。

译文：原壤伸直了腿席地而坐接待孔子，孔子说：一个人年幼时不敬顺长上，长大后又无所成就，老年还不死，这是国家的祸害。孔子说着用拐杖敲打原壤的小腿。

47.

阙党童子将命，或问之曰：益者与？子曰：吾见其居于位也，见其与先生并行也。非求益者也，欲速成者也。

阙党童子将命（阙党，孔子家乡阙里。童子，二十岁不满的年轻人。将命，在宾主间传递话，是接待礼仪），**或问之曰**（或，某人）：**益者与**（益，求上进）？**子曰：吾见其居于位也，见其与先生并行也。非求益者也，欲速成者也。**

提示：接待礼仪是要经过严格训练的，是孔子教授弟子的一部分，此童子完全不懂礼仪，孔子认为他这不是求上进，而是躁进。

译文：孔子家乡阙里有个童子为主人接待宾客，有人问孔子：这是求上进吗？孔子说：我见他违礼坐在成人的位子上，见他违礼与成人并肩行走，这不是求上进，而是躁进。

卫灵公第十五

本篇主要记述孔子论君子。

1.
　　卫灵公问陈于孔子,孔子对曰:俎豆之事,则尝闻之矣;军旅之事,未之学也。明日遂行。

　　卫灵公问陈于孔子(陈,通"阵",军队布阵),**孔子对曰:俎豆之事则尝闻之矣**(俎[zǔ]豆之事,俎、豆都是古代盛肉食的器皿,祭祀时使用,故俎豆之事指祭祀),**军旅之事未之学也。明日遂行。**

　　提示:据《史记·孔子世家》记载,卫灵公问孔子军事布阵,孔子说:祭祀礼仪我尚听说过,军事我没学过。第二天孔子与他交谈时,卫灵公抬头看着天上的飞雁,注意力全不在孔子。孔子知道卫灵公对祭祀礼仪无兴趣,只关心军事,于是离开卫国去陈国。

　　译文:卫灵公问孔子军事布阵,孔子说:祭祀礼仪我尚听说过,军事我没学过。第二天他就离卫国而去。

2.
　　在陈绝粮,从者病,莫能兴。子路愠,见,曰:君子亦有穷乎? 子曰:君子固穷,小人穷斯滥矣。

　　在陈绝粮(陈,陈国),**从者病,莫能兴**(兴,起来行走)。**子路愠**(子路,仲由,姓仲名由,字子路,又叫季路,孔子弟子。愠,生气),**见**(见孔子),**曰:君子亦有穷乎**(穷,困境,走投无路)? **子曰:君子固穷**(固,固守,安于),**小人穷斯滥矣**(斯,则。滥,胡作非为)。

　　提示:据《史记·孔子世家》,楚国知道孔子在陈、蔡二国间逗留,派使者聘问孔子。陈、蔡两国的大夫商量说,孔子对我们的作法均不中意,大国楚国若用孔子,我们这些大夫就要倒霉了。所以派人围困孔子一行,使之不得行而断粮。

　　译文:孔子一行在陈国被围困而断粮,随从弟子病得爬不起来。子路生气了,见到孔子说:君子也有陷入困境的时候吗?孔子说:君子能固守困境,小人遇困境则胡作非为。

3.

子曰:赐也,女以予为多学而识之者与?对曰:然,非与?曰:非也,予一以贯之。

子曰:**赐也**(赐,姓端木名赐,字子贡,孔子弟子),**女以予为多学而识之者与**(女,通假"汝",你。予,我。识[zhì],通假"志",记住)?对曰:**然**(然,是),**非与?** 曰:**非也,予一以贯之**(一以贯之,把平时点滴学到的东西串联成一串。贯,串联)。

提示:孔子担心弟子只知道多学死记,不懂得积累平时接触到的知识,故教导之。

译文:孔子说:赐啊,你以为我是个多学而强记的人吗?赐回答:是的,难道不是吗?孔子说:不是,我是把平时接触到的知识积累起来。

4.

子曰:由,知德者鲜矣。

子曰:**由**(由,姓仲名由,字子路,又叫季路,孔子弟子),**知德者鲜矣**(鲜,少)。

译文:孔子说:子路啊,懂得德的人不多啊。

5.

子曰:无为而治者,其舜也与?夫何为哉?恭己正南面而已矣。

子曰:**无为而治者,其舜也与? 夫何为哉**(夫,指舜。何为,怎么做)? **恭己正南面而已矣**(恭己,端正自己的行为;正南面,坐北朝南居君主位)。

提示:孔子认为,所谓"无为而治"并非什么都不做,舜能够无为而治,是因为他首先端正自己的行为,为臣子百姓作出了表率,所以他能够坐北朝南稳坐君位。

译文:孔子说:无为而治者,他就是舜吧?你知道他是怎么做的吗?他是先端正自己的行为,然后坐北朝南居君位,仅此而已。

6.

子张问行,子曰:言忠信,行笃敬,虽蛮貊之邦,行矣。言不忠信,
行不笃敬,虽州里,行乎哉?立则见其参于前也,在舆则见其倚于衡
也,夫然后行。子张书诸绅。

子张问行(子张,姓颛孙名师,字子张,孔子弟子。行,出外行事),
子曰:言忠信,行笃敬(行,行为;笃敬,稳重严谨),**虽蛮貊之邦**(蛮
貊[mò],南蛮和北狄),**行矣**(行,可以行事)。**言不忠信,行不笃敬,
虽州里**(州里,古代五家为邻,五邻为里,五百里为州),**行乎哉?立则
见其参于前也**(参,高),**在舆则见其倚于衡也**(在舆,在车上;衡,车
前供乘车者扶靠的横木),**夫然后行。子张书诸绅**(诸,"之于"的连读;
绅,丝质腰带)。

提示:"立则见其参于前也,在舆则见其倚于衡也,夫然后
行",意思是站要显得高大伟岸,乘车要靠着横木站立,有这样的仪
表举止,方能出外行事。孔子认为这是君子所必须具备的举止。

译文:子张问如何出外行事,孔子说:言语忠诚老实,行为稳
重严谨,即使在边远少数民族地区,也行得通。言语不忠诚老实,
行为不稳重严谨,就是在本乡本土,又怎能行得通呢?站要显得
高大伟岸,乘车要靠着横木肃立,有这样的仪表举止,方能出外行
事。子张把孔子这番话写在腰带上作为格言。

7.

子曰:直哉史鱼,邦有道如矢,邦无道如矢。君子哉蘧伯玉,邦
有道则仕,邦无道则可卷而怀之。

子曰:直哉史鱼(史鱼,姓史名鳍[qiū],字子鱼,卫国大夫,以耿
直出名),**邦有道如矢**(如矢,象箭那样直行),**邦无道如矢。君子哉
蘧伯玉**(蘧[qú]伯玉,卫国大夫。其日思寡过,卫献公时因世道不明而
不仕),**邦有道则仕**(仕,做官),**邦无道则可卷而怀之**(卷而怀之,把
自己的才智卷起来放在怀里,喻比隐退)。

提示:史鱼临死前说:我荐贤人蘧伯玉,他未得重用;我贬
弥子瑕不肖,他未得被罢免。我生不能进贤而退不肖,死不当治丧
正堂,就殡我于室足矣。生以身谏,死以尸谏,可谓直矣。

译文:孔子说:史鱼为人真是直啊,国家有道他像箭一样刚
直,国家无道他也像箭一样刚直。蘧伯玉真是个君子啊,国家有道
他出来做官,国家无道他就隐退而自保。

8.

　　子曰：可与言而不与之言，失人；不可与言而与之言，失言。知者不失人，亦不失言。

　　子曰：可与言而不与之言，失人（失去值得交往的人）**；不可与言而与之言，失言**（浪费口舌）。**知者不失人，亦不失言。**

　　提示：此章言君子能识人。

　　译文：孔子说：可与之交谈而不同他谈，会失去值得交往的人；不可与之交谈而与他谈，这是浪费口舌。智者既不失去值得交往的人，也不浪费口舌。

9.

　　子曰：志士仁人，无求生以害仁，有杀身以成仁。

　　子曰：志士仁人（有志之士和有仁之人），**无求生以害仁，有杀身以成仁。**

　　译文：孔子说：志士仁人，没有贪生而损害仁的，只会牺牲自己以成全仁的。

10.

　　子贡问为仁，子曰：工欲善其事，必先利其器。居是邦也，事其大夫之贤者，友其士之仁者。

　　子贡问为仁（子贡，姓端木名赐，字子贡，孔子弟子。为仁，为人，即为人处世，《论语》中"人"和"仁"两字经常通假），**子曰：工欲善其事，必先利其器**（工匠要想做好他的活，必定先要锋利他的工具；此是古谚语，意思是要走捷径）。**居是邦也，事其大夫之贤者**（事，侍奉），**友其士之仁者**（友，交友）。

　　提示：孔子认为，在贤惠的大夫下做事，与士人中仁者交友，是学会处世为人的捷径。

　　译文：子贡问如何处世为人，孔子说：你要善于走捷径。居住在一个国家，就要侍奉该国贤惠的大夫，要与士人中的仁者为友，这样你就学会处世为人了。

11. 颜渊问为邦,子曰:行夏之时,乘殷之辂,服周之冕,乐则韶、舞,放郑声,远佞人。郑声淫,佞人殆。

颜渊问为邦(颜渊,姓颜名回,字子渊,鲁人,孔子弟子。为邦,治理国家),**子曰:行夏之时**(夏之时,夏代历法,夏历最符合农业需要,最科学),**乘殷之辂**(殷之辂[lù],殷代的马车,它朴实宽敞,尊卑俱乘之,故孔子称赞之),**服周之冕**(周之冕,周朝的礼帽,它不仅美观而且含有礼仪,孔子赞同),**乐则韶、舞**(韶,歌颂舜的音乐舞蹈。舞,通假"武",歌颂周武王灭商的乐舞),**放郑声**(放,罢。郑声,郑国音乐),**远佞人**(佞人,善辩小人)。**郑声淫,佞人殆**(殆,危险)。

译文:颜渊问如何治理国家,孔子说:实行夏的历法,乘殷代的马车,戴周朝的礼帽,音乐须听《韶》《武》,弃绝郑国的音乐,远离善辩的小人。因为郑国的音乐淫靡,善辩的小人危险。

12. 子曰:人无远虑,必有近忧。

提示:智者行事,满则虑歉,平则虑险,安则虑危。

译文:孔子说:一个人没有长远的打算,就一定会有眼前的忧虑。

13. 子曰:已矣乎,吾未见好德如好色者也。

提示:此章已见于《子罕》篇。

14. 子曰:臧文仲其窃位者与?知柳下惠之贤而不与立也。

子曰:臧文仲其窃位者与(臧文仲,臧孙辰,鲁国大夫,死后谥"文")**?知柳下惠之贤而不与立也**(柳下惠,姓展名获,字禽,死后谥号惠,鲁国大夫,食邑柳下故称柳下惠,以贤惠著称。立,通假"位",官位)。

提示:臧文仲为鲁国司空兼司寇,柳下惠任士师即典狱官,是臧文仲的属下。臧文仲明知柳下惠贤,却不愿让出司寇位给他,所以孔子批评臧文仲窃取别人的官位。

译文:孔子说:臧文仲是个窃居官位的人吧,他知道柳下惠贤,而不愿给他应有的官位。

15.
子曰:躬自厚而薄责于人,则远怨矣。

子曰:**躬自厚而薄责于人**(躬自,自责反省;躬,通假"攻"),**则远怨矣**。

提示:责己严,责人宽。

译文:孔子说:对自己严于反省自责,对他人少于苛求责备,这样可避免怨恨。

16.
子曰:不曰"如之何,如之何"者,吾末如之何也已矣。

子曰:**不曰"如之何,如之何"者**(如之何,怎么办),**吾末如之何也已矣**(末,莫)。

提示:"如之何"是个古代成语,最早见于《诗经·王风·君子于役》和《诗经·齐风·南山》,意思是"怎么办",带有深谋远虑之意。孔子认为"人无远虑,必有近忧"。

译文:孔子说:一个不懂深谋远虑的人,我也不知道拿他怎么办才好,此人无可教化。

17.
子曰:群居终日,言不及义,好行小慧,难矣哉。

子曰:**群居终日,言不及义,好行小慧**(小慧,小聪明),**难矣哉**。

提示:此章恐是孔子责其弟子。

译文:孔子说:整天聚在一起,言谈不符合义,好卖弄小聪明,难有出息啊。

18.
子曰君子:义以为质,礼以行之,孙以出之,信以成之,君子哉。

子曰君子:**义以为质**(质,基础),**礼以行之**(行,行事),**孙以出之**(孙,谦逊;出,表现),**信以成之**(成,成事),**君子哉**。

译文:孔子论述君子说:以义为基础,以礼行事,举止谦逊,以信成事,这就是君子。

19.
　子曰：君子病无能焉，不病人之不己知也。

　子曰：**君子病无能焉**（病，担心），**不病人之不己知也**（不己知，不了解自己）。

　译文：孔子说：君子要担心的是自己无能，不必担心他人不了解自己。

20.
　子曰：君子疾没世而名不称焉。

　子曰：**君子疾没世而名不称焉**（疾，担心。没世，死。称，好）。

　译文：孔子说：君子担心的是死后无好名声。

21.
　子曰：君子求诸己，小人求诸人。

　子曰：**君子求诸己**（求，责求。诸，"之于"的连读），**小人求诸人**。

　译文：孔子说：君子对自己严格要求，小人则苛求他人。

22.
　子曰：君子矜而不争，群而不党。

　子曰：**君子矜而不争**（矜，庄重；不争，不与人争），**群而不党**（群，合群；不党，不拉党结派）。

　译文：孔子说：君子庄重自尊，不与人争，能合群但不结党。

23.
　子曰：君子不以言举人，不以人废言。

　子曰：**君子不以言举人**（以言举人，以他善言而提拔他），**不以人废言**（以人废言，因人品性不好而鄙弃他正确意见）。

　译文：孔子说：君子不以人的言语而提拔他，也不因人的品性而鄙弃他正确的意见。

24.
　子贡问曰：有一言而可以终身行之者乎？子曰：其"恕"乎？己所不欲，勿施于人。

子贡问曰（子贡，姓端木名赐，字子贡，孔子弟子）：**有一言而可以终身行之者乎？子曰：其"恕"乎**（恕，推己及人，仁爱待物）？**己所不欲，勿施于人**（自己不喜欢、不想做的事情，不要勉强别人去做）。

提示："恕"是孔子提倡的一种美德，将爱自己推及爱他人，也就是"己所不欲，勿施于人"。

译文：子贡问：有没有一句话可以终身奉行的？孔子说：不就是"恕"吗？自己不喜欢、不想做的事情，不要勉强别人去做。

25.
子曰：吾之于人也，谁毁谁誉？如有所誉者，其有所试矣。（斯民也，三代之所以直道而行也。）

子曰：吾之于人也，谁毁谁誉（诋毁过谁，赞誉过谁）？**如有所誉者，其有所试矣**（试，通假"识"，了解）。**（斯民也，三代之所以直道而行也）**（此二句应属于下章，误出在此）

译文：孔子说：我对于人，诋毁过谁，赞誉过谁？如我赞誉的一定是我所了解的人。

26.
子曰：斯民也，三代之所以直道而行也；吾犹及史之阙文也；有马者借人乘之；今亡矣夫。

子曰：斯民也，三代之所以直道而行也（虞夏商三代之所以直道能得以实行，是因为有这样秉性直率的人民；斯，这样；三代，指孔子周朝之前的虞夏商三代）；**吾犹及史之阙文也**（犹及，还见到过。史之阙文，古人著史遇有疑点必定是存疑。阙文，空缺）；**有马者借人乘之**（古人遇赶路者借马一定出借，借马人也一定归还）；**今亡矣夫。**

提示：此章必是孔子与弟子论及"古人之直"。孔子举了三个例子；其一虞夏商三代的人民秉性直率，所以当时直道能得以实行；其二古人著史遇有疑点必定是空阙存疑；其三古人遇赶路者借马一定是出借，借马人也一定归还。这都归之于古人秉性直率。

译文：孔子说：虞夏商三代之直道能得以实行，是因为有这样秉性直率的人民。我还看到古人著史遇有疑点必定空缺存疑，古人遇赶路者借马一定出借，借马人也一定归还，然而现在这种现象已看不到了。

27. 子曰：巧言乱德，小不忍则乱大谋。

子曰：**巧言乱德**（巧言，花言巧语），**小不忍则乱大谋**（大谋，重大谋略）。

译文：孔子说：花言巧语可乱德，小事不忍则乱重大谋略。

28. 子曰：众恶之，必察焉；众好之，必察焉。

子曰：**众恶之，必察焉**（察，明察）；**众好之，必察焉**。

提示：众人都讨厌或都喜欢的人，必须明察讨厌喜欢的原因，方能真正了解他。

译文：孔子说：众人都讨厌的人，必须明察他；众人都喜欢的人，必须明察他。

29. 子曰：人能弘道，非道弘人。

提示：求道能明事理，但得道者未必能名扬天下，这就是"非道弘人"。

译文：孔子说：人能宏扬道，而不是道宏扬人。

30. 子曰：过而不改，是谓过矣。

子曰：**过而不改**（过，过错），**是谓过矣**。

译文：孔子说：有过错而不改，这才是真正的过错。

31. 子曰：吾尝终日不语、终夜不寝，以思，无益，不如学也。

子曰：**吾尝终日不语**（尝，曾经）**、终夜不寝，以思，无益，不如学也**。

提示：思乃求知，学乃力行，孔子说：思而不学则殆。

译文：孔子说：我曾经终日不语、终夜不寝，全部用来思考，但没长进，不如学习。

32.

子曰：君子谋道不谋食。耕也馁在其中矣，学也禄在其中矣。君子忧道不忧贫。

子曰：君子谋道不谋食。耕也馁在其中矣（馁，饥饿），**学也禄在其中矣。君子忧道不忧贫。**

译文：孔子说：君子谋求道不谋求食。种地，常有饿肚子的；学习，能得到俸禄。君子担心的是不能得道，而不担心贫穷。

33.

子曰：知及之，仁不能守之，虽得之，必失之；知及之，仁能守之，不庄以莅人，则民不敬；知及之，仁能守之，庄以莅人，动之不以礼，未善也。

子曰：知及之（靠智慧获得了天下；知，智慧；及，得到），**仁不能守之，虽得之，必失之；知及之，仁能守之，不庄以莅人**（莅，上临下），**则民不敬；知及之，仁能守之，庄以莅人，动之不以礼**（动，行事），**未善也。**

提示：此章言得天下者必备之品德。

译文：孔子说：靠智慧获得了天下，但不能以仁守住，虽得必失；靠智慧获得了，又以仁守住了，但不以庄重临驾于民，则民对你的统治不敬；靠智慧获得了，又以仁守住了，也以庄重临驾于民，但不以礼治理天下，不可称善。

34.

子曰：君子不可小知而可大受也，小人不可大受而可小知也。

子曰：君子不可小知而可大受也（小知，小智小慧。大受，授以大任），**小人不可大受而可小知也。**

译文：孔子说：君子不求小智慧但可授以大任，小人不可授以大任但他有小智慧。

35.

子曰：民之于仁也，甚于水火。水火，吾见蹈而死者矣，未见蹈仁而死者也。

子曰：民之于仁也，甚于水火。水火，吾见蹈而死者矣（蹈，奔赴），**未见蹈仁而死者也。**

提示：水火乃生活所必须，仁则是为人处世所必须，民众只见水火之重要，却不见仁之重要。况且水火有用也有危险，仁却有利无害。故而孔子问：赴水火有死的，未见有赴仁而死的，民众何不赴仁呢？

译文：孔子说：仁对于民众来说比水火重要的多。我看见有赴水火而死的，但我未见有赴仁而死的。

36.

子曰：当仁，不让于师。

子曰：**当仁**（当，应该），**不让于师**（师，众人）。

译文：孔子说：当行仁则行仁，不必对众人谦让。

37.

子曰：君子贞而不谅。

提示："贞"与"谅"都表示"诚信"，但"贞"有"坚定不移"、"稳定"的用法，"谅"则有"固执"的用法。孔子并不否定"谅"，他把"友谅"作为"益者三友"之一。但是"谅"是固执地守信，不懂得依情况而变通，而"贞"是守定一个大的信念，在不违背大信念的前题下能视情况而变通。所以孔子主张君子应该贞而不谅。

译文：孔子说：君子讲诚信，但不固执地守信，懂得变通。

38.

子曰：事君，敬其事而后其食。

子曰：**事君**（侍奉君主），**敬其事而后其食**（敬其事，尽职；食，俸禄）。

译文：孔子说：侍奉君主，要先尽职然后才取俸禄。

39.

子曰：有教无类。

子曰：**有教无类**（类，差别）。

译文：孔子说：我只管教化，不问人的差别。

40.

子曰：道不同，不相为谋。

子曰：**道不同，不相为谋**（谋，商议）。

提示：当时有三位隐士求洁身自好，嘲讽孔子的所作所为，孔子则不然，知天下不可为而欲行其仁，是故道不同者无法交流。

译文：孔子说：道不同者无法互相交流。

41.

子曰：辞达而已矣。

译文：孔子说：言辞能达意则足矣。

42.

师冕见，及阶，子曰：阶也。及席，子曰：席也。皆坐，子告之曰：某在斯，某在斯。师冕出，子张问曰：与师言之道与？子曰：然，固相师之道也。

师冕见（师冕，名叫冕的盲人乐师；古代乐师均为盲人。见，见孔子），**及阶**（阶，台阶），**子曰：阶也。及席，子曰：席也。皆坐，子告之曰：某在斯**（某人坐在这里。斯，此），**某在斯。师冕出，子张问曰**（子张，姓颛孙名师，字子张，孔子弟子）：**与师言之道与**（这是与盲乐师说话的方法吗）？**子曰：然，固相师之道也**（然，是的；固，的确；相，帮助）。

提示：《礼记·少仪》曰"其未有烛而后至者，则以在者告，道瞽亦然"，意思是，天黑后未点火把后到的客人，主人要把在座的客人一一告诉来者，引导盲人也一样。孔子的做法完全符合礼的要求。

译文：盲乐师冕来见孔子，走到台阶前，孔子说：这是台阶。走到坐席前，孔子说：这是坐席。大家坐下后，孔子对盲乐师冕一一介绍：某人坐在这里，某人坐在这里。盲乐师冕告辞走了，子张问孔子：这是与盲乐师说话的方法吗？孔子说：是的，这就是帮助盲乐师的方法。

季氏第十六

本篇记述孔子论鲁国政事及君子。

1. 季氏将伐颛臾。冉有、季路见于孔子曰：季氏将有事于颛臾。孔子曰：求，无乃尔是过矣。夫颛臾，昔者先王以为东蒙主，且在邦域之中矣，是社稷之臣也，何以伐为？冉有曰：夫子欲之，吾二臣皆不欲也。孔子曰：求，周任有言曰"陈力就列，不能者止"。危而不持，颠而不扶，则将焉用彼相矣？且尔言过矣，虎兕出于柙，龟玉毁于椟中，是谁之过与？冉有曰：今夫颛臾，固而近于费，今不取，后世必为子孙忧。孔子曰：求，君子疾夫舍曰欲之而必为之辞。丘也闻有国有家者，不患寡而患不均，不患贫而患不安。盖均无贫，和无寡，安无倾。夫如是故远人不服，则修文德以来之，既来之，则安之。今由与求也相夫子，远人不服而不能来也，邦分崩离析而不能守也，而谋动干戈于邦内，吾恐季孙之忧，不在颛臾而在萧墙之内也。

季氏将伐颛臾（季氏，掌鲁国实权的贵族，季孙氏家族。颛臾 [zhuān yú]，附庸于鲁国的小国，相传是伏羲之后，风姓）。**冉有、季路见于孔子曰**（冉有，姓冉名求，字子有，亦称冉有，即冉子有，孔子弟子。季路，姓仲名由，字子路，又叫季路，孔子弟子）：**季氏将有事于颛臾。孔子曰：求**（求，冉有），**无乃尔是过矣**（无乃，莫非是）。**夫颛臾，昔者先王以为东蒙主**（先王，指周武王。东蒙主，主祭东蒙山神的人），**且在邦域之中矣，是社稷之臣也**（社稷之臣，指颛臾是鲁国的臣属），**何以伐为？冉有曰：夫子欲之**（夫子，指季孙氏家族的季康子，时任鲁国大夫，掌鲁国实权），**吾二臣皆不欲也。孔子曰：求，周任有言曰**（周任，古代良吏）**"陈力就列，不能者止"**（衡量自己的能力就任职位，不能尽职就该辞职；就列，排在大臣的队伍中；者，通假"则"）。**危而不持**（遇到危险不扶持），**颠而不扶**（要跌倒了不搀扶），**则将焉用彼相矣**（那何必用他做助手）？**且尔言过矣，虎兕出于柙**（老虎犀牛从笼中跑出来，比喻武力征讨属国；虎兕 [sì]，老虎和犀牛；柙 [xiá]，关猛兽的木笼子），**龟玉毁于椟中**（圭玉坏在木盒中，比喻背弃礼制；

龟玉，"圭玉"之误，帝王诸侯举行隆重仪式用的玉制礼器；椟，木盒)，**是谁之过与**（意思是"这不都是具体掌管者的错吗"）？**冉有曰：今夫颛臾，固而近于费**（固，城墙坚固。费［bì］，季康子的封地），**今不取，后世必为子孙忧。孔子曰：求，君子疾夫舍曰欲之而必为之辞**（君子疾夫……辞，君子最恨……这样的话。舍曰欲之而必为之，不说自己想为却推脱说不得不为。疾，恨；舍曰，不说)。**丘也闻有国有家者，不患寡而患不均，不患贫而患不安**（此二句当为"不患贫而患不均，不患寡而患不安"，则与下文通。意思是不忧贫困而忧财富不均，不忧人口少而忧不安定)。**盖均无贫**（财富均匀就无所谓贫困)，**和无寡**（和睦团结就无所谓人口少)，**安无倾**（国家安定就无倾覆之患)。**夫如是故远人不服**（如是，如果这样；故，仍然；远人，边远部落)，**则修文德以来之**（来之，招来归服)，**既来之，则安之。今由与求也相夫子**（相夫子，协助季康子)，**远人不服而不能来也，邦分崩离析而不能守也，而谋动干戈于邦内，吾恐季孙之忧，不在颛臾而在萧墙之内也**（萧墙，宫门内挡门的照壁，人臣见君，看见它肃然起敬，故名之。"萧墙之内"暗指鲁国国君。孔子点出季康子的担忧不在颛臾，而是担心鲁国国君收拾自己，所以要占据颛臾扩大地盘)。

译文：季孙氏要讨伐颛臾，冉有、季路来见孔子说：季孙氏将要攻打颛臾。孔子说：冉有啊，你们这么做未免过分了。那颛臾，以前周武王封他做东蒙山的主祭人，且在鲁国境内，是鲁国的属国，为什么要攻打他呢？冉有说：季康子要这么做，我们两人都不主张这么做。孔子说：冉有啊，以前周任说过"衡量自己的能力就任职位，不能胜任则辞职"。如果遇到危险而不扶持，将跌倒而不搀扶，那何必用他做助手呢？况且你的话也错了，老虎犀牛跑出栏，圭玉坏在匣子里，这不是掌管者的过错又是谁的过错呢？冉有说：现在颛臾城郭坚固，离费邑又近，如现在不夺取它，将来必定为子孙后代带来隐忧。孔子说：冉有啊，君子最恨人不说自己要为，却推脱说不得不为。我听说一个国君或一个大夫，不忧贫困而忧财富不均，不忧人口少而忧不安定。财富均匀就无所谓贫困，和睦团结就无所谓人口少，国家安定就无倾覆之患。如果这样边远部落还不来归服，那就要修文德以招引他们，既招他们来了，就让他们生活安定。今天你们两人协助季康子，边远部落不愿归服，你们也无法招引他们来，国家分崩离析而不能保全，却想在国

内使用武力，我恐怕季孙氏的担忧并非颛臾，而是鲁国国君。

2.

孔子曰：天下有道，则礼乐征伐自天子出；天下无道，则礼乐征伐自诸侯出。自诸侯出，盖十世希不失矣；自大夫出，五世希不失矣；陪臣执国命，三世希不失矣。天下有道，则政不在大夫；天下有道，则庶人不议。

孔子曰：天下有道，则礼乐征伐自天子出；天下无道，则礼乐征伐自诸侯出。自诸侯出，盖十世希不失矣（希不失，很少有不败亡的）；**自大夫出，五世希不失矣；陪臣执国命**（卿大夫的家臣掌国家大权），**三世希不失矣。天下有道，则政不在大夫；天下有道，则庶人不议。**

提示：如齐桓公称霸就是"自诸侯出"，季孙氏掌鲁国实权就是"自大夫出"，阳虎擅权就是"陪臣执国命"。孔子的春秋时代，周室衰微，天子失权，诸侯专擅礼乐征伐而称霸天下，孔子对此有切肤之痛，故感慨而言之。

译文：孔子说：天下有道，礼乐征伐由天子决定；天下无道，礼乐征伐由诸侯做主。由诸侯做主，大概很少有传十代而不败亡的；由大夫做主，很少有传五代而不败亡的；由卿大夫的家臣掌国家大权，很少有传三代而不败亡的。天下有道，国家权力不会由大夫把持；天下有道，百姓就不议论朝政。

3.

孔子曰：禄之去公室五世矣，政逮于大夫四世矣，故夫三桓之子孙微矣。

孔子曰：禄之去公室五世矣（禄，给予俸禄的权力。公室，诸侯政权。五世，自鲁君丧失政权到孔子时经历了宣、成、襄、昭、定公五代），**政逮于大夫四世矣**（逮，掌控。四世，从季氏把持鲁国政权到孔子时经历了文子、武子、平子、桓子四代大夫），**故夫三桓之子孙微矣**（夫，语助词。三桓，鲁国的孟孙氏、叔孙氏、季孙氏三家贵族大夫，都是鲁桓公的后代）。

译文：孔子说：鲁国君主失去政权已有五代了，政权落入大夫手中已有四代了，所以三桓的子孙也将衰微了。

4.
　　孔子曰：益者三友，损者三友。友直、友谅、友多闻，益矣；友便辟、友善柔、友便佞，损矣。

　　孔子曰：益者三友，损者三友。友直（直，正直者，对自己肯直言规谏）**、友谅**（谅，诚信者，相交有信誉）**、友多闻**（多闻，见多识广者，对自己有增益），**益矣；友便辟**（便辟[pián pì]，善于伪装而不正直。友便辟则举止傲慢）**、友善柔**（善柔，表面柔弱实质虚伪阴险毒辣）**、友便佞**（便佞，巧言善辩），**损矣**。

　　译文：孔子说：有益的朋友有三种，有害的朋友也有三种。以正直者、诚信者、见多识广者为友，有益；以善于伪装而不正直者、虚伪阴险者、巧言善辩者为友，有害。

5.
　　孔子曰：益者三乐，损者三乐。乐节礼乐、乐道人之善、乐多贤友，益矣；乐骄乐、乐佚游、乐晏乐，损矣。

　　孔子曰：益者三乐，损者三乐。乐节礼乐（节礼乐[yuè]，以礼乐节制自己）**、乐道人之善**（道人之善，善扬而恶隐，不失忠厚）**、乐多贤友，益矣；乐骄乐**（骄乐，骄纵放肆）**、乐佚游**（佚[yì]游，无节制游玩）**、乐晏乐**（晏[yàn]乐，纵乐至深夜；晏，晚），**损矣**。

　　译文：孔子说：有益的快乐有三种，有害的快乐也有三种。乐于以礼乐节制自己、乐于赞扬别人的善处、乐于交贤朋良友，有益；乐于骄纵放肆、乐于无节制游玩、乐于放纵玩乐至深夜，有害。

6.
　　孔子曰：侍于君子有三愆：言未及之而言，谓之躁；言及之而不言，谓之隐；未见颜色而言，谓之瞽。

　　孔子曰：侍于君子有三愆（此句应为"侍于君有三愆"，"君"专指君王，而非泛指君子。愆[qiǎn]，过失）**：言未及之而言**（未经深思熟虑唐突而言），**谓之躁；言及之而不言，谓之隐；未见颜色而言**（颜色，君王的脸色），**谓之瞽**（瞽[gǔ]，瞎子）。

　　译文：孔子说：侍奉君王易犯三种过错：未经深思熟虑唐突而言，这叫急躁；经深思熟虑却吞吐不言，这叫隐瞒；不观君王颜面趣向，任己意言之，这叫盲目。

7.

孔子曰：君子有三戒：少之时血气未定，戒之在色；及其壮也血气方刚，戒之在斗；及其老也血气既衰，戒之在得。

孔子曰：君子有三戒：少之时血气未定，戒之在色；及其壮也血气方刚，戒之在斗；及其老也血气既衰，戒之在得（得，贪财物）。

提示：古人十五为束修，二十曰弱冠，此乃少年之时；三十、四十、五十为壮年；六十七十曰老。《淮南子·诠言训》"凡人之性，少则猖狂，壮则强暴，老则好利"，为此章之诠注。

译文：孔子说：君子有三戒：少年时血气未定，应戒女色；壮年时血气方刚，应戒争强好斗；老年时血气衰退，应戒贪得无厌。

8.

孔子曰：君子有三畏：畏天命、畏大人、畏圣人之言。小人不知天命而不畏也，狎大人、侮圣人之言。

孔子曰：君子有三畏（畏，敬畏）**：畏天命、畏大人**（大人，君王父兄尊长）**、畏圣人之言。小人不知天命而不畏也，狎大人**（狎[xiá]，轻慢）**、侮圣人之言。**

提示：天命乃天赋予人之秉性，当顺乎天命，顺乎自然。君子于君王有尽忠之义务，于父母有尽孝之义务，于兄长有恭敬之义务。圣人之言乃先哲经验之谈，不可不听。

译文：孔子说：君子有三件必须敬畏的事：敬畏天命、敬畏尊长、敬畏圣人的言语。小人不懂天命所以不敬畏之，轻慢尊长、敢戏侮圣人的经验之谈。

9.

孔子曰：生而知之者上也，学而知之者次也，困而学之又其次也。困而不学，民斯为下矣。

孔子曰：生而知之者上也（上，最上等）**，学而知之者次也**（次，次一等）**，困而学之又其次也。困而不学，民斯为下矣**（斯，此，指"困而不学"）。

提示：此章就学习而言，民众普遍困而不学，因此为最下等。

译文：孔子说：生来就懂的为最上等，经过学习懂的要次一等，因困惑而学习的再次一等。民众普遍困而不学，因此为最下等。

10.

孔子曰：君子有九思：视思明、听思聪、色思温、貌思恭、言思忠、事思敬、疑思问、忿思难、见得思义。

孔子曰：君子有九思（思，念念不忘）：**视思明、听思聪**（聪，听明白）、**色思温**（色，脸色）、**貌思恭、言思忠、事思敬、疑思问、忿思难**（发怒时要想到后患）、**见得思义**（得，利益）。

译文：孔子说：君子有九件事必须牢记：看要看明白、听要听清楚、面容要温和、举止外表要庄重、言语要忠诚、做事要严肃认真、遇疑难要向人请教、发怒时要想到后患、有利可得要考虑是否符合道义。

11.

孔子曰：见善如不及，见不善如探汤。吾见其人矣，吾闻其语矣。隐居以求其志，行义以达其道，吾闻其语矣，未见其人也。

孔子曰：见善如不及（看见善，惟恐自己赶不上），**见不善如探汤**（探汤，把手伸到烫水里，避之不及，比喻疾恶如仇）。**吾见其人矣，吾闻其语矣。隐居以求其志**（靠隐居而求得保全自己的意志，如长沮、桀溺之流，这种人实为对国家社稷不负责任的无志小人），**行义以达其道**（当是"行逸以达其道"之误，行逸，隐逸），**吾闻其语矣，未见其人也。**

提示：这章恐有所指。孔子反对辟世隐居，但并不否定行义，看来"行义以达其道"当是"行逸以达其道"之误，即靠辟世以实现自己的道。

译文：孔子说：看见善行，惟恐自己赶不上，看见恶行，好比用手触及烫水那样惟恐避之不及，我见过这种人，我也听过这样的话。隐居以保全自己的志向，辟世以实现自己的道，我听过这样的话，但我没见过这样的人。

12.

齐景公有马千驷，死之日，民无德而称焉；伯夷、叔齐饿于首阳之下，民到于今称之。其斯之谓与？

齐景公有马千驷（马千驷，千辆战车，古代四马拉一车），**死之日，民无德而称焉**（没有德可被民众称道）；**伯夷、叔齐饿于首阳之下，民到于今称之。其斯之谓与**（"斯之谓其"的倒装句，意思是民众给他们截然不同的评价。斯,分开;谓,评价;其,指齐景公和伯夷叔齐;与,疑问词)?

提示:齐景公厚敛于民而薄施,病危时不立太子,于是齐人歌曰"景公死乎不与埋,三军之事乎不与谋"。

据《韩诗外传》《吕氏春秋》,伯夷、叔齐两人为殷代孤竹国国君之子,国君欲立叔齐为储君,国君卒,两人因互让继位而逃离孤竹国。武王伐纣,两人曾叩马而谏,讥讽武王不孝不仁。殷灭,两人耻于食周粟,饿死于首阳山中。

孔子将他们作对比是强调"德"的重要性。

译文:齐景公有战车千辆,他死的时候,没什么德行可被民众称道;伯夷、叔齐饿死在首阳山下,百姓到现在还在称道他们。民众给他们的评议竟是如此不同。

13.

陈亢问于伯鱼曰:子亦有异闻乎? 对曰:未也。尝独立,鲤趋而过庭。曰:学《诗》乎? 对曰:未也。"不学《诗》无以言。"鲤退而学《诗》。他日,又独立,鲤趋而过庭。曰:学礼乎? 对曰:未也。"不学礼无以立"。鲤退而学礼。闻斯二者。陈亢退而喜曰:问一得三,闻《诗》,闻礼,又闻君子之远其子也。

陈亢问于伯鱼曰(陈亢,字子禽,孔子弟子。伯鱼,孔鲤字伯鱼,孔子儿子):**子亦有异闻乎**(子,指孔子。异闻,特别的教导)? **对曰:未也。尝独立**(尝,曾经),**鲤趋而过庭**(鲤,孔鲤;趋,小步快走,表示恭敬)。**曰:学《诗》乎? 对曰:未也。"不学《诗》无以言**(不学《诗经》就不会说话)。"**鲤退而学诗。他日,又独立,鲤趋而过庭。曰:学礼乎? 对曰:未也。"不学礼无以立**(不学礼就无以立足社会)。"**鲤退而学礼。闻斯二者**(斯,此)。**陈亢退而喜曰:问一得三**(我问一个问题却得到三点收获),**闻《诗》,闻礼,又闻君子之远其子也**(远其子,为父者对子女不可过于亲热,使子女对父失去恭敬。远,含有严厉、保持一定距离的意思)。

译文:陈亢问伯鱼:先生有什么特别的教导? 伯鱼说:没有。曾经有一次他独自站在庭院中,我快步走过,先生问我学《诗经》了吗? 我说还没有,先生说不学《诗经》就不会说话,我退回去后便学《诗经》。又一次他独自站在庭院中,我快步走过,先生问我学礼了吗? 我说还没有,先生说不学礼就无以立足社会,我退回去后便学礼。陈亢回去后高兴地说：我问一个问题却得到三点收获，知道了该学《诗经》，知道了该学礼，还了解到君子不溺爱自己的儿子。

14.

邦君之妻，君称之曰夫人，夫人自称曰小童，邦人称之曰君夫人，称诸异邦曰寡小君，异邦人称之亦曰君夫人。

邦君之妻（邦君，诸侯国的国君），**君称之曰夫人，夫人自称曰小童**（小童，自谦智能寡少如蒙童），**邦人称之曰君夫人**（邦人，本国人），**称诸异邦曰寡小君**（此指国人或使节对外国人谈及本国国君夫人时的称呼，并非夫人自己对外国人的自称。诸，"之于"的连读），**异邦人称之亦曰君夫人。**

提示：《礼记·曲礼》内容与此章相近，疑当为《礼记·玉藻》的最后一章，不知何故错简在此。

译文：对国君的妻子，国君称之为夫人，妻子自称小童，国人称之为君夫人，对外国人称本国国君的夫人为寡小君，外国人称本国国君的夫人为君夫人。

阳货第十七

本篇主要记述孔子论道德低下者。

1.　　阳货欲见孔子,孔子不见,归孔子豚。孔子时其亡也而往拜之。
遇诸途。谓孔子曰:来,予与尔言。曰:怀其宝而迷其邦,可谓仁乎?
曰:不可。好从事而亟失时,可谓知乎?曰:不可。日月逝矣,岁不
我与。孔子曰:诺,吾将仕矣。

阳货欲见孔子(阳货,姓阳名虎,字货,季孙氏的大管家,后反叛季
氏),**孔子不见,归孔子豚**(归,馈。豚,小猪)。**孔子时其亡也而往拜
之**(时,伺机;亡,不在家。古人受人馈赠必前往拜谢,孔子不愿见阳货,
故意乘其不在家而去拜谢)。**遇诸途**(遇诸,遇之于)。**谓孔子曰:来,
予与尔言**(予,我;尔,你)。**曰:怀其宝而迷其邦**(宝,指"道"。迷
其邦,让国家迷途失道),**可谓仁乎?曰:不可**(此非孔子的话,是阳货
自问自答)。**好从事而亟失时**(亟[qì],屡次),**可谓知乎?曰:不可。
日月逝矣,岁不我与**(岁月不等人;与,在一起)。**孔子曰:诺,吾将
仕矣**(好,我准备出来做官)。

提示:阳货,鲁国三桓之孟孙氏后裔。阳货、季寤公、公山不
狃三人合谋欲取三桓而代之。阳货叛乱后逃入齐,又入宋入晋,最
后亡于赵。阳货以"张公室"为号召,孔子或表同情,但其以私利
欲去三桓,为孔子所不许,故不欲见之。阳货故意送孔子蒸熟的小
猪,迫使孔子按当时的礼节去回拜他,同时可避开孔子的弟子单
独谈话。孔子答"吾将仕"恐非虚言,鲁定公十年即同阳货这次路
遇后半年,孔子就出任了鲁国相,当然他不是与阳货合谋,而是辅
佐鲁定公去三桓。

译文:阳货想见孔子,孔子不见他,于是他就送只蒸熟的小猪
到孔子家,迫使孔子按礼节回拜他。孔子乘阳货不在家之机去回
拜,以求不面见阳货。不巧途中碰上阳货,阳货对孔子说:你过来,
我要与你说话。他问孔子:自己怀有治国之道却听任国家迷途失

道,这能叫仁吗?不能。他又问:一个人希望参政却屡屡错过机会,这能叫智吗?不能。阳货说:光阴一天天过去,岁月不等人啊。孔子说:好,我准备出来做官。

2.

子曰:性相近也,习相远也。

子曰:性相近也(性,本性),**习相远也**(习,习惯)。

提示:人的本性受于天,人之先天本性基本相同,但又不尽一样,故言"相近"。但因环境和教育之不同,人之后天习惯差异很大,故言"相远"。孟子曰:富岁子弟多赖,凶岁子弟多暴。人之懒惰或暴虐皆因环境造就。

译文:孔子说:人的天性基本相近,但后天的习惯则差异颇大。

3.

子曰:唯上知与下愚不移。

子曰:唯上知与下愚不移(上知,最上等的智者;下愚,最下等的愚人;不移,本性不会因后天的环境影响而改变)。

译文:孔子说:只有上等的智者和下等的愚人其本性是不会改变的。

4.

子之武城,闻弦歌之声。夫子莞尔而笑,曰:割鸡焉用牛刀?子游对曰:昔者偃也闻诸夫子曰:"君子学道则爱人,小人学道则易使也。"子曰:二三子,偃之言是也,前言戏之耳。

子之武城(之,去。武城,子游为武城宰,见《雍也第六》。子游姓言名偃,字子游,孔子弟子),**闻弦歌之声。夫子莞尔而笑**(莞[wǎn]尔,微笑),**曰:割鸡焉用牛刀?子游对曰:昔者偃也闻诸夫子**(偃,子游;闻诸,闻之于)**曰:"君子学道则爱人,小人学道则易使也。"子曰:二三子**(弟子们),**偃之言是也,前言戏之耳**(我刚才说的是玩笑而已)。

提示:孔子认为区区武城,兴先王礼乐之教,未免大材小用,因此说"割鸡焉用牛刀"。

译文：孔子去武城，听到城里传出琴瑟歌声，孔子微笑道：杀鸡何需用牛刀。子游回答说：以前我听先生说"君子学了礼乐就有仁爱之心，小人学了礼乐就容易使唤"。孔子说：弟子们，子游的话是对的，我刚才说的是玩笑而已。

5.

公山弗扰以费畔，召，子欲往。子路不说，曰：末之也已，何必公山氏之之也？子曰：夫召我者，而岂徒哉？如有用我者，吾其为东周乎！

公山弗扰以费畔（公山弗扰，字子泄，也称公山不狃，季氏家臣，任费邑长官，与阳货共谋去三桓。费[bì]，季氏的封邑。畔，通假"叛"），**召，子欲往。子路不说**（不说，不悦），**曰：末之也已**（末，表禁戒，不要；之，去；也已，表肯定语气），**何必公山氏之之也**（"何必之公山氏也"的倒装句，前一"之"为助词，后一"之"为动词，去）？**子曰：夫召我者，而岂徒哉**（召我去，难道仅仅是召见而已，没实质内容吗？此中含有，召我者必要用我，我必能有所作为。徒，空）？**如有用我者，吾其为东周乎**（我或许在鲁国能建个东方周王朝。鲁在周朝京都的东方，故曰东周）！

提示：司马迁认为，孔子循道已久，一直没机会实践一下，所以他愿意应公山弗扰之召。孔子曾说：当年周文王、武王靠丰镐起家而称王天下，费邑虽小，说不定能有大作为。总之有一点是肯定的，公山弗扰联合阳货等反叛三桓，与孔子的"去三桓，张公室"的主张相似，所以孔子打算去，但他最终还是没去。

译文：公山弗扰以费邑为据点反叛季氏，他召孔子去，孔子打算去。子路不高兴说：别去，为何一定要去公山氏那里呢？孔子说：召我去，难道会没实质内容吗？如有人用我，我能在鲁国建个东方周王朝呢！

6.

子张问仁于孔子，孔子曰：能行五者于天下为仁矣。请问之。曰：恭、宽、信、敏、惠。恭则不侮，宽则得众，信则人任焉，敏则有功，惠则足以使人。

子张问仁于孔子（子张，姓颛孙名师，字子张，孔子弟子），**孔子曰：能行五者于天下为仁矣。请问之。曰：恭**（庄重）**宽**（宽厚）、

信（诚信）、**敏**（勤敏）、**惠**（恩惠）。**恭则不侮**（不侮，不受侮辱。所谓"自敬者，人亦敬己也"），**宽则得众**（众，民众），**信则人任焉**（人任，得到民众信任），**敏则有功**（有功，见功效），**惠则足以使人**。

译文：子张问孔子什么是仁，孔子说：能在天下实行五种品德，就是仁。子张问哪五种，孔子说：庄重、宽厚、诚信、勤敏、恩惠。庄重则不会受辱，宽厚则得民众，诚信则得民众信任，处事勤敏则见功效，恩惠与人则可使唤他人。

7.

　　佛肸召，子欲往。子路曰：昔者由也闻诸夫子曰，亲于其身为不善者，君子不入也。佛肸以中牟畔，子之往也，如之何？子曰：然，有是言也。不曰"坚乎磨而不磷"，不曰"白乎涅而不淄"。吾岂匏瓜也哉，焉能系而不食？

佛肸召（佛肸［bì xī]，晋国大夫，中牟邑的行政长官，原为晋国贵族范氏、中行氏的属下，大夫赵鞅执掌晋国政权后，成为赵鞅的亲信属下，赵鞅封其为中牟宰），**子欲往。子路曰**（子路，姓仲名由，字子路，又叫季路，孔子弟子）：**昔者由也闻诸夫子曰**（由，子路。闻诸，"闻之于"的连读），**亲于其身为不善者**（详见提示），**君子不入也。佛肸以中牟畔**（中牟，晋国的邑，在今河南省中牟县。畔，通假"叛"），**子之往也，如之何？子曰：然，有是言也**（是言，此话）。**不曰"坚乎磨而不磷"**（不是说坚硬的东西磨也磨不薄吗。磷，薄）；**不曰"白乎涅而不淄"**（不是说白的东西染也染不黑吗。涅，黑色染料矾石；淄，黑色）。**吾岂匏瓜也哉**（匏瓜，葫芦，久挂于藤而不被人所取食用，后人以"系匏"比喻久不出仕），**焉能系而不食**（系，挂。此二句意思是我怎么能久不出仕呢）？

提示：晋国大夫赵鞅执掌晋国政权后，排挤、讨伐范氏、中行氏家族，为避免赵鞅吞并自己的领地，范氏、中行氏将中牟依附卫国。赵鞅伐卫国而围攻中牟，作为中牟宰的佛肸据中牟而反叛赵鞅。或许子路认为佛肸身为赵鞅的属下而反叛自己的主人为不善，故反对孔子应佛肸之召为其出力。

　　"亲于其身为不善者"有人释为"亲自为不善"，有人释为"出尔反尔为不善"。"亲自"显然不通，亲自为不善和假手他人为不善，有什么本质的区别吗？"出尔反尔"有点接近原意，但不贴切。这里"亲于其身为不善者"的本义是，你佛肸是赵鞅的属下、左右亲信，你受恩于赵鞅而担任中牟宰，但你却反叛自己的主人。所以

笔者认为当译为"对自己的恩主行不善"较能体现原意。

译文：佛肸召孔子，孔子想去。子路说：以前我听先生说过，对自己的恩主行不善的人，君子是不去他那里的。佛肸以中牟为据点反叛自己的主人，先生却要去，怎么说的过去呢？孔子说：是的，我是说过。但成语不是说"坚硬的东西磨也磨不薄"，不是说"白的东西染也染不黑吗"？我怎么能像只葫芦那样挂在那里只供观赏不被食用呢？

8.

子曰：由也，女闻六言六蔽矣乎？对曰：未也。居，吾语女。好仁不好学，其蔽也愚；好知不好学，其蔽也荡；好信不好学，其蔽也贼；好直不好学，其蔽也绞；好勇不好学，其蔽也乱；好刚不好学，其蔽也狂。

子曰：由也（由，姓仲名由，字子路，又叫季路，孔子弟子），**女闻六言六蔽矣乎**（女，通假"汝"，你。六言六蔽，六种过失带来六种弊端。言，通"愆"，过失）？**对曰：未也。居**（坐下），**吾语女。好仁不好学，其蔽也愚；好知不好学，其蔽也荡**（知，智慧；荡，摇摆、不稳定）；**好信不好学，其蔽也贼**（贼，祸害）；**好直不好学，其蔽也绞**（绞，说话尖刻）；**好勇不好学，其蔽也乱；好刚不好学，其蔽也狂。**

提示：此章讲"质"与"文"的关系，"仁、知、信、直、勇、刚"是人的"质"，加以后天"文"的教化，此人才不至于走极端。

译文：孔子说：仲由，你听说过因六种过失带来的六种弊端吗？子路回答说：没有。孔子说：坐下，我告诉你。好仁却不好学，其弊端是愚；好智慧却不好学，其弊端是动摇不稳；讲信誉却不好学，其弊病是造成祸害；好直率却不好学，其弊病是讲话伤人；好勇武却不好学，其弊病是会犯乱；好刚强却不好学，其弊病是胆大妄为。

9.

子曰：小子何莫学夫《诗》？《诗》，可以兴，可以观，可以群，可以怨。迩之事父，远之事君，多识于鸟兽草木之名。

子曰：小子何莫学夫《诗》（小子，弟子们；何莫，何不；夫，句中的衬辞，无义）？**《诗》，可以兴**（兴，振奋情绪），**可以观**（观，观一国的政教之得失，一国的历史，观个人志向），**可以群**（群，与人交往；古代的外交场合往往宾主互相诵诗以表达外交诉求)，**可以怨**（怨，述说人生哀乐）。**迩之事父**（迩，近），**远之事君**，多识于鸟兽草木之名。

译文：孔子说：弟子们，为什么不学习《诗经》呢？《诗经》可以振奋情绪，可以提高观察力，可以与人交往，可以抒发心中的怨恨。近可用其中的道理侍奉父母，远可用来侍奉君主，还可以多知道些鸟兽草木的名字。

10.

子谓伯鱼曰：女为《周南》、《召南》矣乎？人而不为《周南》、《召南》，其犹正墙面而立也与。

子谓伯鱼曰（伯鱼，姓孔名鲤，字伯鱼，孔子儿子）：**女为《周南》、《召南》矣乎**（女，通假"汝"，你。为，研读。《周南》、《召南》[shào nán]，《诗经·国风》十五个部分的开头二部分）？**人而不为《周南》、《召南》，其犹正墙面而立也与**（正墙面而立，无法前行，喻义无法参加政教活动）。

提示：现存《诗经》中《周南》、《召南》共二十五首诗，其中大部分涉及男欢女爱情节，从中可窥见周朝王畿内的婚姻、礼俗、政教等。或许孔子认为不学这部分诗，就不可为"士"。

译文：孔子对儿子伯鱼说：你研读《周南》、《召南》了吗？一个人不研读《周南》、《召南》，就仿佛面对墙壁无法前行一样。

11.

子曰：礼云礼云，玉帛云乎哉？乐云乐云，钟鼓云乎哉？

子曰：**礼云礼云**（云，助词，无义），**玉帛云乎哉**（玉帛，玉和罗缎）？**乐云乐云，钟鼓云乎哉？**

提示：馈赠玉帛是礼最后的仪式，但不是礼的目的；钟鼓齐奏是乐的结尾，但不是乐的终结。孔子告诫弟子，礼的目的是辨明等级，乐的目的是使人和睦。《礼记·仲尼燕居》记载，孔子对子张说：你以为必须铺设几和席，上堂下堂，斟酒献宾劝酒，宾又回敬主人，然后才叫做礼吗？你以为必须排列舞队，拿着羽毛和龠跳舞，鸣钟击鼓，然后才叫做乐吗？…以前圣明的帝王诸侯，分别贵贱、长幼、远近、男女、内外的秩序，没人敢违反，都是遵循礼乐的道理。

译文：孔子说：礼啊礼啊，礼仅仅只是玉帛的馈赠吗？乐啊

乐啊,乐仅仅是钟鼓齐奏吗?

12.

子曰:色厉而内荏,譬诸小人,其犹穿窬之盗也与。

子曰:**色厉而内荏**(色厉,外表强硬;内荏,内心怯懦),**譬诸小人**(譬诸,譬之于,以……为例),**其犹穿窬之盗也与**(穿窬之盗,翻墙挖洞的小偷,引申为心虚;窬[yú],穿墙洞。与,语助词)。

译文:孔子说:外表强硬内心怯懦的人,拿小人来比喻,就像攀墙挖洞的小偷一样心虚。

13.

子曰:乡原,德之贼也。

子曰:**乡原**(乡原,乡里貌似谨厚,实与流俗合污的伪善者),**德之贼也**(败坏道德者)。

提示:《孟子》曰:阉然媚于世也者,是乡原也。

译文:孔子说:乡里貌似谨厚、实与流俗合污的伪善者是败坏道德的小人。

14.

子曰:道听而途说,德之弃也。

子曰:**道听而途说**(闻之于道路,则传而说之),**德之弃也**。

译文:孔子说:在路上听到就四处传播,这背弃了道德。

15.

子曰:鄙夫可与事君也与哉? 其未得之也患不得之,既得之患失之,苟患失之,无所不至也。

子曰:**鄙夫可与事君也与哉**(鄙夫,品德低下恶劣的人。与,让他。事君,侍奉君主。与哉,疑问词)?**其未得之也患不得之**(患,担心),**既得之患失之,苟患失之**(苟,只要),**无所不至也**。

提示:凡求禄位者未得之前勤勉上进,既得之则思保其禄位,惟恐失去。于是不敢正言直谏,专事媚主求荣,甚至售权纳贿,朋比为奸,这就是无所不至。所以孔子说鄙夫不可让他侍奉君主。

译文:孔子说:卑鄙恶劣的小人,怎么可以让他侍奉君主呢？他没得到官职前担心得不到，得到官职后又担心失去，若担心失去官职，他什么极端的手段都会用出来。

16.
子曰：古者民有三疾，今也或是之亡也。古之狂也肆，今之狂也荡；古之矜也廉，今之矜也忿戾；古之愚也直，今之愚也诈而已矣。

子曰：古者民有三疾（三疾），**今也或是之亡也**（是之亡，此三疾消亡了）。**古之狂也肆**（肆，肆意敢言），**今之狂也荡**（荡，放荡）；**古之矜也廉**（矜，骄傲。廉，品行方正），**今之矜也忿戾**（忿戾，蛮横无理）；**古之愚也直，今之愚也诈而已矣。**

提示：古人民心淳朴，虽狂虽矜虽愚，孔子喜他们的真实。与古人相比，孔子时代的人民心虚伪，以狂掩饰放荡，以矜持掩饰蛮不讲理，以愚笨掩饰狡诈。

译文：孔子说：古代民众有三种毛病，当今或许这三种毛病已消亡了。古代人的狂是肆意敢言，当今人的狂则放荡不羁。古代人的骄傲是品行方正，当今人的骄傲则蛮不讲理。古代人的愚是公平正直，当今人的愚则隐藏着狡诈而已。

17.
子曰：恶紫之夺朱也，恶郑声之乱雅乐也，恶利口之覆邦家者。

子曰：恶紫之夺朱也（朱色即大红，周朝为正色。但春秋时期鲁桓公、齐桓公等喜欢穿紫色，使紫色逐渐代替了红，成为诸侯衣服的正色。恶，讨厌），**恶郑声之乱雅乐也**（郑声，郑国的民间地方音乐。雅乐，用于郊庙朝会的正统音乐），**恶利口之覆邦家者**（利口，巧言善辩；覆邦家，断送国和家族）。

提示：孔子在《卫灵公》篇中有"郑声淫"之语。

译文：孔子说：我憎恶紫色替代红色的正统地位，厌恶郑国的通俗音乐扰乱了雅乐，厌恶巧言善辩者断送国和家族前途。

18.
子曰：予欲无言。子贡曰：子如不言，则小子何述焉？子曰：天何言哉？四时行焉，百物生焉，天何言哉？

子曰：予欲无言（予，我）。**子贡曰**（子贡，姓端木名赐，字子贡，孔子弟子）：**子如不言，则小子何述焉**（小子，学生们。述，传述）？**子曰：天何言哉？四时行焉，百物生焉，天何言哉？**

提示：孔子主张"君子欲讷于言而敏于行"，此"予欲无言"者乃孔子教诲弟子轻言语重实践。

译文：孔子说：我不打算多说话了。子贡说：先生您不说话，我们传述什么呢？孔子说：天说了什么话吗？四季照常运行，万物照常生长，天说了什么话呢？

19.

孺悲欲见孔子，孔子辞以疾。将命者出户，取瑟而歌，使之闻之。

孺悲欲见孔子（孺，大夫妻称孺人，此指被孔子休了的妻子，即孔鲤的生母），**孔子辞以疾**（孔子推说有病不见）。**将命者出户**（将命者，传话的人），**取瑟而歌，使之闻之。**

提示：据《礼记·杂记》记载，"恤由之丧，哀公使孺悲之孔子学士丧礼，士丧礼于是乎书"。由此可见孔子是见了孺悲，并向他传授了士丧礼，士丧礼才得以记载下来。那么孔子故意不见孺悲就不存在，此章中的"孺悲"就要另外考虑了。按《礼记·曲礼》"天子之妃曰后，诸侯曰夫人，大夫曰孺人"，孔子做过大司寇位当大夫，故弟子称孔子妻为"孺"。但这个妻是被孔子休了的。《礼记·檀弓》记载，孔子儿子伯鱼为其生母服丧满一年还哭，孔子说他太过分了。这从侧面证明孔子休妻的事实。因此，此章中的"孺"当指孔子妻，"悲"则因为被休。正因为休妻，孔子不见她，但又让她知道是故意不见。据说孔子妻被休是因为"口多言"，而妇女"口多言"是违礼的。

译文：孔子妻子被休，悲伤而想见孔子，孔子推说有病拒绝。传话的人刚出门，孔子取下瑟弹唱起来，故意让她听见。

20.

宰我问：三年之丧，期已久矣。君子三年不为礼，礼必坏；三年不为乐，乐必崩。旧谷既没，新谷既升，钻燧改火，期可已矣。子曰：食夫稻，衣夫锦，于女安乎？曰：安。女安则为之。夫君子之居丧，食旨不甘，闻乐不乐，居处不安，故不为也。今女安，则为之。宰我出。子曰：予之不仁也。子生三年，然后免于父母之怀。夫三年之丧，天下之通丧也。予也有三年之爱于其父母乎？

宰我问（宰我,姓宰名予,字子我,孔子弟子）:**三年之丧,期已久矣。君子三年不为礼,礼必坏;三年不为乐,乐必崩。旧谷既没,新谷既升**（陈谷子已吃光,新谷子已登场,喻一年过去了）,**钻燧改火**（燧[suí]钻,燧木和钻木,古代取火的器具。古代钻木取火,下面被钻的木为燧,上面钻的木为钻,一年四季所用的木材是不同的,曰改火。这句说钻木取火的木材轮换了一遍,喻一年已过去）,**期可已矣**（一年也就可以了,期[jī],指一年）。**子曰:食夫稻,衣夫锦,于女安乎**（父母死不到三年便吃白米饭,穿锦缎衣服,你心里安吗）? **曰:安**（此为宰我的话,下面才是孔子的话）。**女安则为之。夫君子之居丧,食旨不甘**（食佳肴不觉得香甜,旨,美味）,**闻乐不乐,居处不安**（住在家里心不安;处,指家。古代守丧不可住家里,要住在坟墓边临时搭建的草棚里,睡草垫,用土块作枕头）,**故不为也。今女安,则为之。宰我出。子曰:予之不仁也**（予,宰我）。**子生三年,然后免于父母之怀**（子女生下后三年才能脱离父母怀抱）。**夫三年之丧,天下之通丧也。予也有三年之爱于其父母乎**（予,宰我）?

提示:守丧三年始于殷,周人袭用之。殷人尚鬼,故有久丧之制,至春秋时已不行,宰我也认为不便于民故提问。孔子尚古尚周尊崇古制,且痛心自己无法为父母守丧,故坚持三年丧礼。

译文:宰我问:为父母守丧三年,时间太长了。君子三年不习礼,礼必废;三年不习乐,乐必荒。陈谷子已吃光,新谷子已登场,钻木取火的木材也轮换了一遍,丧期一年也就够了。孔子说:父母死不到三年便吃白米饭,穿锦缎衣服,你心里安吗? 宰我说:安。孔子说:你心安,你就这么做吧。君子在服丧期间,食佳肴不觉得香甜,听音乐不觉得快乐,住在家里不觉得舒适,所以才不这样做。现在你觉得心安,你就去做吧。宰我退出后,孔子说:宰我不仁。子女生下后三年才能脱离父母怀抱,所以为父母守丧三年是天下通行的丧礼。宰我不是从父母那里得到了三年的爱抚吗?

21. 子曰:饱食终日,无所用心,难矣哉。不有博弈者乎? 为之犹贤乎已。

子曰:饱食终日,无所用心,难矣哉。不有博弈者乎（博弈,古代的两种棋艺;博,六博,现已失传;弈,围棋）? **为之犹贤乎已**（贤,胜过。已，什么也不干）。

提示：此章恐是对弟子言。

译文：孔子说：整天吃饱了饭，什么心思都不用，难有出息啊。不是有棋吗？下棋也比什么都不干好。

22. 子路曰：君子尚勇乎？子曰：君子义以为上，君子有勇而无义为乱，小人有勇而无义为盗。

子路曰（子路，姓仲名由，字子路，又叫季路，孔子弟子）：**君子尚勇乎**（尚，崇尚）？**子曰：君子义以为上，君子有勇而无义为乱，小人有勇而无义为盗。**

提示：《泰伯第八》云：勇而无礼则乱。

译文：子路问：君子崇尚勇吗？孔子说：君子以义为最高，君子有勇无义就会作乱，小人有勇无义就会行盗。

23. 子贡曰：君子亦有恶乎？子曰：有恶，恶称人之恶者，恶居下（流）而讪上者，恶勇而无礼者，恶果敢而窒者。赐也亦有恶乎？（曰：）恶徼以为知者，恶不孙以为勇者，恶讦以为直者。

子贡曰（子贡，姓端木名赐，字子贡，孔子弟子）：**君子亦有恶乎**（恶，憎恶，讨厌）？**子曰：有恶，恶称人之恶者**（憎恶传播别人坏话的人）**，恶居下（流）而讪上者**（讪［shàn］，诽谤。"流"字疑为衍字，汉石经作"恶居下"，无"流"字）**，恶勇而无礼者，恶果敢而窒者**（窒，阻塞）**。赐也亦有恶乎**（赐，子贡）**？（曰：）恶徼以为知者**（徼［jiāo］，小道、旁门左道，引申为小聪明）**，恶不孙以为勇者**（孙，通假"逊"）**，恶讦以为直者**（讦［jié］，攻击或揭人短）。

提示："徼"历来训为"抄袭"，但对应下面两句，似乎有问题。"不孙"不等于"勇"，但毕竟外在表现与"勇"相似；"讦"不等于"直"，但毕竟外在表现与"直"相近；而"抄袭"与"智慧"外在表现毫无相似之处，故"徼"训为"抄袭"是错误的。"徼"有"小道"之意，即非正道的旁门左道，引申为小聪明。《卫灵公第十五》有"子曰：群居终日，言不及义，好行小慧，难矣哉"，其中的"小慧"就是"徼"。子贡讨厌那种有点小聪明就自以为大智慧的人。子夏曰"虽小道必有可观者焉，致远恐泥，是以君子不为也"，可为"徼"做旁注。

译文：子贡问：君子也有憎恶的事吗？孔子说：有。憎恶传播别人坏话的人，憎恶在下位诽谤居上位的人，憎恶勇武但不懂礼的人，憎恶果敢但顽固不化的人。赐，你也有憎恶的事吗？子贡说：我憎恶有点小聪明自以为大智慧的人，憎恶不懂谦虚还自以为勇武的人，憎恶喜揭人短还自以为率直的人。

24.

子曰：唯女子与小人为难养也，近之则不孙，远之则怨。

子曰：唯女子与小人为难养也（养，蓄养，相处），**近之则不孙**（不孙，无礼），**远之则怨。**

提示：今人以为孔子歧视妇女，不然，此乃对贵族当权者而言。女子难以共处，实因近不得远不得；小人受惠不知感恩，训斥则怀恨在心。

据说孔子休妻是因为她反对孔子辞去鲁国大司寇之职，孔子以她"口多言"的罪名休了她，此章恐与此有关。

译文：孔子说：惟有女子与小人难以相处，亲近了他们就无礼，疏远了他们要怨恨。

25.

子曰：年四十而见恶焉，其终也已。

子曰：年四十而见恶焉（见恶，被人厌恶），**其终也已。**

提示：四十为不惑之年，无善德且为人憎恶，其余年恐不足道也。

译文：孔子说：到四十岁还被人厌恶，他就完了。

微子第十八

本篇记述孔子论古今人士及隐士。

1.

微子去之，箕子为之奴，比干谏而死。孔子曰：殷有三仁焉。

微子去之（微子，名启，商纣王同母兄，数谏纣王，纣王不听，于是出走，周武王灭商，周公镇压武庚禄父叛乱后，封微子在宋国。去之，出走），**箕子为之奴**（箕子，名胥馀，商纣王之叔，屡谏纣王，后被囚降为奴），**比干谏而死**（比干，商纣王之叔，因屡谏纣王而被剖心）。**孔子曰：殷有三仁焉。**

提示：孔子认可此三人是仁者。

译文：纣王昏庸残暴，微子离他而去，箕子被囚为奴隶，比干因劝谏而被剖心。孔子说：商纣王时有三位仁人。

2.

柳下惠为士师，三黜。人曰：子未可以去乎？曰：直道而事人，焉往而不三黜？枉道而事人，何必去父母之邦。

柳下惠为士师（柳下惠，姓展名获，字禽，死后谥号惠，鲁国下大夫，食邑柳下故称柳下惠，以贤惠著称。士师，掌管刑狱的官），**三黜**（三黜，多次被贬官或罢免）。**人曰：子未可以去乎？曰：直道而事人，焉往而不三黜**（焉，何）？**枉道而事人**（枉道，邪道），**何必去父母之邦**（父母之邦，祖国）。

提示：柳下惠言"直道而事人，焉往而不三黜"，说明当时世道之坏。

译文：柳下惠在鲁国当刑狱官，多次被降职。有人对他说：你不可以离开鲁国到别的地方做官吗？柳下惠说：以正道侍奉君主，到哪里都会被多次降职的，以邪道侍奉君主，何必非要离开祖国呢。

3.

齐景公待孔子曰：若季氏，则吾不能，以季、孟之间待之。曰：
吾老矣，不能用也。孔子行。

齐景公待孔子曰（待，留）：**若季氏**（像季氏这样的待遇；季氏
在鲁国为相），**则吾不能，以季、孟之间待之**（季、孟之间，季氏和孟氏
之间的待遇；季氏和孟氏为鲁国的中、下大夫）。**曰：吾老矣，不能用
也**（不能用你而有所作为了）。**孔子行。**

提示：季孙氏为鲁国的相，即上大夫，叔孙氏、孟孙氏为中、下
大夫。时齐国已有陈田、晏婴为上大夫，故景公只能以低于季孙氏
高于孟孙氏的待遇给孔子，才有"以季、孟之间待之"之语。

译文：齐景公挽留孔子说：像季孙氏那样的地位，我无法给
你，只能给你低于季孙氏高于孟孙氏的待遇。后来又说：我老了，
不能用你而有所作为了。孔子便离齐国而去。

4.

齐人归女乐，季桓子受之，三日不朝，孔子行。

齐人归女乐（归，馈赠。女乐，女子歌舞队），**季桓子受之**（季桓
子，鲁国上卿季孙氏，三桓之首），**三日不朝**（此指鲁定公三日不上朝），
孔子行。

提示：《史记·孔子世家》记载，孔子以大司寇兼国相治理鲁
国大有起色。齐国担心鲁国强盛对己不利，于是选国内美女八十
人，组建成歌舞队送给鲁国。时任鲁国上卿的季桓子微服前往观
看三次，然后收下献给鲁定公。这之后鲁定公沉迷女色歌舞，三日
不上朝，孔子认为他不可辅佐，于是离开鲁国。

译文：齐国送给鲁国许多歌姬舞女，季桓子接受了，鲁定公一
连三天不上朝，孔子便离去了。

5.

楚狂接舆歌而过孔子，曰：凤兮凤兮，何德之衰？往者不可谏，
来者犹可追。已而已而。今之从政者殆而。孔子下，欲与之言。趋
而辟之，不得与之言。

楚狂接舆歌而过孔子（楚狂接舆，姓陆名通，楚国的隐者，为避世
而假装疯狂，故称楚狂），**曰：凤兮凤兮**（凤，指孔子），**何德之衰？往
者不可谏，来者犹可追**（过去已无法挽回，未来还来得及追赶。意思

是你现在避世还来得及。谏,劝谏）。**已而已而**（罢手吧）,**今之从政者殆而**（今天的从政者哪个不是混日子的;殆,通假"怠",懈怠）。**孔子下,欲与之言。趋而辟之**（趋,快步走;辟,避开）,**不得与之言。**

提示：隐世者劝告孔子当今世道无可救药。

译文：楚国狂人接舆唱着歌走过孔子身边,他唱道：凤凰啊凤凰啊,为何德行衰微？过去已无法挽回,未来还来得及追赶。罢手吧,当今从政者哪个不是在混日子。孔子下车想跟他交谈。但此人快步走避开了,孔子未能和他谈成。

6.

长沮、桀溺耦而耕,孔子过之,使子路问津焉。长沮曰：夫执舆者为谁？子路曰：为孔丘。曰：是鲁孔丘与？曰：是也。曰：是知津矣。问于桀溺,桀溺曰：子为谁？曰：为仲由。曰：是鲁孔丘之徒与？对曰：然。曰：滔滔者天下皆是也,而谁以易之？且而与其从辟人之士也,岂若从辟世之士哉？耰而不辍。子路行以告。夫子怃然曰：鸟兽不可与同群,吾非斯人之徒与而谁与？天下有道,丘不与易也。

长沮、桀溺耦而耕（长沮[jǔ]、桀溺[jié nì],两隐士,真名不详。耦而耕,两人并肩耕作）,**孔子过之,使子路问津焉**（子路,仲由,姓仲名由,字子路,又叫季路,孔子弟子。问津,问渡口在哪里）。**长沮曰：夫执舆者为谁**（执舆者,驾车人）？**子路曰：为孔丘。曰：是鲁孔丘与？曰：是也。曰：是知津矣**（"津"的本义为"济渡",即能渡河的地方,引申为济世,长沮此话一语双关,以"津"喻指济世,明说孔子他应该知道渡口在哪里,实乃讽刺孔子,你不是知道如何解救这世道吗,还用问我们）。**问于桀溺,桀溺曰：子为谁**（您是谁）？**曰：为仲由。曰：是鲁孔丘之徒与？对曰：然。曰：滔滔者天下皆是也**（滔滔,江水奔腾而下;是,这样）,**而谁以易之**（此二句言：天下江水都是奔腾而下的,谁能改变它;言下之意,当今小人当道世风日下,你孔子能改变它吗。易,改变）？**且而与其从辟人之士也**（而,通假"尔",你。从,跟随。辟人之士,躲避坏人的人,指孔子）,**岂若从辟世之士哉**（岂若,不如。辟世之士,避世隐居之人,指长沮、桀溺之类）？**耰而不辍**（耰[yōu],播种后用土覆盖。不辍[chuò],不停止）。**子路行以告。夫子怃然曰**（怃[wú]然,失望发愣）：**鸟兽不可与同群**（鸟和兽是不能同群的,喻指自己和长沮、桀溺之流避世者不是一类人）,**吾非斯人之徒与而谁与**（斯人之徒,指当道的小人;徒,同类。与,交往）？**天下有道,丘不**

与易也（我孔丘不用谋求改革。与,用;易,改变）。

译文：长沮、桀溺在并肩耕作,孔子经过,让子路去问渡口在哪里。长沮问:那驾车人是谁? 子路回答:是孔丘。长沮又问:是鲁国的孔丘吗? 子路回答:是。长沮说:他不是知道如何济渡乱世吗? 他应该知道哪里是渡口。子路于是去问桀溺。桀溺问:你是谁? 子路回答:我是仲由。桀溺问:是鲁国孔丘的弟子吗? 子路回答:是。桀溺指着江水说:天下江水无不奔腾而下,谁又能改变它? 你与其跟随孔子这样逃避坏人的人,何不跟随我们这样逃避乱世的人呢? 边说边不停地用土覆盖播下的种子。子路回来把这些告诉孔子。孔子怅然道:鸟和兽是无法同群的,我不同那些当道小人打交道,又能同谁打交道呢? 如果天下有道,我也不用谋求改革了。

7.

子路从而后,遇丈人以杖荷蓧。子路问曰:子见夫子乎? 丈人曰:四体不勤,五谷不分,孰为夫子? 植其杖而芸。子路拱而立。止子路宿,杀鸡为黍而食之,见其二子焉。明日,子路行,以告。子曰:隐者也。使子路反见之,至则行矣。子(路)曰:不仕无义。长幼之节不可废也,君臣之义,如之何其废之? 欲洁其身,而乱大伦。君子之仕也,行其义也。道之不行,已知之矣。

子路从而后（从而后,跟随孔子出游落在了后面）,**遇丈人以杖荷蓧**（丈人,老年男子的尊称。以杖荷蓧[diào],用杖挑着除草的竹器）。**子路问曰:子见夫子乎**（您见到我先生吗）? **丈人曰:四体不勤,五谷不分**（四肢不劳作,五谷分不清）,**孰为夫子**（孰,怎么）? **植其杖而芸**（植其杖,把杖插在地上;芸,通假"耘",除草）。**子路拱而立**（拱手而立,表示尊敬）。**止子路宿**（止,留;宿,住宿）,**杀鸡为黍而食之**（食,动词,让某人吃）,**见其二子焉。明日,子路行,以告**（告,告诉孔子）。**子曰:隐者也。使子路反见之,至则行矣**（到那里一看老人出行了）。**子(路)曰**（当为"子曰"。详见提示）:**不仕无义**（有学问不出来做官是不义）。**长幼之节不可废也,君臣之义,如之何其废之**（长幼之礼节不废,那么君臣之义,如何能废呢? 孔子认为此隐世老者废了君臣之义）? **欲洁其身,而乱大伦**（想要洁身自好,结果乱了君臣之间的伦理。大伦,大的论理）。**君子之仕也**（仕,为官）,**行其义也。道之不行,已知之矣。**

提示："不仕无义"以及后面的一段话,绝非出于子路之口,应是孔子所语。类似的话在《公治长第五》《宪问第十四》皆出现过,所以"子路曰"恐是"子曰"之误抄。

荷蓧丈人留子路宿,杀鸡为黍招待子路,又让二子见子路,可见老者是一位道义之人。老者带着两个儿子生活,且让其二子见子路,可见他重长幼之节,但他隐世,说明他轻君臣之义。所以孔子称道他能洁身自好,不赞同他隐世不尽君臣之义。

译文:子路跟随孔子出游落在了后面,遇见一老者用杖挑着除草的竹器。子路问:您见到我先生吗?老者说:四肢不劳作,五谷分不清的人,怎么能当人的先生呢?说罢把杖插在地上除起草来。子路在旁拱手而立。老者留子路住宿,杀鸡煮饭让子路吃,又让二个儿子见子路。第二天子路告辞老者,赶上了孔子,并将此事告诉孔子。孔子说:那是位隐居者。他叫子路返回去见老者,子路赶到他家,老者已出行了。孔子说:有学问不出来做官是不义的。长幼之礼不废,那么君臣之义,如何能废呢?想要洁身自好,结果乱了君臣之间的伦理。君子出来做官,是为了实行义。道不能推行,我已知道了。

8.
　　逸民:伯夷、叔齐、虞仲、夷逸、朱张、柳下惠、少连。子曰:"不降其志,不辱其身",伯夷、叔齐与。谓柳下惠、少连降志辱身矣,言中伦,行中虑,其斯而已矣。谓虞仲、夷逸隐居放言,行中情,废中权。我则异于是,无可无不可。

提示:此章当入《宪问第十四》,错简在此,详见《宪问第十四》。

9.
　　大师挚适齐,亚饭干适楚,三饭缭适蔡,四饭缺适秦,鼓方叔入于河,播鼗武入于汉,少师阳、击磬襄入于海。

大师挚适齐(大师挚,《泰伯第八》曾提到师挚,即名字叫挚的乐师。大师可能是鲁国的首席乐师。适齐,去了齐国),**亚饭干适楚**(亚饭三饭四饭,古代宫廷用餐时要奏乐,用第二道饭菜时奏乐的叫亚饭,依次类推。干、缭、缺、方叔、武、阳、襄,都是乐师的名字),**三饭缭适蔡,四饭缺适秦,鼓方叔入于河,播鼗武入于汉**(播鼗[táo],摇小鼓的乐师），**少师阳、击磬襄入于海**（少师，副乐师。磬[qìng]，石、玉制，挂架子上的打击乐器）。

提示：此章言乐师逃亡恐是指周景王死后，诸王子争位，火焚王宫，乐师抱乐器自洛阳出亡。"入于河"指过黄河向东向西，当是卫宋与齐鲁；"入于汉"当指楚；"入于海"当指北海齐或南海楚。

译文：名叫挚的首席乐师去了齐国，名叫干的二饭乐师去了楚国，名叫缭的三饭乐师去了蔡国，名叫缺的四饭乐师去了秦国，鼓乐师方叔去了黄河之滨，摇小鼓的武去了汉水流域，副乐师阳和击磬乐师襄去了沿海国家。

10.

周公谓鲁公曰：君子不施其亲，不使大臣怨乎不以，故旧无大故则不弃也，无求备于一人。

周公谓鲁公曰（周公，周武王弟周公旦，时任周朝太师；鲁公，周公长子伯禽，鲁国开国君王）：**君子不施其亲**（施，通假"弛"，遗弃），**不使大臣怨乎不以**（不以，"以"通"已"，不止），**故旧无大故则不弃也**（故旧，殷商的遗民六族。大故，大过错），**无求备于一人**（求备，求全责备）。

提示：此章应是周公对其子伯禽赴任鲁国国君时的告戒。

译文：周公对鲁公说：君子不遗弃自己的亲属，不使大臣对你怨恨不已，殷商的遗民六族无大过错不要抛弃他们，对他们中的某人不要求全责备。

11.

周有八士：伯达、伯适、仲突、仲忽、叔夜、叔夏、季随、季骃。

周有八士：伯达、伯适（适[kuò]）**、仲突、仲忽、叔夜、叔夏、季随、季骃**（骃[guā]）。

提示：《逸周书·和寤解》曰"王乃厉翼尹氏八士，唯固允让"，意思是周武王要为尹氏八名士封爵，让他们辅佐自己，但此八人拒不受封。尹氏乃黄帝之后，因封于尹，故称尹氏。本篇诸多章节涉及隐世之人，此八人拒不受封，当属隐士一类。《论语》编撰者将此章置于本篇末，推测应是孔子或其弟子认定此八人为隐士。

译文：周有八位隐士，伯达、伯适、仲突、仲忽、叔夜、叔夏、季随、季骃。

子张第十九

本篇主要记述孔子弟子的言论。

1. 子张曰：士见危致命，见得思义，祭思敬，丧思哀，其可已矣。

子张曰（子张，姓颛孙名师，字子张，孔子弟子）：**士见危致命**（国家危难时能以身许国），**见得思义，祭思敬，丧思哀，其可已矣。**

译文：子张说：士遇到国家危难时能挺身捐躯，遇到获得想到是否符合义，祭祀时想到敬畏，临丧时想到哀伤，这样就可以了。

2. 子张曰：执德不弘，信道不笃，焉能为有？焉能为亡？

子张曰：**执德不弘**（弘，弘大），**信道不笃**（笃，坚决），**焉能为有？焉能为亡**（亡，无）？

译文：子张说：守德不能弘大，信道不能坚决，这种人有他无他都无所谓。

3. 子夏之门人问交于子张，子张曰：子夏云何？对曰：子夏曰"可者与之，其不可者拒之"。子张曰：异乎吾所闻。君子尊贤而容众，嘉善而矜不能。我之大贤与，于人何所不容；我之不贤与，人将拒我，如之何其拒人也？

子夏之门人问交于子张（子夏，孔子弟子，姓卜名商，字子夏。门人，弟子。交，交友。子张，姓颛孙名师，字子张，孔子弟子），**子张曰：子夏云何？对曰：子夏曰"可者与之，其不可者距之"**（可交的便与他交友，不可交的就与他疏远。距，疏远）。**子张曰：异乎吾所闻**（和我听先生说的不同）。**君子尊贤而容众，嘉善而矜不能**（矜，同情）。**我之大贤与**（大贤，大才能。与，表感叹），**于人何所不容；我之不贤与，人将拒我，如之何其拒人也？**

提示：孔子在《学而第一》言"毋友不如己者"，在《卫灵公第十五》言"友其士之仁者"，在《季氏第十六》言"益者三友，损者三友"，皆与子夏的观点相合，与子张这番说法相背。

译文：子夏的学生问子张如何交友，子张问：子夏怎么说？学生答：子夏说可交的便与他交，不可交的就疏远他。子张说：这与我听先生说的不同。君子尊贤人也能接纳普通人，赞扬善人也同情无能的人。我要是大贤，对人什么都能包容；我要是不贤，别人会疏远我，我又怎能去疏远别人呢？

4.

子夏曰：虽小道必有可观者焉，致远恐泥，是以君子不为也。

子夏曰（子夏，孔子弟子，姓卜名商，字子夏）：**虽小道必有可观者焉**（小道，旁门左道），**致远恐泥**（对远大的理想恐有妨碍。泥，阻滞），**是以君子不为也。**

译文：子夏说：虽说是旁门杂学，必定也有可观之处，但它对远大的理想恐有妨碍，所以君子不研究。

5.

子夏曰：日知其所亡，月无忘其所能，可谓好学也已矣。

子夏曰：日知其所亡（每天学到自己不懂的东西，亡，通"无"），**月无忘其所能，可谓好学也已矣。**

译文：子夏说：每天学到自己不懂的知识，每月不忘记自己已学的知识，这就可称得上好学了。

6.

子夏曰：博学而笃志，切问而近思，仁在其中矣。

子夏曰：博学而笃志（笃志，志向坚定；笃，牢固；志，志向），**切问而近思**（《诗经·微粉·淇奥》曰"如切如磋，如琢如磨"，"切"的本义是研磨骨器，"切问"就是钻研。近思，疑为"静思"之误，学习需要冷静思考），**仁在其中矣。**

提示：博学、笃志、切问、近思乃志于仁者必经之途。

译文：子夏说：博学而志向坚定，钻研而冷静思考，仁便在其中了。

7.

子夏曰：百工居肆以成其事，君子(居)学以致其道。

子夏曰：**百工居肆以成其事**（百工，各种工匠。肆，作坊。事，制作），**君子(居)学以致其道**（居学，在家自学。致，追求）。

提示：原文"君子学以致其道"句七言，与前句不对应，当为"君子居学以致其道"。《礼记·学记》云：大学之教也，时教必有正业，退息必有居学。"居学"即放假或下课后在家自学。"居学"与"居肆"成对。

译文：子夏说：工匠待在作坊为了完成他的制作，君子待在家里自学为了追求道。

8.

子夏曰：小人之过也必文。

子夏曰：**小人之过也必文**（文，掩饰）。

译文：子夏说：小人对自己的过失必定要掩饰一番。

9.

子夏曰：君子有三变，望之俨然，即之也温，听其言也厉。

子夏曰：**君子有三变**（三变，给人三种不同的感受），**望之俨然**（俨然，庄重），**即之也温**（即，接近），**听其言也厉**。

译文：子夏说：君子给人三种不同的感受，远远望去庄严可畏，接近感觉温和可亲，听他的话则严厉不苟。

10.

子夏曰：君子信而后劳其民，未信则以为厉己也；信而后谏，未信则以为谤己也。

子夏曰：**君子信而后劳其民**（信，有信誉。劳，使役），**未信则以为厉己也**（厉，虐待）；**信而后谏，未信则以为谤己也**（谤，诽谤）。

提示：此章前半对民而言，后半对国君而言。

译文：子夏说：君子先要取信于民然后才能役使他们，否则民会以为君子有意虐待他们；君子先要取信于国君然后才能进谏，否则国君会以为君子在诽谤自己。

11.

子夏曰：大德不逾闲，小德出入可也。

子夏曰：大德不逾闲（闲，界限），**小德出入可也。**

译文：子夏说：道德规范，大处不能逾越界限，小处有点出入也无妨。

12.

子游曰：子夏之门人小子，当洒扫、应对进退则可矣，抑末也，本之则无，如之何？子夏闻之曰：噫，言游过矣。君子之道，孰先传焉，孰后倦焉，譬诸草木，区以别矣。君子之道，焉可诬也？有始有卒者其惟圣人乎！

子游曰（子游，孔子弟子，姓言名偃，字子游）：**子夏之门人小子**（子夏，孔子弟子，姓卜名商，字子夏。门人小子，弟子），**当洒扫、应对进退则可矣**（洒扫，洒扫庭院；应对，接待来客；进退，迎来送往），**抑末也**（抑，不过。末，枝端末节），**本之则无**（缺失根本；此句当为"本则无"，"之"乃衍文），**如之何？子夏闻之曰：噫**（叹词），**言游过矣**（言游，子游。过，错）。**君子之道，孰先传焉，孰后倦焉**（"倦"乃"传"之误。此三句意思是，我传授给弟子的都是君子之道，不存在哪项该先传哪项该后传），**譬诸草木**（譬诸，譬之于），**区以别矣**（此二句言：用草木来比喻，君子之道就像草木一样种类繁多）。**君子之道，焉可诬也**（你怎么可以污蔑君子之道是末呢）？**有始有卒者其惟圣人乎**（能不折不扣学到君子之道的唯有圣人吧？有始有卒，从头至尾。子夏此话有点为自己未能掌握儒家思想真谛以传授弟子而作辩护）！

提示：子游认为子夏教授学生的应对接待，是末不是本。子夏辩解说，我教授的都是君子所必学的，君子之道种类繁多不分本末，故教授学生君子之道，不存在哪项该先教哪项该后教。《礼记·学记》曰"不学杂服，不能安礼"，杂服即洒扫、应对、进退等琐细之事。

然而孔子曾言"商也不及"，认为子夏于中庸尚有不及，故子夏只能教授弟子一些表面功夫。因此子游的话有一定的道理。

译文：子游说：子夏的学生，干干洒扫庭院、接待宾客、迎来送往还可以，但这只不过是末，不学本怎么行呢？子夏听到后说：言游这话不对。这些都是君子之道，不存在哪项该先教，哪项该后教。用草木来比喻，君子之道就像草木一样种类繁多，怎可将君子

之道诬之为末呢？能不折不扣学到君子之道的唯有圣人吧！

13.

子夏曰：仕而优则学，学而优则仕。

子夏曰：仕而优则学（优，有余力），**学而优则仕**（优，优秀）。

提示：《学而第一》云：行有余力，则以学文。子夏主张边做官边治学，学习实践两结合。

译文：子夏说：做官而有余力就治学，治学优秀方可做官。

14.

子游曰：丧致乎哀而止。

子游曰（子游，孔子弟子，姓言名偃，字子游）**：丧致乎哀而止。**

译文：子游说：丧事充分表达了悲哀就可以了。

15.

子游曰：吾友张也，为难能也，然而未仁。

子游曰（子游，孔子弟子，姓言名偃，字子游）**：吾友张也**（张，姓颛孙名师，字子张，孔子弟子）**，为难能也**（为难能，算不容易了）**，然而未仁**（不能算仁）。

译文：子游说：我朋友子张，到他那地步也算难能可贵了，但还不能算仁。

16.

曾子曰：堂堂乎张也，难与并为仁矣。

曾子曰（曾子，姓曾名参，字子舆，孔子弟子）**：堂堂乎张也**（堂堂，相貌堂堂。张，姓颛孙名师，字子张，孔子弟子）**，难与并为仁矣。**

提示：孔子说仁即爱人，子张矜持高傲，与朋友难以相处。且孔子死后，诸弟子自立门户，难免互相诋毁。

译文：曾子说：子张相貌堂堂，但别人很难同他一起行仁。

17.

曾子曰：吾闻诸夫子，人未有自致者也，必也亲丧乎。

曾子曰：吾闻诸夫子，人未有自致者也（自致，竭尽心力）**，必也**

亲丧乎。

译文：曾子说：我听老师孔子说过，人没有竭尽心力做事的，要有必定是在父母去世时。

18.

曾子曰：吾闻诸夫子，孟庄子之孝也，其他可能也，其不改父之臣父之政，是难能也。

曾子曰：吾闻诸夫子，孟庄子之孝也（孟庄子，鲁国大夫仲孙速，以孝著称），其他可能也，其不改父之臣父之政，是难能也。

提示：孔子曰"父在观其志，父没观其行，三年不改于父之道，可谓孝矣"。

译文：曾子说：我听老师孔子说过，孟庄子的孝，其他方面别人也能做到，但他留用父亲的老臣，保持父亲的政治措施，这是他人难以做到的。

19.

孟氏使阳肤为士师，问于曾子，曾子曰：上失其道，民散久矣，如得其情，则哀矜而勿喜。

孟氏使阳肤为士师（孟氏，鲁国的贵族家族，三桓之一。阳肤，曾子弟子。士师，刑狱官），问于曾子，曾子曰：上失其道，民散久矣，如得其情（情，案情），则哀矜而勿喜（哀矜，怜悯同情）。

提示：曾子告戒阳肤，鲁国失政多年，民心离散，铤而走险，作奸犯科者大有人在。身为执法官，如审出实情，应加以同情，万不可沾沾自喜。

译文：孟氏聘阳肤为刑狱官，阳肤向曾子求教，曾子说：当政者失道，民心涣散已多年，你如审得犯罪实情，应加以同情，万不可沾沾自喜。

20.

子贡曰：纣之不善，不如是之甚也。是以君子恶居下流，天下之恶皆归焉。

子贡曰（子贡，姓端木名赐，字子贡，孔子弟子）：纣之不善，不如是之甚也（如是，如此。纣，商王帝乙之子，名辛字受，纣乃后人所加之恶谥。据考纣乃一有为之君,后传商亡因纣好暴虐恃武力,此乃周武王为灭商而遍告诸侯之辞,未免言过其实)。**是以君子恶居下流,天下之恶皆归焉**(下流,指低洼之地,水必然归集。比喻人不可有恶迹,否则恶名会归集到他身上)。

　　译文:子贡说:商纣王的坏,并非人们说的那么严重。所以君子厌恶恶迹,一旦有一点点恶迹,天下什么坏名声都会归集到他身上。

21.

　　子贡曰:君子之过也,如日月之食焉,过也人皆见过,更也人皆仰之。

　　子贡曰(子贡,姓端木名赐,字子贡,孔子弟子):**君子之过也,如日月之食焉**(日月之食,日食月食),**过也人皆见过,更也人皆仰之**(更,改过。仰,仰望)。

　　提示:古人不讳言过,孔子曰:过而不改是谓过。

　　译文:子贡说:君子的过错如同日食月食,犯过错时人人看你的过错,改过错后人人都抬头仰望你。

22.

　　卫公孙朝问于子贡曰:仲尼焉学?子贡曰:文武之道,未坠于地在人。贤者识其大者,不贤者识其小者,莫不有文武之道焉。夫子焉不学?而亦何常师之有?

　　卫公孙朝问于子贡曰(卫公孙朝,卫国大夫公孙朝。子贡,姓端木名赐,字子贡,孔子弟子):**仲尼焉学**(仲尼,孔子。焉,哪里)?**子贡曰:文武之道**(文武,周文王、周武王),**未坠于地在人**(并没有失传,还在人间流传)。**贤者识其大者,不贤者识其小者,莫不有文武之道焉。夫子焉不学**(焉不学,哪里不能学)?**而亦何常师之有**(何常师之有,何必有固定的老师)?

　　译文:卫国大夫公孙朝问子贡:仲尼的学问是从哪学来的?子贡说:周文王、周武王的道并没有失传,还在人间流传。有才能者看到其大处,无才能者看到其小处,天下到处都有周文王、周武王的道。我老师何处不能学?又何必非要有固定的老师呢?

23.

叔孙武叔语大夫于朝曰:子贡贤于仲尼。子服景伯以告子贡,子贡曰:譬之宫墙,赐之墙也及肩,窥见室家之好;夫子之墙数仞,不得其门而入,不见宗庙之美、百官之富,得其门者或寡矣。夫子之云,不亦宜乎?

叔孙武叔语大夫于朝曰(叔孙武叔,鲁国大夫叔孙洲仇,武乃其谥号。朝,朝廷):**子贡贤于仲尼**(子贡,姓端木名赐,字子贡,孔子弟子。仲尼,孔子)。**子服景伯以告子贡**(子服景伯,鲁国大夫,名何),**子贡曰:譬之宫墙**(以宫墙作比喻),**赐之墙也及肩**(赐,子贡),**窥见室家之好**(室家,房屋);**夫子之墙数仞**(仞,人伸开两臂的长度,约八尺),**不得其门而入,不见宗庙之美、百官之富**(官,官的本义为房舍),**得其门者或寡矣。夫子之云**(叔孙武叔对我老师的话。夫子,指孔子),**不亦宜乎?**

译文:叔孙武叔在朝中对大夫说:子贡比他老师仲尼有才能。子服景伯把这话告诉子贡。子贡说:拿房屋的围墙作比喻,我家的围墙只有肩这么高,可以看到房屋的美好;我老师家的围墙有几丈高,如进不了门,就看不见宗庙的雄伟、房舍的多样,能得我老师家之门而入者大概不多。所以叔孙武叔对我老师的那些话,不也是很自然的吗?

24.

叔孙武叔毁仲尼。子贡曰:无以为也,仲尼不可毁也。他人之贤者,丘陵也,犹可逾也;仲尼日月也,无得而逾焉。人虽欲自绝,其何伤于日月乎?多见其不自量也。

叔孙武叔毁仲尼(叔孙武叔,鲁国大夫叔孙洲仇,武乃其谥号。仲尼,孔子)。**子贡曰**(子贡,姓端木名赐,字子贡,孔子弟子):**无以为也**(无以为,无用),**仲尼不可毁也。他人之贤者,丘陵也,犹可逾也**(逾,翻越);**仲尼日月也,无得而逾焉。人虽欲自绝**(自绝,自绝于日月),**其何伤于日月乎?多见其不自量也。**

译文:叔孙武叔诋毁孔子,子贡说:这样做是没用的,孔子是诋毁不了的。别的贤人好比丘陵,尚可逾越;孔子是日月,不可逾越。有人要自绝于日月,对日月又有何损伤呢?只不过暴露其不自量力罢了。

25.

陈子禽谓子贡曰：子为恭也,仲尼岂贤于子乎？子贡曰：君子一言以为知,一言以为不知,言不可不慎也。夫子之不可及也,犹天之不可阶而升也。夫子之得邦家者,所谓立之斯立,道之斯行,绥之斯来,动之斯和。其生也荣,其死也哀,如之何其可及也？

注释：**陈子禽谓子贡曰**（陈子禽,姓陈名亢,字子禽,孔子弟子。子贡,姓端木名赐,字子贡,孔子弟子）：**子为恭也**（你对孔子那么恭敬谦虚；子,对子贡的尊称）,**仲尼岂贤于子乎？子贡曰：君子一言以为知,一言以为不知**（君子一句话可显现出他的智慧,一句话也可显现出他的无知）,**言不可不慎也。夫子之不可及也,犹天之不可阶而升也**（阶而升,搭个梯子往上爬）。**夫子之得邦家者**（之,去,引申为为诸侯大夫理政；得邦家者,有国有家的诸侯大夫）,**所谓立之斯立**（立之斯立,让百姓立停,百姓就按他说的那样立停。斯,则）,**道之斯行**（引导百姓行进,百姓就按他说的那样行进。道,通导）,**绥之斯来**（安抚百姓,百姓自然前来投奔。绥,安抚）,**动之斯和**（感动百姓,百姓就会融合。动,以情感动他们）。**其生也荣,其死也哀,如之何其可及也？**

译文：陈子禽对子贡说：你对孔子那么恭敬谦虚,孔子难道比你贤吗？子贡说：君子一句话可显现出他的智慧,一句话也可显现出他的无知,所以说话不可不谨慎。我老师是不可及的,如同天不可搭个梯子爬上去一样。我老师如为诸侯大夫理政,他让百姓站下,百姓就按他说的那样站下；引导百姓行进,百姓就按他说的那样行进；安抚百姓,百姓自然前来投奔；感动百姓,百姓就会融合。老师生时光荣,死时令人哀痛,我怎么能及得上他呢？

尧曰第二十

本篇以古人为政之道为借鉴，记述孔子主张的为政之道。

1.

尧曰：咨，尔舜。天之历数在尔躬，允执其中，四海困穷，天禄永终。舜亦以命禹。

曰：予小子履，敢用玄牡，敢昭告于皇皇后帝：有罪不敢赦，帝臣不蔽，简在帝心。朕躬有罪，无以万方；万方有罪，罪在朕躬。

周有大赉，善人是富。虽有周亲，不如仁人，百姓有过，在予一人。

谨权量，审法度，修废官，四方之政行焉；兴灭国，继绝世，举逸民，天下之民归心焉。所重：民、食、丧、祭。

宽则得众，信则民任焉，敏则有功，公则说。

尧曰：咨（咨，感叹词，表赞美），尔舜，天之历数在尔躬（天命在你身上。历数，帝王相继即位。尔躬，你身上），允执其中（你要切实实行中正之道。允，确实；执，行；中，中正之道），四海困穷（把中正之道推广到普天下。四海，普天下；困穷，穷尽），天禄永终（上天赐给你的王位就能长久保持。天禄，上天给予的帝王之位）。舜亦以命禹。

曰：予小子履（予小子，古代帝王自认为上天之子，故祭天时谦称"予小子"，即你的儿子。汤，名履，亦名大乙），敢用玄牡（玄牡，黑色公牛），敢昭告于皇皇后帝（皇皇后帝，最最尊贵最最伟大的天帝；皇，大；后，君）：有罪不敢赦，帝臣不蔽（如我有罪是瞒不了您天帝的。帝臣，汤自称是天帝的臣；蔽，隐瞒），简在帝心（天帝你心里明白。简，对善恶的记载）。朕躬有罪（朕躬，我自己），无以万方（不要怪罪天下百姓）；万方有罪，罪在朕躬。

周有大赉（大赉［lài］，大封赏，指周朝受上天的恩赐），善人是富（富，众多）。虽有周亲（周亲，至亲），不如仁人，百姓有过，在予一人（予一人，我一人）。

谨权量（谨慎检验度量衡），审法度（审定法律制度），修废官（恢复被废弃的官职），四方之政行焉；兴灭国（复兴被灭亡的国家），继绝世（接续断绝世系的贵族后代），举逸民（选拔散失在民间的人才），

天下之民归心焉。所重：民、食、丧、祭。

宽则得众（宽，宽容），**信则民任焉**（信，诚信；任，信任），**敏则有功**（敏，勤勉；功，功效），**公则说**（公，公平；说，通假"悦"，高兴）。

提示：本篇共三章，论述的都是君王如何行政这个主题。本章分为五段，分别记述了虞、夏、商、周四代的行政宗旨。第一段内容散见于《尚书·大禹谟》，说虞、夏二代以中正之道为行政宗旨。第二段内容散见于《尚书·汤诰》；据史书记载，商汤灭夏桀后连续五年大旱，商汤祷告上天求雨，或许此段乃商汤祷文的节选；此段言商代以惠民为行政宗旨。第三段内容散见于《尚书·秦誓》，恐是周武王大行封赏时对上天诰辞中的节选，说明周朝以仁治天下。第四段说周朝行政重在惠民尚礼。第五段内容见于《阳货第十七》，略有不同，体现了周朝宽厚、诚信、勤勉、公平的行政宗旨。这些行政宗旨可作为下二章孔子提倡之行政方法的借鉴。

《论语》是孔子语录，最后这篇显然不是孔子语录，为何抄录在此？历来注疏都不得其解。有的说此乃《论语》的后序，有的说乃错简误抄，其实不然。通观本篇三章，都是对君王行政的记载或论述。《论语》编撰者抄录这些古人的行政宗旨，目的是为下二章作铺垫，证明孔子所提倡的行政方法是上追古人有章可循的。

译文：尧说：不错啊，你这位舜，天命现落到你的身上了，你要切实实行中正之道，将之推广到普天下，上天赐给你的王位就能长久保持。舜让位给禹时，也对禹说了这番话。

商汤说：你的儿子履，谨用黑色公牛作祭品，恭敬明白地禀告最最尊贵最最伟大的天帝，我若有罪不敢自己赦免，我的罪瞒不了您天帝，我的善恶记录都在您心中。我若有罪，不要牵连天下百姓；天下百姓如有罪，都归我一人来承担。

周朝受上天的恩赐，有众多善人。周朝虽然有至亲，但不如仁人；百姓如有罪过，都由我一人来承担。

谨慎检验度量衡，审定法律制度，恢复被废弃的官职，政令就可推行到全国；复兴被灭亡的国家，接续断绝世系的贵族后代，选拔散失在民间的人才，天下百姓就会归顺。要重视：民众、粮食、丧事、祭祀。

宽厚则得民众，诚信则得民众信任，处事勤敏则见功效，公平则百姓高兴。

2.

　　子张问于孔子曰：何如斯可以从政矣？子曰：尊五美，屏四恶，斯可以从政矣。子张曰：何谓五美？子曰：君子惠而不费，劳而不怨，欲而不贪，泰而不骄，威而不猛。子张曰：何谓惠而不费？子曰：因民之所利而利之，斯不亦惠而不费乎？择可劳而劳之，又谁怨？欲仁而得仁，又焉贪？君子无众寡，无小大，无敢慢，斯不亦泰而不骄乎？君子正其衣冠，尊其瞻视，俨然人望而畏之，斯不亦威而不猛乎？子张曰：何谓四恶？子曰：不教而杀谓之虐，不戒视成谓之暴，慢令致期谓之贼，犹之与人也，出纳之吝谓之有司。

　　子张问于孔子曰（子张，姓颛孙名师，字子张，孔子弟子）**：何如斯可以从政矣**（何如，如何；斯，则）**？子曰：尊五美，屏四恶**（屏，摒弃）**，斯可以从政矣。子张曰：何谓五美？子曰：君子惠而不费**（惠而不费，施民恩惠而不耗民财）**，劳而不怨**（使役民众而不被怨恨）**，欲而不贪，泰而不骄**（自尊但不骄傲）**，威而不猛。子张曰：何谓惠而不费？子曰：因民之所利而利之**（做有利于民众获利之事；因，根据）**，斯不亦惠而不费乎**（斯，则）**？择可劳而劳之**（可劳，可以使役百姓的时间）**，又谁怨？欲仁而得仁，又焉贪？君子无众寡**（无众寡，不论人多人少）**，无小大**（不论地位高低）**，无敢慢**（不敢轻慢）**，斯不亦泰而不骄乎？君子正其衣冠，尊其瞻视**（目不斜视）**，俨然人望而畏之**（俨然，态度严肃端庄）**，斯不亦威而不猛乎？子张曰：何谓四恶？子曰：不教而杀谓之虐，不戒视成谓之暴**（不戒视成，事先不告戒便要求成事）**，慢令致期谓之贼**（慢令致期，开始时说不急但突然要求限期完成）**，犹之与人也**（一样要给人东西；犹之，同样）**，出纳之吝谓之有司**（出手吝啬叫有私心；有司，"有私"之误）。

　　提示： 孔子提出君王行政必须"尊五美，屏四恶"，参阅上章可知，孔子的这一提倡是有章可循的。

　　译文： 子张问孔子：怎样才可以从政？孔子说：尊崇五美德，摒弃四恶习，这就可以从政。子张问：什么是五美德？孔子说：君子施民恩惠而不耗民财，使役民众而不被怨恨，有所欲求但不贪婪，自尊却不骄傲，威严却不凶猛。子张问：什么是施民恩惠而不耗民财？孔子说：做有利于民众获利之事，不就是施民恩惠而不耗民财吗？选择可以使役民众之时使役他们，又有谁会怨恨呢？想要仁而得到仁，又有什么贪呢？君子不论人多人少地位高低，都能以庄重恭敬待之，这不就是自尊而不骄傲吗？君子衣冠整齐，目不斜视，态度严肃端庄，使人望而起敬，这不就是威严而

不凶猛吗？子张问：什么是四恶习？孔子说：不加教化犯法即杀这叫虐，不给告诫苛求事成这叫暴，督办不力限期完成这叫贼，该给不给出手吝啬这叫有私心。

3.
　孔子曰：不知命无以为君子也，不知礼无以立也，不知言无以知人也。

孔子曰：不知命无以为君子也（命，天命。君子，此指君王），**不知礼无以立也**（立，通假"位"，居君位），**不知言无以知人也。**

提示：本篇三章都论述君王行政，此章需从这个角度来理解。

译文：不知天命不能当君王，不懂礼不能居君位，不懂他人言语不能知人善任。